创教育

基于区域特色综合课程创造力素养培育丛书

总主编　张　伟　李百艳

副总主编　吕翠红　李　军

CHUANG
JIAOYU

李军　董赟　张晓峰 著

创教育』：

新区基于区域特色的学校综合课程创造力培养理论与实践

学林出版社

总序

“十四五”时期是我国全面建成小康社会、实现第一个百年奋斗目标之后，乘势而上开启全面建设社会主义现代化国家新征程、向第二个百年奋斗目标进军的第一个五年，也是上海在新的起点上全面深化“五个中心”建设、加快建设具有世界影响力的社会主义现代化国际大都市的关键五年。当前上海发展环境正在面临更为深刻复杂的变化，新冠肺炎疫情全球大流行加速了百年未有之大变局向纵深发展，如何通过教育变革与创新，积极回应国家“双减”政策，全面落实立德树人，强化创新型人才培养，为不同潜质学生提供更多发展空间，支撑引领城市能级和核心竞争力提升，上海将承担更大使命、更多重任。

深化上海市基础教育课程教学改革，推动中小学创新创造教育，探索基于情境、问题导向的互动式、启发式、探究式、体验式教学，注重保护学生的好奇心、想象力、求知欲，激发探究和学习的兴趣，提升学生创新精神和实践能力，是落实教育基础性、先导性、全局性的战略地位，建设高质量教育体系，培养创新型人才的重要抓手。2018 年，上海市率先布局，开展区域课程教学改革创新试验，将实施《基于区域特色的学校综合课程创造力培养研究与实践》项目（以下简称“创造力培养项目”）作为上海市新时代深化基础教育课程教学改革的重要突破口，积极探索、先行先试，打造上海教育改革创新发展新标杆，为上海深化教育综合改革、加快推进教育现代化提供可复制可推广的经验。

“创造力培养项目”选取浦东新区、嘉定区作为先行试点区域，目前已经开展了为期四年的探索。浦东在打造社会主义现代化建设引领区过程中，高度重视“创造力培养项目”工作，不仅将其纳入市教委与浦东新区政府签署“上海区域教育综合改革创新示范区”合作框架内容，在浦东区委区政府发布的《浦东教育现代化 2035》中，也明确将开展基于区域特色的学校综合课程创造力的研究作为战略任务之一加以推进。

在推进“创造力培养项目”过程中，浦东通过研发区域特色的学校主题式创新创意综合课程体系，指向于学生创造力培养这一目标，形成了浦东项目推进的区域特色：

一是区域创“思”。浦东项目组在区域层面围绕项目加强顶层设计，开展了浦东区域特色综合课程创造力的内涵界定与理论基础研究，构建起能够体现浦东金融、航运、科创、人文四大特色的“创教育”课程体系，创设了“融·创”“航·创”“科·创”“文·创”四大课程主题联盟，建立了校长-教师-学生“三位一体”的区域课程创造力提升实施架构与配套机制。浦东通过区域特色综合课程理念、课程建设、课程实施和课程评价的创造力四大板块的实施架构设计和各版块主要任务的有序推进，以机制建设为重心，在区域教育系统内部，形成以学生创造力培养为本，教师培训、学校发展、区域特色教育资源统整相结合的区域特色综合课程创造力提升推进机制，组建了包括校长、学科骨干教师、教发院教科研专家、全国知名专家和学生同时参与的区域特色综合课程创造力建设核心团队，实现区域特色综合课程从课程理念到课程建设、从课程实施到教学评价的整体推进。

二是学校创“行”。浦东在推进“创造力培养项目”过程中，突出项目学校作为课程实施主体地位，各项目学校创新校本课程实践方式和方法，结合自身特点着手研发校本化、主题式的综合课程方案，初步形成了扎根本校文化特色、符合区域实际、体现时代精神、选择丰富多样、有助于创造力培养的综合课程体系。在课程环境创新、课堂教学创新和课程资源创新等方面体现了创造性行动。

第一，体现了学校课程环境创新。浦东项目学校结合中小学创新实验室建设、数字教材建设、课程教学信息化建设和智慧学校建设等项目，打造课程共享、强调价值性、体现时代性、注重思想性、富有选择性、坚持科学性、体现中外融合的特色综合课程体系，使课程能够为学校每一个学生提供全面而个性发展的机会。为创造力培养营造一个安全的环境、宽松的氛围和自由的空间，推动了综合课程高品质实施。

第二，体现了学校课堂教学创新。在教学方式方面，浦东项目学校积极将当前国际课程教学领域涌现的主题探究式学习、情境学习、问题式学习、项目化学习、游戏化学习、“做中学”、研究性学习、基于信息技术和人工智能的学习、STEAM 跨学科学习等学与教方式，有机融入区域特色综合课程实施的教学推进过程。项目实施中加强指向学生核心素养和学科素养培育、注重与真实生活情境联系、问题解决和应用迁移的课堂教学设计，全方位扭转“以教为主”的传统课程教学模式，重点落实从教师的“教”向学生的“学”的课程教学模式转变，使区域特色综合课程的教学实施更加符合学生的认知规律和身心发展规律、更加符合信息时代人的学习特点，切实提升区域特色综合课程的创造力和教学质量。

第三，体现了学校课程资源创新。浦东项目学校一是深入挖掘校内课程资源，积极开发信息化课程资源，充分发挥了图书馆、实验室、专门教室及各类教学设施和实践基地的作用。二是广泛开发校外课程资源。浦东项目学校充分挖掘校外高校、研究机构、场馆、企事业单位等优质教育资源，并将这些优质教育资源链接到项目实践中，有力的推进了学校创新性行动。

三是智力创“能”。浦东着力拓展区域与社会专业机构、区域与海外教育组织的交流合作机制，充分发挥区域内高校、科研院所、公共场馆、企业等社会教育资源对区域课程建设与实施的积极作用，持续深化与国外教育机构和社会组织的专业合作，为“创造力培养项目”赋能。

经过几年的探索，浦东“创造力培养项目”的实施，取得了四个方面的成效和突破：

一是经过四年多的探索与实践，浦东构建起能够体现浦东新区金融、航运、科创、人文四大特色的“创教育”课程概念体系和项目实施框架，建立了项目推进的组织机制，形成了整体驱动的浦东区域特色综合课程资源。

二是通过项目学校遴选和学校调研与指导，进行了境内境外的研修，构建起能够体现浦东金融、航运、科创、人文四大特色的“融·创”“航·创”“科·创”“文·创”四大主题课程联盟，通过四大特色课程联动小学、中学，实现12年贯通设计，建立了校长-教师-学生“三位一体”的区域课程创造力提升实施架构与配套机制。

三是基于已开发的区域特色综合课程体系，通过线上线下相结合的方式互动开展教师培训交流和学生学习，整体提升区域实施综合课程的教学质量。

四是以培养学生创造力为导向，初步形成了“区域-学校-学生”三级区域特色综合课程评价机制。

浦东“创造力培养项目”的实施凸显出三大亮点：

一是体现了中外融合。浦东在建设与实施“创造力培养项目”中，广泛吸收和借鉴当前国际前沿的课程教学研究成果和实践经验，通过组织教师海外研修、开展国际论坛、学生研学访学等活动开展，将当前全球范围内最先进的课程理念、课程内容、课程教学模式引入到当前上海深化基础教育课程改革的进程中，服务并推进区域特色综合课程建设与实施的质量和有效性不断提升。

二是凸显了技术变革。浦东充分利用信息时代和人工智能时代借助信息化手段开展课程教学、评价、教研的开放性优势，打破传统课程建设与实施的时空局限，构建学生和教师在课程建设、实施与研修改进过程中时时可学、处处能学的教师培训研修与学生学习模式，融合教师和学生的线上网络学习互动与线下现场学习交流，全方位提升信息技术与区域特色综合课程的深度融合。

三是形成了区校联合机制。浦东在发挥好区域在课程体系顶层设计、资源统筹与配置、课程建设专业指导与保障等方面作用的同时，激发区内学校在立足可获得资源的基础上进行课程建设和实施的积极性与创造性，有效加强区域与学校之间的良性互动，各司其职、有机联动、一体协同提高整个区域基于区域特色的学校综合课程的创造力。

当前，经过四年多的探索和实践，“创造力培养项目”的研究与实施进入最为关键的时期，需要在系统梳理实践经验的基础上，在更大范围内进行推广辐射。我欣喜的看到，浦东项目团队在市级项目组的指导下，正在引导各项目实验学校更好地发挥实践工作者的主动性和创新活力，梳理和汇集合乎研究目标的可推广的成果，探索具有更加丰富、更高水平的系统性、可复制性“浦东经验”。期待“浦东经验”更好地发挥推动上海市中小学课程改革和创造力培养的更高水平发展的“灯塔”作用，打造上海教育改革创新发展新标杆。

是为序。

贾炜

（上海开放大学校长）

2023 年 8 月

前言

创新能力是民族进步的灵魂。当今社会的竞争，既是人才的竞争，更是人的创造力的竞争。习近平总书记指出，人才是第一资源。创新驱动本质上是人才驱动，人才是我们实现民族振兴、赢得国际竞争主动的战略资源。而人才的培养离不开教育，只有教育有创新，才能培养出创新人才。根据2022年9月世界知识产权组织（WIPO）最新发布的《2022年全球创新指数报告》显示，中国排名第11位，连续10年稳步提升，整体创新能力大幅提升，但和瑞士、瑞典、美国、荷兰、英国等排名靠前的国家还是有很大差距。创新型的人才需要从小抓起，创新能力培养已成为基础教育的重要使命。

2018年开始，为了进一步深化学校课程改革，探索指向学生创造力培养的新路径，上海市教育委员会确立了《基于区域特色的学校综合课程创造力培养研究和实践》项目，将浦东新区作为全市两个试点区域之一。浦东新区高度重视这一项目，将其纳入新区政府与上海市教委签署的"上海区域教育综合改革创新示范区"建设项目及《浦东教育现代化2035》规划项目。

浦东实验区立足区域特色，以学生创造力培养为目标，通过采取境内外研修、调研指导、主题论坛、成果展示等行动策略，旨在为新时代教育教学变革、创新人才培育模式探索提供实践先例与研究思考，为进一步促进上海基础教育的优质均衡发展和扩大上海基础教育的国际影响力提供内涵支撑。

根据市教委对于项目开展的有关要求，浦东实验区围绕"四个中心"核心功能区建设，以学生创造力培养为目标，以学校综合课程为载体，开创性地以"融·创""航·创""科·创""文·创"等四个联盟为雏形，逐步构成"创教育"体系，为基础教育阶段学生创造力培养作出有益探索。

浦东新区项目推进整体可分为两个阶段：2019年至2020年为区域特色综合课程建设阶段，主要任务是完成区域课程建设和课程的资源配置；2021年至2023年为区域特色综合课程实施阶段，主要任务是根据区域已完成的课程建设和资源配置，实施课程教学和评价，对影响学生创造力的关键要素进行研究、实践和验证，并进行区域特色综合课程建设到实施的项目改进和经验凝聚。通过四年多的努力探索与实践，我们看到，浦东项目的实践成效令人欣喜。

一是创新了学生创造力培养的路径。通过“区域特色”“综合课程”“创造力培养”三维定位，以校长、教师、学生“三位一体”为课程开发主体，各项目校提炼开发了立足区域特色、指向创造力培养的综合课程框架课程建设总体内容丰富，涉及领域广。“融・创”“航・创”“科・创”“文・创”四个课程联盟的建设机制，形成了若干项目学校对应一个主题的主题集群综合课程开发格局。项目充分利用了浦东新区地域优势以及丰富的高校、场馆、社区、企业等社会资源，为学生创造力的培养创设良好的学习环境，探索了学生创造力培养新路径。

二是体现了课程主体、课程环境、课程教学、课程资源等方面的创新。从结构上来看，各校都组建了课程团队，配套管理措施和制度完善；从年龄构成上来看，各学校项目组普遍年轻化，使得项目在实施过程中更具有活力。学校在课程开发和实施中注重跨学科合作，强调教师成为校本课程的创生者，成为课程由静态设计到动态实施并进入学生生活领域的设计主体。

三是突出了学生主体性。学校在“创教育”的实践过程中，课程教学模式和教学方式改变了传统知识教学模式，突出了学生的主体性，强调学生的亲身体验、动手实践。教师教学方法多样，凸显了体验式学习、基于问题的学习、探究式学习等特点，保证了学生在课堂中的参与率。学生参与广泛，学生的活动参与度高、积极性强。学习评价设计基本体现了学生的主体性和评价的过程性，评价内容的针对性较强，且考虑到学生的兴趣和层次，学生成果丰富，部分学生还参与了国际、市、区等各级的展评活动，世界级、国家级比赛斩获颇丰。

当然，从项目实施过程来看，我们发现还有一些遗憾之处，比如对国外优质课程资源的学习与借鉴存在瓶颈、综合课程建设与创造力培养目标的达成度还需提升，我们也期待在后续的项目实施中进一步完善。

这些成效与不足将集中体现在浦东“创教育”区域特色综合课程创造力培养项目丛书中。本书作为总论，是对浦东经验的总体梳理，它将与“科・创”“航・创”“文・创”“融・创”课程联盟的四本分论一起，形成浦东经验的系统梳理，向各方教育同行进行展示。

本书的成稿是项目实施以来集体智慧的凝聚，在确定了项目的宏观定位与架构的基础上，局党政办吕翠红同志承上启下，保障了项目的高效推进。浦东教育发展研究院李百艳院长、李军副院长率领项目执行团队董赟副主任、严晨璐、艾琼、章亚雯、黄娟等老师、会同四大课程联盟团队及31所项目学校团队，进行专业引领和系统实施推进，做出了主体贡献。市、区专家团队的贾炜校长、张民生副主任、柳栋老师，上海师范大学的张晓峰教授及学生张舒平、徐子潇、李敏、彭聪、崔凌瑜、孙影等同志，在项目过程指导、经验汇聚梳理过程中，作出突出贡献。项目合作方汪婧副院长、杨朝霞老师，刘紫伦老师团队也为项目的顺利推进作出了诸多贡献。本书稿是集体智慧的结晶，各章的具体执笔者为：第一章，李军、董赟、艾琼、徐子潇、李敏、彭聪；第二章，张晓峰、李军、董赟、徐子潇；第三章，董赟、艾琼、张舒平、张晓峰；第四章，李军、董赟、李敏、张晓峰；第五章，李军、董赟、徐子潇、张晓峰；第六章，张晓峰、李军、董赟、张舒平、章亚雯、严晨璐、黄娟。

本书的成稿是市教委《基于区域特色的学校综合课程创造力培养研究与实践》项目的阶段性成果，期望在未来的项目实践中，在市教委的领导下，项目的实践一定会涌现更多更加丰富的成果，为培养上海市中小学生的创造力、深化上海基础教育课程改革、进一步彰显上海基础教育的国际影响力助力。

张　伟

2023年8月

目　录

第一章
导　论

一、创造力教育是基础教育的重要构成

（一）创新创造是国家和社会发展的源泉动力

新时代以来，习近平总书记高度重视创新、着力推进创新，把创新摆在国家发展全局的核心位置。当前，我国正由经济大国向经济强国转变，而“创新”正是这一转变的关键，根据世界知识产权组织发布的全球创新指数排名，我国已从2012年的第34位上升到2022年的第11位。[①] 虽然我国已初步步入创新型国家行列，但仍然存在多领域核心技术受制于人、自给率低、科技力量薄弱、基础研究条件较差等问题，从综合经济发展、制度环境、社会发展以及创新能力四个评价指标来看，我国的创新竞争力整体仍未达到初级阶段创新型国家的平均水平，与成熟阶段和高级阶段创新型国家的平均水平差距则更大。[②] 由此可见，我国的创新发展水平仍需进一步增强。

国际竞争的根本是人才竞争、创新力竞争。2006年，《国家中长期科学和技术发展规划纲要（2006—2020年）》指出，面对国际新形势，我们必须增强责任感和紧迫感，更加自觉、更加坚定地把科技进步作为经济社会发展的首要推动力量，把提高自主创新能力作为调整经济结构、转变增长方式、提高国家竞争力的中心环节，把建设创新型国家作为面向未来的重大战略选择。[③] 2016年颁布的《“十三五”国家社会发展科技创新规划》明确了科技创新的公共性与社会性特征，并对如何从科技创新的角度推进

---

① 央视网《2022年全球创新指数报告》发布　中国排名继续上升［EB/OL］. http：//news. cctv. com/2022/09/29/ARTIVYnvRmqOw4RuTQ3I3zOK220929. shtml.

② 李平，吕岩威，王宏伟. 中国与创新型国家建设阶段及创新竞争力比较研究［J］. 经济纵横，2017（08）：57－63.

③ 科学技术部. 国家中长期科学和技术发展规划纲要（2006—2020年）［EB/OL］.（2006－02－09）［2023－08－05］. https：//www. most. gov. cn/szyw/yw/200602/t20060209 _ 28602. html.

社会发展做出了系统部署。① 2017 年 1 月全国科技工作会议进一步强调要从过去关注科技与经济结合，转向更多关注科技与经济、社会、民生发展相结合。这表明我国已将科技发展、创新视为未来发展的关键。

党的二十大报告着重强调教育、科技、人才是全面建设社会主义现代化国家的基础性、战略性支撑。要完善科技创新体系，加快实施创新驱动发展战略。创新应坚持面向世界科技前沿、面向经济主战场、面向国家重大需求、面向人民生命健康，加快实现高水平科技自立自强。

综上所述，创新驱动发展是国家战略的重要一环，其对国家发展、社会进步都具有重要意义。我们应以全球视野谋划和布局创新，加强创新人才培养，继续开拓以创新谋国家发展与社会进步齐头并进的新局面。

（二）创新能力培养是基础教育的重要使命

习近平总书记指出，人才是第一资源。要把教育摆在更加重要的位置，全面提高教育质量，注重培养学生创新意识和创新能力。创新驱动本质上是人才驱动，人才是我们实现民族振兴、赢得国际竞争主动的战略资源，而人才的培养离不开教育。

早在 20 世纪 80 年代，“创新”一词已出现在高等教育的政策文件中。1988 年，《国家教育委员会直属高等学校科学技术研究机构管理暂行办法》中提到“研究机构负责人要勇于创新”②。在基础教育阶段，“创新”较早出现在教育部 1995 年 6 月 21 日发布的《少年儿童校外教育机构工作规程》，其中提到，校外教育机构要培养少年儿童独立思考、动手动脑、勇于实践和创新的精神③。

2017 年，国务院颁布《国家教育事业发展“十三五”规划》（以下简称《规划》），指出只有“创新人才才能更好地适应我国经济社会的发展、更具有国际竞争力。创新人才的培养是推进教学改革、招考制度改革、产研结合等一系列教育任务

① 科学技术部.“十三五”国家社会发展科技创新规划［EB/OL］.（2017－02－09）［2023－08－05］. https：//www. most. gov. cn/xxgk/xinxifenlei/fdzdgknr/fgzc/gfxwj/gfxwj2016/201703/W020170315624570319771. doc.

② 国家教委. 国家教育委员会直属高等学校科学技术研究机构管理暂行办法［EB/OL］.（1988－09－07）［2023－08－05］. http：//www. moe. gov. cn/srcsite/A02/s5911/moe _ 621/198809/t19880907 _ 81938. html.

③ 国家教委. 少年儿童校外教育机构工作规程［EB/OL］.（1995－06－21）［2023－08－05］. http：//www. moe. gov. cn/srcsite/A02/s5911/moe _ 621/199506/t19950621 _ 81904. html.

的重要突破口”[①]。同时，《规划》将创新作为“十三五”期间教育发展的基本原则之一着重阐述，提出要不断深化教育综合改革，将顶层设计和实践探索有机结合，充分调动基层特别是广大学校、师生的积极性、主动性和创造性，创新体制机制和人才培养模式；要统筹利用国内国际教育资源，广泛借鉴吸收国际先进经验，进一步提升教育对外开放水平，通过改革创新和对外开放解决难题、激发活力、推动发展。

在《国家中长期教育改革和发展规划纲要（2010—2020 年）》中，“创新”一词共出现六十余次[②]。该文件指出，要把改革创新作为教育发展的强大动力。在基础教育阶段，倡导启发式、探究式、讨论式、参与式教学，帮助学生学会学习。激发学生的好奇心，培养学生的兴趣爱好，营造独立思考、自由探索、勇于创新的良好环境。在义务教育阶段，鼓励学生深入思考、动手实践；在高中阶段教育中，探索发现和培养创新人才的途径。

党的十九大和全国教育大会结束后，中共中央、国务院印发《中国教育现代化2035》，该文件描绘了以教育现代化为主题的中长期战略规划，是新时代推进教育现代化、建设教育强国的纲领性文件[③]。中共中央办公厅、国务院办公厅印发《加快推进教育现代化实施方案（2018—2022 年）》，聚焦人民最关注的现实问题，将远景目标细化为近期工作规划。这两份文件立足时代背景和当下教育发展的薄弱环节，提出未来需要加强创新人才特别是拔尖创新人才的培养，加大应用型、复合型、技术技能型人才培养比重[④]。

《义务教育课程方案（2022 年版）》明确指出义务教育课程方案的修订应当坚持创新导向，要坚持与时俱进，反映经济社会发展新变化、科学技术进步新成果。同时，该文件在“义务教育课程需遵循的基本原则”中提到，要培养具有创新精神、实践能

---

① 国务院. 国务院关于印发国家教育事业发展“十三五”规划的通知［EB/OL］.（2017 - 01 - 19）［2023 - 08 - 05］. https：//www. gov. cn/zhengce/zhengceku/2017-01/19/content _ 5161341. htm.

② 国家中长期教育改革和发展规划纲要工作小组办公室. 国家中长期教育改革和发展规划纲要（2010—2020）［EB/OL］.（2010 - 07 - 29）［2023 - 08 - 05］. http：//www. moe. gov. cn/srcsite/A01/s7048/201007/t20100729 _ 171904. html.

③ 中共中央、国务院. 中国教育现代化 2035［EB/OL］.（2019 - 02 - 23）［2023 - 08 - 05］. https：//hxzyrz. hnnu. edu. cn/_upload/article/files/4e/63/7371e200476784ecb791bb19dd54/098b7518-30b8-4983-83b4-8b4ffc1c933e. pdf.

④ 国家发展改革委、教育部、人力资源社会保障部. 教育现代化推进工程实施方案［EB/OL］.（2017 - 02 - 17）［2023 - 08 - 05］. https：//www. gov. cn/xinwen/2017-02/17/5168707/files/9ca25267640e4ca882710ad7e67b8f94. pdf.

力的面向未来的人，倡导“创中学”。[①] 创新人才培养的重要性不言而喻。

综上所述，创造力教育在基础教育中均扮演着不可替代的重要作用，创造力教育能够适应当下迅速发展的社会对人才提出的要求，为党和国家培养创新创造人才注入强劲动力，助力科技和经济的高质量发展。

（三）创新能力培养已成为上海基础教育的重要内容

学生创新能力培养是上海市基础教育综合改革的重点内容。2021年，上海市政府出台《上海市国民经济和社会发展第十四个五年规划和二〇三五年远景目标纲要》，提出应当“强化科技创新策源功能，扩大高水平科技供给”[②]。为响应市政府有关科技创新的政策要求，上海市教委先后发布《上海市教育发展“十四五”规划》《上海市基础教育发展“十四五”规划》等文件，对基础教育阶段的创造力培养作出了重要部署。

《上海市教育发展“十四五”规划》明确了“十四五”期间上海教育整体发展的方向，其中提到：为应对新一代信息技术的发展及构建新发展格局的要求，推动中小学创新创造教育，开展项目化研究型学习；推进基于学科的课程综合化教学，创新因材施教的有效模式；打造一批基础学科基地学校和项目，重视信息科技、科学实践、前沿技术和工程技术教育。[③]《上海市基础教育发展“十四五”规划》将全面推进创新创造教育列为“十四五”期间上海基础教育的重要任务之一，并提出要加强创造教育研究，运用相关领域，例如脑科学、心理学、学习科学的前沿研究成果，优化创新创造教育实施方式。[④]

为加强基础教育创造力培养的实践探索，提升区域特色综合课程开发的品质，上海市教委于2018年启动“基于区域特色的学校综合课程创造力研究和实践”项目，并以浦东、嘉定为试点区推进。这一项目正是上海基础教育创新创造的鲜活体现。在浦东新区，“融·创”“航·创”“科·创”“文·创”四大课程板块直指创造力培育，四

---

① 中华人民共和国教育部. 义务教育课程方案（2022年版）[M]. 北京：北京师范大学出版社，2022：4.

② 上海市人民政府. 上海市国民经济和社会发展第十四个五年规划和二〇三五年远景目标纲要 [EB/OL].（2021 - 01 - 27） [2023 - 08 - 05]. https：//www. shanghai. gov. cn/cmsres/8c/8c8fa1641d9f4807a6897a8c243d96ec/c70c2c6673ae425efd7c11f0502c3ee9. pdf.

③ 上海市人民政府. 上海市教育发展“十四五”规划 [EB/OL].（2021 - 07 - 26） [2023 - 08 - 05]. http：//edu. sh. gov. cn/zcjd _ jyfzssw/20210907/5a7a750ba40c4db9a93cf71f746e4e6c. html.

④ 上海市教育委员会. 上海市基础教育发展“十四五”规划 [EB/OL].（2021 - 12 - 31） [2023 - 08 - 05]. http：//edu. sh. gov. cn/xxgk2 _ zhzw _ ghjh _ 01/20220209/c8523b537db144398cf62ec11ff706a3. html.

大课程联盟分别围绕浦东新区金融区位中心优势、航空航天地域优势、上海全球科技中心的科技优势及文化底蕴优势开发出了具有浦东特色的创教育课程体系。浦东新区“基于区域特色的学校综合课程创造力研究和实践”的项目，充分体现了区域、学校构建创新创造教育的区本、校本综合课程体系和实施策略的新样态，为其他区域开展创新创造教育项目提供了样本参照。

二、综合课程是创造力教育的重要载体

（一）综合课程是中小学课程的重要构成

综合课程作为一种课程形态由来已久。通过开发跨学科融通的主题式、项目式、任务式课程，围绕社会生活、生产实践中的问题或现象设置不同的主题、项目或任务，将不同学科的内容组织联系起来，促进不同学科的交叉融合，培养学生综合运用知识分析、解决问题的能力，这便是综合课程。

根据综合的范围、强度和性质，人们把综合课程分成相关课程、融合课程、广域课程、核心课程、活动课程。① 综合课程的多种形态顺应了基础教育课程改革的趋势，在中小学课程中有着较大的优势：（1）通过有效的学科知识合并，减少了学生学习的科目，减轻了学生的学习压力与负担，有利于学生更好地理解学科内容；（2）融会贯通各科知识，促进学生的全面发展；（3）运用综合课程的评价体系对学生的综合素质进行评价，改变了传统的学生评价方式，有助于学生综合素质的提高。② 综合课程的内在目的即培养具有全新的观念与视野、具有全面的知识、技术与能力的、能适应未来社会需求的人才。③

《基础教育课程改革纲要（试行）》（2001）中明确提出，要在基础教育阶段开设众多的综合课程，这标志综合课程开始成为中小学课程的重要构成部分。④《义务教育课程方案（2022年版）》明确要求进一步强化课程综合性与实践性，提出“加强综合课程建设，完善综合课程科目设置，注重培养学生在真实情境中综合运用知识解决问

---

① 代建军，谢利民. 综合课程的再认识：关系、形态、目的和结构［J］. 课程. 教材. 教法，2000（10）：34－37.

② 吕婷. 综合课程改革的重点问题探究［J］. 教育理论与实践，2014，34（25）：57－60.

③ 代建军，谢利民. 综合课程的再认识：关系、形态、目的和结构［J］. 课程. 教材. 教法，2000（10）：34－37.

④ 教育部关于印发《基础教育课程改革纲要（试行）》的通知［J］. 中华人民共和国国务院公报，2002（12）：28－31.

题的能力”①，这意味着综合课程建设进入全新阶段。注重课程与学生生活的联系，加强学生综合运用知识的能力是新时期综合课程建设的重要目的。

（二）综合课程是创造力培养的适切载体

创造力是一种综合能力。人们普遍认识到，除个体先天的遗传性因素和后天的环境因素外，系统性的教育活动也对创造力素养的形成起着举足轻重的作用，而学校正是实施创造力教育的适切场所。就创造力本身的内涵来看，创造力是指人们根据一定的目的，运用已有的信息和相关知识，产生出某种新颖、独特、具有社会价值或者个人价值的智力品质。个体在面对无法解决的新问题、新情况时，往往需要调用多种思维和能力，这与综合课程基于社会生活和生产实践中的问题将不同学科交叉融合起来的特质相一致。具体而言，综合课程在培养创造力上具有以下优势：

首先，创造力本身源于对于世界的整体性认识，综合课程也将世界视为不可分割的整体。学生创造力的培养只有在事物相互关联的基础上才能更好地开展，而综合课程强调知识之间的关联性、统整性和灵活性，反对传统分科课程知识之间的割裂性，强调学生的灵活思维。因此，综合课程成为创造力培养的重要载体。

其次，综合课程源于人类生产和生活的真实情境，创造性思维正是为应对现实生活中的新问题而发展起来的。综合课程的内容往往源于现实生活，课程本身具备开放性、综合性、灵活性、复杂性、实践性等多方特质，这些特质也是创造力培养过程中不可或缺的元素。

最后，综合课程开展过程中氛围更加宽容，创造力的发展同样需要宽松的氛围。综合课程更多选择合作式教学、形式任务、自主探究等方式进行，强调学生自主性和个人主观能动性的课程；相较传统课程的结果性评价，综合课程更加强调过程性评估，这些为创造性思维培养提供了相对宽松、融洽的氛围。

因此，综合课程是创造力教育的适切载体，尽管分科课程也能够培养学生的创造力。创造力思维是一种综合的、整体的思维方式，综合课程是一种相互关联的、将世界与生活视为整体的课程模式，创造力教育与综合课程两者相互契合，互为表里。以综合课程的形式培养创造力，既能最大程度地发挥综合课程的优势，也能最大限度地培养学生的创造力。

---

① 中华人民共和国教育部. 义务教育课程方案（2022 年版）［M］. 北京：北京师范大学出版社，2022：4.

(三)“创教育”综合课程

正是由于综合课程是创造力教育的适切载体，我们将指向创造力培养的综合课程贯以“创教育”综合课程。“创教育”综合课程运用跨越时空的全方位学习的模式，打破教师日常教研与教学研修的时空局限，通过线上线下相结合的方式提升区域特色综合课程创造力核心团队培训交流的实效性，打破学习的课堂边界，拓展学习的时空，推进全方位学习。同时，综合课程并不仅仅意味着“课外”综合课程——课程向课外延伸，更要强化与学科的整合，以及不同学科之间的整合。

“创教育”综合课程的突出特点是趣味性、相关性、实践性。首先，除综合课程的开发本身所注重趣味性外，“创教育”综合课程在课程形式、课程内容、课程评价等实施环节中融入趣味因素，注重学生的兴趣培养，强调学生的主体性参与。其次，“创教育”综合课程并非是独立的课程体系，其不仅强调内容的广泛性，还要求与学科教学合力，将创造力培养渗透在日常学科教学中，实现教学过程的相连相关。最后，“创教育”综合课程注重课程的经验实践性。区别于学科课程以学科逻辑的遵守为要，“创教育”综合课程一般产生于生产和生活实践，着眼于现实、现象或者实践活动，同时回应了世界本身的整体性状态。

总而言之，“创教育”综合课程是以综合课程为载体，通过与日常课程与课外活动相结合的方式所开发出的注重培养学生创造力的综合课程体系。“创教育”综合课程不但着眼于日常教学，还将视野聚焦在学生的生活中，关注生活的整体性、世界的整体性，其目的不仅是为了熟悉知识，培养创造力，更是为学生适应世界做准备。

三、创造力教育的全球经验

培养具有创造力的人才离不开教育。1958 年，美国颁布《国防教育法》，将教育作为创造性人才培养的关键抓手；20 世纪 80 年代初，日本政府制定《科学技术基本法》，确立“科技创造”的立国方针，将创造力培养确定为教育国策；2003 年，法国政府出台《国家创新计划》，鼓励高新技术企业和大学生进入研究和创新领域。同样，德国和英国也非常重视发展创新战略和进行创造力的研究。①

---

① 林崇德. 创新人才与教育创新研究［M］. 北京：经济科学出版社，2009：3－5.

(一) 美国创造力教育的实践探索

由于在2015年国际大规模学生评估测试（PISA）中所获成绩不甚理想，美国开始反思现有教育模式，为进一步提高基础教育质量，使公众恢复对美国教育的信心，2018年，"创造力之父"埃利斯·保罗·托伦斯（Ellis Paul Torrance）的博士金京熙（Kyung Hee Kim，2018）提出创造力培养模型，试图扭转考试至上的评价标准，重视对学生创造性思维的培养。除此之外，美国延续了20世纪以来推行的"未来问题解决计划"，从实际问题解决的角度搭建创造力教育的平台，力求培养适应未来世界发展的创造型人才。

1. 搭建CAT创造力培养模型：聚焦思维、态度与氛围

CAT创造力模型（Climates，Attitudes，Thinking skills）主要聚焦创造力思维技能、创造性态度和创造力气候三个方面对学生的创造力进行培养，该模型也称为"金字塔"模型（如下图1-1所示），模型的塔尖部分形象地展示了学生创造力思维技能培养的主要内容——"收件箱"思维（Inbox）、"发件箱"思维（Outbox）和"新邮箱"思维（Newbox），通过训练这三种创造力思维技能，个体能够逐步实现创新创造。收件箱思维包含两类思维技能，其一指向学生记忆、理解和应用等基本的思维能力，属于学生必须具备和掌握的基础技能；其二指向批判性思维（图1-1中的"复选框"），

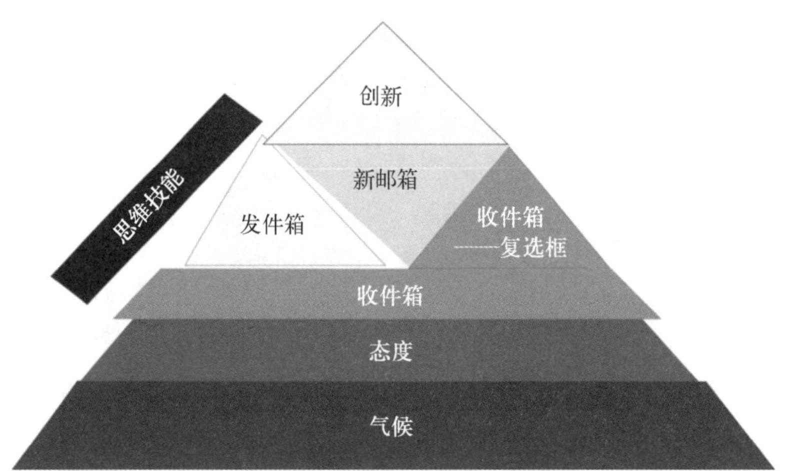

图1-1 CAT创造力培养模型①

① Kim, K. H., Chae, N. Recapturing American Innovation Through Education: The Creativity Challenge for Schools. In: Mullen, C. A. (eds) Creativity Under Duress in Education? Creativity Theory and Action in Education [M]. Springer Cham, 2018 (vol 3): 218.

主要指对汲取的信息进行检查、批判分析和评估的思维能力，是更加高阶的思维能力。通过批判性思维的培养，学生可以对比不同解决方案之间的优劣，从而获得更佳的方案和更为满意的结果。发件箱则喻指生成、提出新想法，从金字塔模型可以看到，发件箱思维位于收件箱思维之上，指的是用于寻求更具发散性和想象力的方案和独特想法的思维，让学生在自己感兴趣的领域中提出一些新的想法和问题，并找到新的解决方案。新邮箱思维是距离创新最近的思维技能，它是一种更为高阶的思维能力，其结合了收件箱思维中的批判能力以及发件箱思维中的想象力，将更好的解决方案以及新问题结合起来转化为新的创意，尤其是将诸多看似不相关的想法结合起来，如此才会有更大的可能产生创新想法。

除了聚焦创造力思维技能的培养之外，在 CAT 模型的底端还包括 4 种创造力培养的态度和创造力气候，喻指创造力培养的根基。这四种创造力态度依托 4 种创造力气候培养，简称为“4S 态度”和“4S 气候”。4 大创造力态度和 4 种创造力气候均包含阳光（Sun）、风暴（Storm）、土壤（Soil）、空间（Space）四大要素，创造力态度与气候所包含的结构要素存在内在一致性。阳光态度是对于学生乐观、积极向上、大局观等态度的凝练，需要在温暖、明亮的阳光气候中进行培养；风暴是勇敢、冒险、勤奋等特质的概括，猛烈的风暴气候为学生提供了很高的期望和挑战，为学生直面失败的勇气和坚持思考的毅力提供条件；土壤态度代表的是拥抱新文化的包容性以及思想开放性，多样化的土壤气候可以为学生提供多元化的资源和经验；空间态度代表的是自我反思、富有同理心等人格特质，开放空间的气候允许学生体验一个可以深入自由思考的空间，学生还可以在开放的空间中表达自己的想法和想象力。

通过阳光、风暴、土壤和空间等创造力气候的感染，学生乐观、冒险、包容、反思等态度与品质能够得以发展，学生各类看似不相关的想法的联结也变为可能，这为创造力的培养提供了充分的条件保障。

2. 未来问题解决计划：聚焦创造力思维的培养

标准化测试与一刀切的课程体系使得公共教育无法提供社会所需要的未来人才①，这其中就包括创新精神和创造力的不足，因此创造力培养成为教育领域重要或优先的事项。1974 年，为了改变当时青少年整体创造力水平低下和未来意识缺乏的状况，“创

---

① Nicole Krueger. 5 Reasons Why It Is More Important Than Ever to Teach Creativity [EB/OL]. (2022-10-05) [2023-06-07].

造力之父”埃利斯·保罗·托伦斯（Ellis Paul Torrance）创新性地提出“未来问题解决计划”（Future Problem Solving Program，简称 FPSP）①，旨在激发批判性与创造性思维，鼓励学生建立面向未来的视野，培养他们的领导力潜质。

“未来问题解决计划”分为竞争性项目和非竞争性项目两大部分，其中竞争性项目主要划分为四大模块，即全球问题解决（Global Issues Problem Solving，GIPS）、社区问题解决（Community Problem Solving，CMPS）、情景写作（Scenario Writing，SW）、情景表演（Scenario Performance，SCP）（如下图 1－2 所示）。非竞争性的项目仅涉及一种，即将项目融入课堂中，让学生基于行动和实践进行问题的解决。全球问题解决项目适用于团队和个人，主要目标是让参赛者思考未来问题及可以解决某一问题的方案；社区问题解决项目则聚焦学生参与社会的意识和主动性，期望学生能洞察社会现实问题，主动成为变革的推动者；场景写作项目针对个人进行，通过行动和活动捕捉学生对未来问题解决方案的看法；场景表演项目同样适合个人参赛，主要目的是培养学生对未来生活的想象能力，从而促进创造力思维的培养。其中，全球问题解决比赛项目面向 4～12 年级学生开展，参赛者对一系列全球性话题进行研究，结合自身的知识储备对未来场景中的问题设定提出解决方案。解决未来问题的能力越来越被重视，未来场景中的全球问题也逐渐涉及商业经济、科学科技、社会与政治方面等颇具现实主义色彩的主题，凸显出美国对学生关于社会现实的洞察与关切能力的重视。

图 1－2　未来问题解决计划的项目组成②

该计划还极为重视创造力思维如批判性思维的培养。美国《国际未来问题解决计

① FUTURE PROBLEM SOLVING PROGRAM INTERNATIONAL. What is future problem solving program international (FPSPI)? [EB/OL]. [2023－06－11]. https: //www. fpspi. org/what-is-fpspi/.

② FUTURE PROBLEM SOLVING PROGRAM INTERNATIONAL. OUR PROGRAMS [EB/OL]. [2023－06－13]. https: //www. fpspi. org.

划年度报告（2021—2022）》[①] 在一项关于“创造力培养中什么最重要”的调查中发现：批判性思维和识别解决问题的策略这二者被70%的人认为是极为重要的思维。未来问题解决计划也一直在贯彻创造力培养的主旨，为学生教授批判性思维和解决问题的方法及策略，其主要亮点在于搭建了一个国际性质的平台，为有创造力萌芽的孩子提供外在激发条件，“它让他们跳出条条框框进行思考，并以常规课程所没有的方式扩展他们的思维”[②]。

未来问题解决计划的年度报告显示，获得托伦斯非凡成就奖[③]的得主是来自美国肯塔基州的劳伦·斯科特（Lauren Scot），她的竞赛项目是围绕帮助女性摆脱由于生理带来的贫困相关的主题，是一个极具生活实际意义且有创造性、未来性的项目。可以看出，未来问题解决计划尤为重视学生从现实生活中汲取创意的能力。未来问题解决计划多年以来的成功实践以及众多国家的高参与率均可以证明该计划本身对于学生创造力培养的价值，它为学生天马行空的思维和想象力提供了可展示和发挥的平台，帮助学生提高对未来的认识和了解，使学生在沟通与合作中获得对未来问题的认知与解决方案，此项目还利用有效的、创新的问题解决模式鼓励青年积极畅想和塑造他们的未来。

综上所述，CAT创造力模型形象地揭示了创造性思维的本质及其培养方式，“未来问题解决计划”为学生参与创造性问题解决提供了多元包容的实践平台。美国创造力教育的理论和实践为我们提供了经验借鉴和启示。

（二）英国创造力教育的实践探索

英国创造力教育可以追溯到20世纪50年代，当时国家课程对于核心课程的过分强调逐渐造成了教育人文性的丧失与学生个性的压抑，高度的统一和严格的标准不利于学生综合素质的发展。1967年，中央教育咨询委员会发布“普罗登报告”（Plowden Report），指出应将儿童游戏和社会系统纳入学生的创造力培养工作。[④] 自此，政府对

① FUTURE PROBLEM SOLVING PROGRAM INTERNATIONAL. Future Problem Solving Program International annual report（2021－2022）[EB/OL].（2022－08－31）[2023－05－18]. https://www.fpspi.org/pdf/Annual%20Report%202021-22.pdf.

② Sahar Foladi. Eyes set on the future [EB/OL].[2023－06－11]. https://dandenong.starcommunity.com.au/news/2022-10-30/eyes-set-on-the-future/.

③ 注：此奖项是以“未来问题解决计划”的创始人Torrance命名的，用于奖励在比赛中产生重大影响并具备创造性、未来性、热情的创造力项目。

④ Blackstone，T. The Plowden Report [J]. The British Journal of Sociology，1967（18）：291－302.

创造力教育的高度重视引起了研究者和教育者的热烈反响。

1. 创意伙伴关系计划：打破校社合作壁垒

"创意伙伴关系计划（Creative Partnerships）"是2002年英国新工党政府推出的文化教育领域的旗舰计划，政策目的是"让5～18岁的学生和他们的老师有机会通过与有创造力的专业人员一起从事可持续的项目来探索他们的创造力"①。计划设定了七项目标：(1) 开设更广泛、更丰富的课程，激发学生的想象力和学习兴趣；(2) 提高整个课程的成绩标准，包括识字和其他基本技能的标准；(3) 打破课程界限，促进教学创新；(4) 改善教师招聘与留用办法；(5) 营造独特的校风，提高学校在社区中的地位；(6) 提高学生的自信心，改进学习态度；(7) 让年轻人掌握创意经济中所需要的技能。当前，该计划已经在全球1 000多所学校和社区开展，影响了100多万儿童、9万名教师，致力于将艺术、创造力和创造性学习带入世界各地的课堂、课程、城市和社区。

"创意伙伴关系计划"由英国创意文化与教育组织（Creativity, Culture & Education, CCE）推动实施。CCE是一个英国的非营利组织，于2005年成立，该组织的使命是推动创造力在教育和文化领域的发展和应用。CCE致力于研究和推广创造性教育和文化政策，并与学校、教育机构、文化机构、社区组织和政府部门合作，设计和实施创造力教育项目，提供相关的培训、咨询和资源。尽管其总部位于英国，但CCE的项目合作范围及其影响力是全球性的。以下是由CCE推动实施的创造力教育案例②：

案例1③ **拉合尔城区男子学校（City District Boys School, Lahore）**

为促进科学教育效果，鼓励学生跨性别协作学习，英国创意文化与教育组织为该校六年级学生定制了一项创意伙伴关系计划：让当地艺术家与学校科学老师开展合作，将戏剧、视觉艺术和表达学习引入科学实验室，通过运用创意艺术的手段来改变科学教学的方式。例如在学习到能量（energy）这一概念时，教师没有进行教科书式的知识传授，而是让学生们参与了一系列身体游戏，通过视觉艺术赋予学生深刻的感官体验，

① Hall, C. and Thomson, P. Creative partnerships? Cultural policy and inclusive arts practice in one primary school [J]. British Educational Research Journal, 2007 (33): 315 - 329.

② 注：以下参考资料源于英国创意文化教育组织（CCE）官方网站。案例虽为巴基斯坦学校的课程实践，但由英国创意文化教育组织（CCE）在"创意伙伴关系计划"中为其提供创意教学方案，因此在此处作为英国创教育案例展开介绍。

③ Creativity Culture & Education. Creative Partnership — City District Boys School, Lahore [EB/OL]. (2023 - 04 - 12). https://www.creativitycultureeducation.org/case_studies/sample/.

从而加强学生对能量这一抽象物理概念的认知和理解。该合作性课程效果显著，老师注意到，在该课程中，学生的学习表现明显好于过去单纯的学科教学，他们对科学知识的理解和应用水平更高，好奇心、想象力和协作性也得到了充分体现。

案例 2[①] **拉合尔胡夫学校（HUF School，Lahore）**

该方案面向四年级学生展开，学校希望提高学生在英语学习中的参与度，改善学生的内向行为，让学生积极投入协作学习。在该项创意伙伴关系计划中，一位有创造力的从业者与普通四年级教师一起工作，提供一套包含 18 节课的英语课程，使用绘画、发声、戏剧和哑剧等创意技能来培养孩子们的信心和社交技能。每堂课都以互动热身开始——为课程定下基调，使课程更加活跃，互动更加有趣。每节课都围绕一个清晰的识字目标构建，例如，通过气球游戏识别动词和副词，或通过“翻转”文字游戏学习祈使句、感叹句和陈述句之间的区别。学生对课堂作出了积极回应，并表示自己的毅力、想象力和协作性有所进步。教师反映，在识字测验中，班级整体成绩提高了 40%。

从上述案例可以看出，“创意伙伴关系计划”有效促进了学校与校外专业机构（如创造力教育组织）、创意领域专业人士（如各类艺术家、演员、设计师、多媒体开发人员和科学家等）的长期合作，通过不同的行业视角、思维模式来理解和激活学校教育，激发学生的创造潜力。该计划的特色之处在于，以伙伴关系为依托，打破了学校与社会之间的壁垒；采取灵活的课程管理和课程开发政策，开发涵盖面广、内容丰富且相互关联的课程；强调采用跨学科的教学方法，注重学生学习的整体性；重视艺术教育，通过艺术激活学生的学习兴趣、促进学生的创意表达。“创意伙伴关系计划”体现了英国教育政策的“文化转向”，通过引入社会力量让学校教育更加多元，该计划在课程和教学方面进行的诸多实践探索，为我国广大青少年的创造力培养提供了借鉴。

2. 设计教育：在国家课程中培育创新素养

“设计教育”在英国有着悠久的历史，19 世纪中期英国皇家艺术学院（Royal College of Art，RCA）就正式设立了“艺术与设计”学士学位。当前，设计教育并被

---

① Creativity Culture & Education. Creative Partnership — HUF School，Lahore [EB/OL]. (2023-04-12). https：//www. creativitycultureeducation. org/case _ studies/creative-partnership-huf-school-lahore/.

纳入英国中小学国家课程[①]的范畴，主要通过设计与技术（Design and Technology）和艺术与设计（Art and Design）两门课程实施。

"设计与技术"课程是一门启发性的、严谨的、实用的学科。在课程中，学生以工程师、设计师、建筑师或重要消费者的身份参与设计和技术活动，充分发挥创造力和想象力，在考虑自己与他人的需求、愿望和价值观的基础上，设计和制作相关产品，在各种情境下解决真实问题。课程融合了数学、科学、工程、计算机和艺术等广泛的跨学科知识，通过不同的设计实践以及设计技术创新，学生形成了对生活和世界的批判性理解。高质量的设计与技术课程不仅能够促进国民设计素质的整体上升，同时也为国家的文化创新、经济发展和社会民生做出了重要贡献。设计与技术课程的培养目标在于[②]：(1) 培养学生的创造性、技术性和实践性知识；(2) 应用知识和技能为广泛的用户设计和制造高质量的产品；(3) 评估和测试学生的想法和产品；(4) 理解并应用营养学原理，学习烹饪。其中前三个目标聚焦于技术领域，致力于培养学生对技术和实践的理解和应用能力，以使其能够自如地应对科技社会中的各种挑战；第四个目标与生活领域息息相关，能够帮助学生了解食物的营养价值和对身体的影响，掌握基本的烹饪技能并建立健康的饮食习惯，体现了对学生健康和幸福的人本主义关怀。在课程内容上，设计与技术课程包含设计、制作、评估和知识四个模块，贯穿于学生成长的前 3 个关键阶段[③]，逐步进阶。

"艺术与设计"课程体现了人类创造力的一些最高形式。高质量的艺术与设计教育致力于吸引、启发和挑战学生，使其具备实验、发明和创造的艺术，学习设计作品的知识和技能。在课程中，学生进行批判性思考，理解艺术与设计如何反映并塑造历史，该课程的目标在于确保所有学生[④]：(1) 开展创造性的工作，探索他们的想法并记录他

---

① 注：在英国国家课程结构中，以 7 岁、11 岁、14 岁为节点，将 5～16 岁划分为 4 个关键阶段和 13 门课程，包含 3 门核心科目（英语、数学和科学）与 10 门基础科目（艺术与设计、公民教育、计算、设计与技术、语言、地理、历史、音乐、体育、宗教）。

② Department for Education. National curriculum in England: design and technology programmes of study [EB/OL]. (2013-09-11) [2023-08-02]. https://www.gov.uk/government/publications/national-curriculum-in-england-design-and-technology-programmes-of-study/national-curriculum-in-england-design-and-technology-programmes-of-study.

③ Department for Education. The national curriculum in England [EB/OL]. (2014-12-02) [2023-08-02]. https://assets.publishing.service.gov.uk/government/uploads/system/uploads/attachment_data/file/381344/Master_final_national_curriculum_28_Nov.pdf.

④ Department for Education. National curriculum in England: art and design programmes of study [EB/OL]. (2013-09-11) [2023-08-02]. https://www.gov.uk/government/publications/national-curriculum-in-england-art-and-design-programmes-of-study/national-curriculum-in-england-art-and-design-programmes-of-study.

们的经验；(2) 精通绘画、雕塑和其他艺术、工艺与设计技术；(3) 使用艺术、工艺和设计的语言来评估和分析创意作品；(4) 了解伟大的艺术家、手工艺师和设计师，并理解其艺术形式的历史发展脉络。在关键阶段 1（5～7 岁），艺术与设计课程主要以培养学生的兴趣为主，教学内容集中在设计材料、设计表现、设计构成和设计史论；在关键阶段 2（7～11 岁），以提升学生的设计能力为主，同时也着力于设计思维的培育，且有明确的量化评价，包括培养学生控制和使用材料的能力、创造能力、实验能力以及对各种手工艺和设计的认识；在关键阶段 3（11～14 岁），通过对艺术家、建筑师和设计师及其作品和主张形成批判性的理解，从而为自己的设计提供价值的合理判断。

"设计与技术"和"艺术与设计"两门课程的开设，从侧面凸显了设计介于艺术和技术之间，是艺术与技术相结合的产物①。从本质上说，设计的过程即是问题解决的过程——从求解、抉择、综合、决策到表达，设计教育能够赋予学生无限想象和创造的空间。正是如此，"人工智能之父"赫伯特·亚历山大·西蒙（Herbert Alexander Simon）认为，设计不仅是"技术教育的专业部分"，而且是"每一个接受文科教育的人的中心学科"。② 在我国，设计人才的培养大多是从高等教育开始的。尽管中小学普遍开设了音乐、美术等艺术课程，但其课程实施方式多为技能传授式的课堂教学，既缺少进入田野、工坊等实践环节，也疏于培养学生对于艺术的感受生成和创造性表达。如何在基础教育学段探索艺术教育与技术教育的有机融合，培养学生的设计思维与创造潜力，英国的"设计教育"为我们提供了宝贵的经验和启示。

（三）德国创造力教育的实践探索

德国是世界著名的高端制造业强国，被誉为"欧洲经济的火车头"。21 世纪以来，德国迈入"工业 4.0"时代，社会越来越需要在生产、劳动过程中兼具实用技能、深度知识以及创新能力的人才。国家对于劳动人才的渴求促使德国职业劳动教育蓬勃发展，并成为其教育系统的重要传统和显著特色；而社会生产生活方式的变化客观上要求教育要为培养创造性的劳动者服务。德国对创造力培养的要求，在劳动教育和职业教育课程之中较为凸显。

1. 劳动综合课程：探索行动导向的教学模式

劳动教育是德国中小学教育的重要组成部分，已经发展并形成了完备的劳动教育课程体系。在德国，劳动学被视为一门"涵盖了手工实践活动、基础技能教育、经济

① 张睿智，田友谊. 英国中小学设计教育及其启示［J］. 教育研究与实验，2020（06）：56－60.

② ［美］赫伯特·西蒙. 关于人为事物的科学［M］. 杨砾，译. 北京：解放军出版社，1987：130.

与政治教育、职业预备教育、信息技术基础教育等的综合性学习领域”①，劳动课程的内容也因此围绕“劳动、经济和科技”三大核心领域展开，依托各个核心领域的相关主题进行知识整合，具有鲜明的跨学科性。

德国劳动综合课程以“项目教学（Projektunterricht）”和“校外实习（Praktikum）”为主要实施策略。项目教学即以特定的任务为教学主线，让学生制作某项物件（如工艺品、金属零件、简易电器）或完成某个项目（如家装设计、商业策划、模拟交易），其过程包含拟定计划、修订计划、准备材料、实施项目四个流程，能够有效提升学生的动手能力、协作能力与问题解决能力。以赛尔姆市政文法学校的劳动课程为例，该校建立了“学生合作社（Schülergenossenschaft）”，将其作为项目教学的实践基地，并通过创业主题活动实施劳动课程。学生作为创业的主体，负责规划和运营某个虚拟的文化创意公司，生产与家乡或所在区域相关的文化产品。学生每周在教室或其他活动场所聚集，确定所要生产的产品（如纽扣、钥匙圈和包袋等），调查了解当前的用户需求，并商定下一步的销售和投资计划。② 整个过程以学生为中心，教师仅起咨询、指导与解答的作用。作为劳动教育最有效的教学方式，项目教学由问题牵引、任务驱动，学生在实践过程中探究、设计并制作产品，倡导学生在现实生活中发现真实问题并综合运用知识解决实际问题，完成项目任务。在一些地区，劳动综合课程的实施还依赖形式丰富的校外实习环节，如社会实习、企业实习和工厂实习等，为学生提供全面体验和了解各种职业特点的机会和渠道，最大限度地调动学生亲身参与、实践行动的兴趣。

无论是项目教学还是校外实习，均强调学习的探究性、操作性、实践性和应用性，能够有效地培养学生的知识力（Fachkompetenz）、方法力（Metho-denkompetenz）、评价与决定力（Urteils-und Ents-cheidungskompetenz）、社会交往力（Sozialkompe-tenz）与行动力（Handlungskompetenz）。以上五种能力共同构成的“劳动综合能力”，与创造力有着诸多重合要素：知识力要求学习者能够发现事物的关联、灵活运用跨学科知识，而拥有对世界的整体性认识是创造力的前提基础；方法力、评价与决定力要求学习者具备信息综合处理与批判理性反思的能力，这正是创造性思维的重要体现；社会交往力要求学习者掌握与他人交往的技能，而团队协作对创造力的生成具有重要意义；

① Paul Kupser. Arbeitslehre zwischen Anspruch und Wirklichkeit [M]. Bad Heilbrunn: Julius Klinkhardt, 1986: 11.

② MeinUnterricht. Projektunterricht: Tipps und Ideen für Projektarbeit in der Schule [EB/OL]. [2022-06-12] Https: //www.meinunterricht.de/blog/projektunterricht-projektarbeit-schule-themen-ideen-beispiele/.

行动力要求学习者能够综合运用以上四种关键能力，在创造学习过程中，正是这种综合的行动力构成了完整的创造实践。

2. 学习领域课程：建构任务导向的综合课程

“学习领域”是德文“Lernfeld”的意译，由“Lern（学习）”与“Feld（场地）”两个单词组合构成，其基本含义在于交叉、协调、融通不同的学科领域，消除各类知识的界限，使学生形成关于世界的整体认识。在德国，学习领域课程（Berufsfeldorientierter Lernbereich）主要在职业学校中开设，旨在为学生提供在特定行业或职业领域工作所需的技能和资格。尽管该课程并不属于基础教育课程，但其课程的设计与实施对于中小学综合课程的建构也有着借鉴意义。

在课程的组织架构上，学习领域课程打破传统的以科学知识为基础而形成的学科课程体系，将典型工作任务所需的理论知识和实践知识整合在一起，围绕某个典型工作任务形成课程单元序列。每一门教育职业的课程一般由10～20个学习领域（即10～20个知识模块）组成，具体数量根据各教育职业的需要决定。在学习领域课程的基本框架中，一个学习领域对应一个典型工作任务，学生需要在企业与学校两个学习场所中同时接受实践教学与理论教学，以完成职业行动领域的学习目标。典型工作任务的设计和表述一般是详细清晰的，在工作对象、劳动工具、工作方法、劳动组织、工作要求等方面都需要作出细致的规定和要求（见表1-1）。

表1-1　学习领域课程的基本框架

<table>
<tr><td colspan="2">学习领域
学习难度范围</td><td colspan="2">学习领域/
典型工作任务名称</td><td colspan="2">时间安排
实践培训（周）；
理论学习（学时）</td></tr>
<tr><td colspan="6">职业行动领域描述</td></tr>
<tr><td colspan="6">各学习场所的学习目标</td></tr>
<tr><td colspan="3">企业：实践教学</td><td colspan="3">学校：理论教学</td></tr>
<tr><td colspan="6">工作与学习内容</td></tr>
<tr><td colspan="2">工作对象：
（材料、商品、人员）</td><td colspan="2">劳动工具：
（工具、仪器、机械）
工作方法：
劳动组织：</td><td colspan="2">工作要求：</td></tr>
</table>

基于以工作任务为中心的课程内容，学习领域课程通常采用行动化的教学方法，其基本思考在于：教学的基点是建立与所从事的职业相关联的情境（为了行动而学习）；

行动构成学习的起点，要尽可能让学生独立行动或通过思考再现行动（通过行动来学习）；行动必须由学生自己计划、实施、检查以及修正和评价；行动应该促进对职业现实的整体把握，例如要考虑技术、安全技术、经济、法律、生态、社会等因素；行动必须集成学生自身的经验，并对其社会效果进行反思；行动应该融入社会化过程，例如涉及兴趣取向以及冲突化解等问题。① 典型的行动导向教学方法主要有项目式教学、角色扮演、案例教学、引导文教学法②等。

从创造力教育的视角审视学习领域课程的"德国经验"，至少能够获得三大启示：其一，打破学科知识的界限，以真实生活情境中的典型任务为中心，构建融会贯通的课程内容体系，让学生获得对世界的完整认识，提高其综合分析问题、解决问题的能力；其二，课程的开发与设计流程化，以具体的主题任务为线索，确定必要的教学条件，从广泛的学科领域中整合与课程主题相关的教学要素，构建实践性强的课程体系；其三，开展行动导向的教学模式，激发学生在课程参与中的主体性、积极性和能动性，帮助学生在实际操作和亲身体验的过程当中获得知识和能力，实现实践性知识与理论性知识的相互关联和贯通。

（四）芬兰创造力教育的实践探索

20 世纪 80 年代，芬兰一些学校开始进行"整合型"教学试验，主张教育教学从传统的"学科为本"转向"知识综合理解"。自 2001 年以来，芬兰 4 次摘下世界经济论坛（World Economic Forum，WEF）全球竞争力桂冠，并在国际教育评估项目中屡获佳绩。在芬兰的教育体系中，创造力是这个"智胜"国家的关键词。以下从教室设计与现象教学两个方面介绍芬兰极具特色的创造力培养实践。

1. 教室设计：创造性自由生长的土壤

芬兰的学校设施布置十分关注学生在物理空间上的健康与放松。学校教室内部普遍安装有通风系统和温度调控系统，采用大面积的玻璃墙，让视野变得更开阔，光线更明亮。除此之外，芬兰大部分学校还注重提高对学校走廊的利用率，将走廊打造成教室以外学生学习、课间活动与休憩的场所。通过将廊道拓展为学习区域，使得走廊

---

① 姜大源，吴全全. 德国职业教育学习领域的课程方案研究［J］. 中国职业技术教育，2007（02）：47－54.

② 注：引导文教学法是指借助一种专门的教学文件（即引导文）引导学生独立学习和工作的教学方法。学生通过阅读引导文，可以明确学习目标，了解应该完成什么工作、学会什么知识、掌握何种技能。在引导文的引导下，学生能够积极主动地自主的查阅资料，获取有意义的信息，解答引导问题，制订、实施、评估工作计划，避免了传统教学方法理论与实践脱节难以激发学生学习兴趣的弊端。

原本作为简单通道的功能得以延伸①，当传统的物理空间被打破，明亮的暖色调和开阔的视野空间使得学生产生宾至如归的感觉，学生的身体甚至思维走向开放和广阔，为创造力提升开辟了有形空间。

芬兰的教室环境还极为重视设计感与人文性的统一。芬兰一些中小学教室还注重打造“主题式概念”。例如一所学校的法语教室，顶上有吊灯、墙壁上配有金色框架的镜子、摆放着实木钟表及其他一些古色古香的装饰品，营造出一种法国格调。在这样的教室内学习法语，学生更容易进入状态，对法语产生浓厚兴趣并对一个新的语言世界和国度展开无限遐想。除此之外，在社区公用区域的布置上，芬兰各校也进行精心设计，除了在走廊利用率上下足功夫之外，还建有“开放式工作坊、图书馆、体育场所、公共设施和礼堂等区域”②，以供社区的各类群体共同学习和使用，这对于学生和所在社区中的其他人来说均是一种教育资源的有效合理利用。芬兰高中从 20 世纪 90 年代起就已经全面施行不分年级授课制，由此也催生了学科教室的概念。简言之，学科教室是围绕某个专门学科开展教学和学习活动的专属空间。例如在芬兰一些学校，生物学科教室设置了专门的橱窗，里面摆放着大量的植物和动物标本以及人体结构的实物模具；地理学科教室的橱窗中则摆放着岩石标本以及与地理学科相关的期刊或书籍。学生走入这样的教室，会沉浸于专门学科的学习氛围，更易将注意力和思维聚焦于所要学习的内容上，这正是创造力思维培养所需要的前提条件和基础。

2. 现象教学：包罗万象的跨学科学习

基于现象的学习（PhBL 或 PhenoBL），即现象学习，是一种多学科、建构主义的学习或教学法形式，学生以整体方法研习一个科目或概念。现象学习的目标是让学生准备好利用发现思维，围绕现实世界的问题加以思考③，而现象教学则以学生以往的学科知识为基础，打破学科之间的壁垒，培养学生横向贯通的思维能力，从而促进学生综合素质的养成，实现全面而有个性的发展。芬兰现象教学的核心在于培养学生的“横贯能力”④，包括“思考和学习素养”“文化理解、交往和自我表达素养”“自我照顾

---

① 夏惠贤，苏衎，孔令帅. 打造高质量的课堂：芬兰基础教育课堂形态变革研究［J］. 比较教育学报，2022（06）：140－153.

② Altenmuller，U. Concepts of Transferability of Contemporary Finnish School Design［M］. Comportements，2010：21－25.

③ COUNCIL FOR CREATIVE EDUCATION，FINLAND. Phenomenon Based Learning（PhBL101）［EB/OL］.［2023－6－12］. https：//www. ccefinland. org/phenomenon.

④ Finnish National Board of Education. National core curriculum for basic education（2014）［M］. Helsinki：Finnish National Board of Education，2016：33－34.

和日常生活管理素养”“识读素养”“信息技术素养”“就业和创业素养”和“社会参与和构建可持续未来的素养”等七项能力。现象教学根据上述七大横贯能力的要求整合多学科开展教学，因此学生能够学到来自不同领域的新颖知识，学生的视野开阔、知识面广，这对于创造力的激发十分关键。

现象式学习还非常重视学生学习动机的激发（如下表1－2所示），芬兰现象式学习官网①发布了关于现象学习的关键要素。其中，在学生动机因素的激发方面为我国创造力教育形成了一套可借鉴的完整逻辑思路。首先，学生的学习始于对整个世界现象的认识和理解，在此时就必须让学习者本身明确学习的目标。为了解现实世界的现象，学习者从所处的环境中借助所学理论和信息看到了其实用性价值，便可以根据自己的兴趣爱好提出问题作为研究和发现的起点；其次，芬兰的现象教学强调教学过程应当以学习者为中心，让学习者成为积极的创造者和演员，学习者在真实的情境中采用来自现实生活的学习工具解决实际问题，将学习者的主动性放在首位的做法将有助于学生内驱动力的生成，从而无限接近创新创造的能力养成。最后，学生在明确目标导向的基础之上运用自己所学的多领域、跨学科的知识体会在真实、整体的环境中解决问题的感受，可为创造力的激发提供不断的正向反馈。如此一来，学生在一个连续的学习流程中不断深化对事物和现象的理解，不断调动所学的跨学科知识，长此以往，创造力思维的萌发和培养成为可能。

表1－2　芬兰现象式教学中学生的动机因素②

动　机　因　素
学习始于了解现实世界现象的目标 学习者在学习环境中的理论和信息中看到了实用价值 学习者自己可以设定兴趣并提出问题作为起点 基于现象的教学以学习者为中心；学习者是积极的创造者和演员 在学习环境中使用真实的方法、来源和工具 学习是一项有意的、以目标为导向的活动；学习者知道学习目标 学习发生在一个真实的、整体的环境中 学习过程是一个完整的以目标为导向的连续体

综上，芬兰的创造力培养实践可以给我们提供以下经验：一是营造有助于学生注意

① PHENOMENAL EDUCATION. Motivational Factors [EB/OL]. [2023－06－13]. http://www.phenomenaleducation.info/phenomenon-based-learning.html.

② PHENOMENAL EDUCATION. Phenomenal based learning [EB/OL]. [2023－06－13]. http://www.phenomenaleducation.info/phenomenon-based-learning.html.

力聚焦的物理空间，为学生创造力培养提供充足的环境资源支持，重视物理环境的安全和舒适，使得学生更加沉浸地融入创造力充分萌发的氛围；二是聚焦跨学科思维引导学生认识某一特定现象，在生活经验的基础上培养跨学科思维能力，注重学生横贯能力和整体思维的培养，以多元化的评价体系审视学生成长效果，为促进学生创造力培养提供多元价值体系支撑。

（五）日本创造力教育的实践探索

在自然资源较为稀缺的日本，人才培养和科技创新被视为社会发展和经济增长的动力之源，政府尤为重视创新人才培养的“重心下沉”，即通过促进中小学教育改革和创新人才培养目标的深度融合，为创造性人才的早期培养构建良好的教育生态。

1. 创造力：生存力教育的重要目标

20世纪90年代，日本社会陷入全球化竞争，为培养能够更好地适应国家社会生活、应对各种危机挑战的国民，“生存力”教育应运而生。在《教育课程编制的基本原理》（2013）中，日本国立教育政策研究所明确指出“生存力”教育即培育学生的“21世纪能力”，包括基础力、思考力和实践力三个层面[①]（见图1－3）：基础力指语言关系、数量关系、信息技术等方面的能力；思考力指问题解决、发现、创造、逻辑思维、批判思维、元认知、学习适应等方面的能力；实践力指自主行动、人际关系、社会参与等方面的能力。其中，“创造力”构成了“思考力”的重要内容，被视为适应21世纪生活的一项基本生存能力。

2018年，文部科学省修订新版《学习指导要领》，对发展学生“生存力”的主张进行了明确讨论，指出：“随着全球化和信息化更加快速发展，时代变化和社会需求将更加难以预测，在这样的社会当中儿童个体不应成为社会变化的被动接受者，而应当积极主动面向时代发展，通过充分发挥自我的可能性和与多样化的他人建立协作，开拓更加美好的社会和更加幸福的人生，成为开创未来的领军人。教育应当为实现这样的目标重视培养儿童的‘生存力’。”[②]

新《学习指导要领》将“生存力”细化为“知识与技能”“思考力、判断力、表达

---

① 国立政策研究所. 教育課程の編成に関する基礎的研究［EB/OL］.（2013－06－27）［2023－04－16］. https：//www. nier. go. jp/05 _ kenkyu _ seika/pf _ pdf/20130627 _ 4. pdf.

② 日本文部科学省. 小学校学習指導要領（平成29年告示）［EB/OL］.（2018－03－31）［2023－05－23］. https：//www. mext. go. jp/content/1413522 _ 001. pdf.

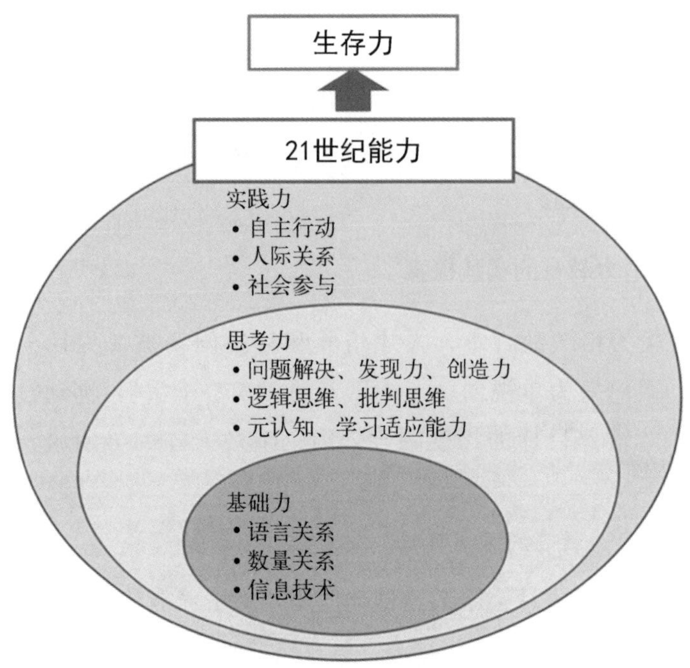

图 1-3 《教育课程编制的基本原理》(2013) 中的"生存力"框架①

力""学习态度与人格涵养"三个维度上的"资质能力":"知识与技能"代表学会什么和做到什么的基本素质和能力,要求所学的各类知识与技能相互联系贯通;"思考力、判断力、表达力"要求学生掌握发现问题、界定问题、计划问题、预测结果等所必需的"问题解决能力",并能够具备与他人共享信息、交流意见、合作分工的"合作性问题解决能力";"学习态度与人格涵养"指向元认知层面以及适应时代发展需要的综合性素质与能力,例如学习动机、道德人性、批判思维、科学素养、全球视野等。

尽管新《学习指导要领》中尚未把"创造力"明确作为"生存力"的基本内容,但"生存力"中多项结构质素均与创造力相关联。例如,"生存力"重视学生基础性知识技能的掌握和积累,而学习或了解大量的未知事物正是创造力形成的基础;"生存力"要求学生拥有问题解决过程中所必需的思维能力、判断能力与表达能力,而创造力正是一个微观的问题解决过程,涉及学生的高阶思维运用与创意表达;"生存力"关注学生学习态度的养成与人格品质的涵养,而创造力的培养同样需要发展个体开放、冒险、坚持、内驱等人格特质。可见,创造力的培育寓于广泛的"生存力"教育之中,是日本基础教育培养目标的内在价值取向。

---

① 国立政策研究所.教育課程の編成に関する基礎的研究[EB/OL].(2013-06-27)[2023-04-16]. https://www.nier.go.jp/05_kenkyu_seika/pf_pdf/20130627_4.pdf.

2. 综合学习：拓展创造学习的时空

综合学习，简言之，就是将学习融入自然、社会、生活领域，通过学生自身体验、讨论、调查、演讲（发表）等方式，以增进其直接经验的实践活动性课程。① 在中小学设置“综合学习时间”，缘起于日本中央教育审议会的咨询报告《展望二十一世纪的日本教育》(1996)，该报告指出“建议通过精简一些教学科目的教学内容，增设跨领域的、综合性的学习时间”②。因此，“综合学习时间”在 1998 年被正式写入《学习指导要领》，各学科课时大幅削减 1/3，以问题解决为中心的跨领域综合学习一跃成为仅次于国语、数学的“第三大科目”。依据宽松与学力在日本教育方针中的地位变化，“综合学习时间”自实施以来历经数次改革调整，亦曾受到多方质疑和反对，但作为关注“与真实社会和生活之联系、探讨单一学科课程难解的当代课题”③ 的重要领域，“综合学习时间”得以保留并延续发展至今。

“综合学习时间”密切关注学科知识的互动和融通，力图成为各学科知识的复合体和试验田。④ 其课程内容涵盖国际理解、情报、环境、福祉、健康等学习领域，以学生关心和感兴趣的课题以及区域人文知识、学校特色为学习题材，整合学科课程中四分五裂的内容主题，与学科课程共同推动学校课程的横向和纵深发展。例如，埼玉县教委制作“高中消费教育学科融合表”，以“网络购物”主题为例，融合公民科（私法、结算、买卖合同）、家庭科（退货或解约、安全标识）、信息科（隐私保护、网络充值）等相关知识，⑤ 力图启发教师从综合视角解读教学内容，协助学生完成消费知识体系与情感观念的系统建构，养成正确的个人与集体意识，深入把握可持续发展的消费理念。

“综合学习时间”是传统的知识密集型教育向思维重视型教育转型的标志，强调学生自主性与思考力的发展。⑥ 该课程侧重学生的习得、活用与探究，注重学生自主思考、判断、表现等诸能力的培育，课程通常以课题探究的形式展开，学生围绕跨学科综合性课题开展学习，在学习中掌握问题解决所必需的知识与技能。例如，富山县富山北部高中的“公司模拟经营课程”，在该课程中，学生需要就经营“富山北部设计工

---

① 朱炜. 日本“综合学习”课程与实践［J］. 外国中小学教育，2003（04）：27－29.

② 中央教育審議会，21 世紀を展望した我が国の教育の在り方について：中央教育審議会　第一次答申［J］. 教育情報研究，1996（12）：17－54.

③ 教育課程企画特別部会. 論点整理（補足資料）［R］. 东京：文部科学省，2015：1－15.

④ 李昱辉. 日本综合学习嬗变、特征与问题［J］. 比较教育研究，2019，41（01）：61－68.

⑤ 埼玉県庁. 高等学校消費者教育指導事例集［EB/OL］.［2023－04－16］. https：//www. pref. saitama. lg. jp/documents/212580/jireisyu. pdf.

⑥ 李昱辉. 日本综合学习嬗变、特征与问题［J］. 比较教育研究，2019，41（01）：61－68.

作坊”这一课题任务展开探究式学习，[①] 深入富山县各地开展实地调研，整合收集到的信息资料，分析企业发展现状，制定商品生产计划，最后生成商业发展方案，并进行公开演示，接受校外专业人士的点评指导。一个完整的课题探究过程能够有效地激发学生的自主参与意识，训练其思维的批判性、审辨性与独立性。

“综合学习时间”注重学科融合、思维培养和实践体验，使学生能把各科所学到的知识、技能在实践中加以综合运用，从而培养问题解决所需要的各种思维能力。作为日本基础教育学段规定开设的课程，“综合学习时间”是学校培育创造力的重要途径。

（六）中国香港创造力教育的实践探索

尽管香港特区并未颁布针对创造力教育的专门政策，但创造力的培养被视为课程与教学改革中的重要工作。2017 年，课程发展议会公布《幼稚园教育课程指引》和

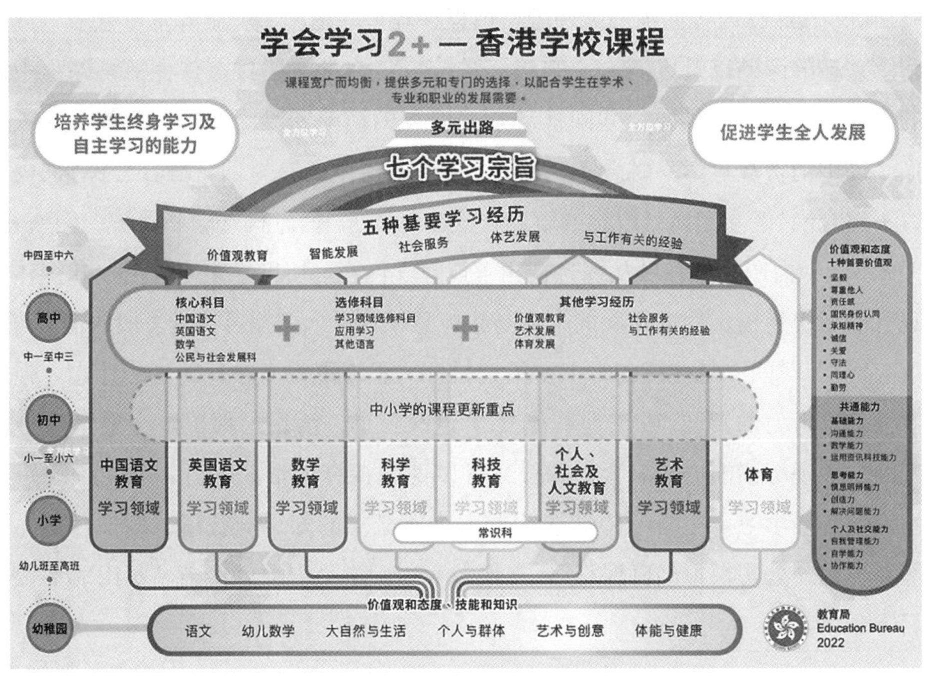

图 1-4 “学会学习 2+”香港学校课程架构[②]

---

① 山県立富山北部高等学校情報デザイン科. 職業人育成のためのアクティブラーニング：地域社会と連携したコミュニケーション能力を高める実践指向型学習［EB/OL］.（2016-03-25）［2023-04-17］. https：//www.jikkyo.co.jp/download/detail/69/9992657439.

② 香港教育局. 学校课程持续更新［EB/OL］.（2023-03-10）［2023-08-02］. https：//www.edb.gov.hk/sc/curriculum-development/renewal/framework.html.

《中学教育课程指引》，十五年一贯的学校课程架构亦随之更新，“学会学习 2+”学校课程架构因应近年社会发展及教育趋势，优先推行价值观教育，促进全人发展，重视 STEAM 教育[①]即科学（Science）、技术（Technology）、工程（Engineering）、艺术（Art）、数学（Mathematics），其课程综合性更强，创造力培养凸显。

1. 共通能力：关注学生创造思维与个性

香港是文化交汇之都，具有包容、开放、经济主导等社会特征，深受全球变动的影响。面对 21 世纪的挑战，《学会学习：课程发展路向》（2001）明确提出“透过各种学习内容发展学生的共通能力”，共通能力被定义为“学会掌握知识、建构知识、应用所学知识解决新问题”[②] 的能力，其中创造力即为学生需要掌握的共通能力之一。在香港历次重大课程改革中，中小学课程的架构历经数次调整，但共通能力作为一项重要的课程宗旨，一直沿用至今。

在《中学教育课程指引》（2017）[③] 与《小学教育课程指引》（试行版，2022）[④] 中，共通能力被划分为基础能力、思考能力、个人及社交能力三个维度，基础能力包含沟通能力、数学能力、运用资讯科技的能力；个人及社交能力包含自我管理能力、自学能力与协作能力；思考能力包含慎思明辨能力、创造力与问题解决能力。每项共通能力并非独立存在，而是相互促进、紧密结合的。

《中学教育课程指引》（2017）中对每项共通能力进行了详细阐述，指出“创造力通常会以崭新的意念、行为或制成品呈现。创造力可自然地，或经深思熟虑，透过扩散性和聚敛性思考而产生，它需要整合一般或特定范畴的知识，以达至某个具意义的目的。”该文件还列出了创造力所涵盖的各种能力、个性特征与促进创造力的有利要素（见表 1-3、表 1-4 和表 1-5）。其中，创造力包含“敏觉力”“流畅力”“变通力”“独创力”“精进力”五项思维能力，涉及“好奇心”“冒险精神”“想象力”“挑战心”

① 香港教育局.《小学教育课程指引》（试行版）[EB/OL].（2022-09-08）[2023-04-18]. https://www.edb.gov.hk/attachment/tc/curriculum-development/major-level-of-edu/primary/curriculum-documents/Primary_Education_Curriculum_Guide/pecg_full.pdf.

② 课程发展议会.学会学习：课程发展路向 [EB/OL].[2023-04-18]. https://www.edb.gov.hk/sc/curriculum-development/cs-curriculum-doc-report/wf-in-cur/index.html.

③ 香港教育局.《中学教育课程指引》（2017）[EB/OL].（2017-05-23）[2023-04-18]. https://www.edb.gov.hk/sc/curriculum-development/renewal/guides_SECG.html.

④ 香港教育局.《小学教育课程指引》（试行版）[EB/OL].（2022-09-08）[2023-04-18]. https://www.edb.gov.hk/attachment/tc/curriculum-development/major-level-of-edu/primary/curriculum-documents/Primary_Education_Curriculum_Guide/pecg_full.pdf.

四种个性特征。培养和发展学生的创造力，应从"环境氛围""学生特质""创作过程""创作成果"等方面着手。在学校教育中，教师对学生创造性的萌芽，要积极、适时地给以培养、扶植、拓展、开发、强化，不断提高个性素质，设置有利于学生创造力发展的教育环境。

表 1－3　创造力涵盖的五项能力

能　　力	简　　述
敏觉力	观察细致入微，反应敏锐
流畅力	思考敏捷，意念丰富
变通力	融会贯通，随机应变
独创力	意念崭新不凡，匠心独创
精进力	拓展、提炼意念，精益求精

表 1－4　创造力包含的四种个性

个　　性	简　　述
好奇心	乐于探究/事事感兴趣，喜欢寻根究底
冒险精神	勇于面对不明朗情况，意志坚定不移
想象力	思想纵横驰骋，提出新颖意念
挑战心	热爱探索新奇的食物，不怕纷繁，敢于迎难而上

表 1－5　促进创造力的有利要素

有利要素	相　应　行　动
环境氛围	· 营造有益的环境及氛围（开放、鼓励及接纳的气氛；资源充足、安全且启发性的环境）
学生特质	· 认识和接纳学生的特质和个性（强项、弱项、学习风格、学习需要、动机和就绪程度）

续 表

有利要素	相 应 行 动
创作过程	· 识别及发展学生的创意潜能 · 让学生有选择空间，探索个人兴趣 · 以有趣且启发性的课题，激发创意，满足渴望 · 让学生经历创作的不同阶段（准备期、酝酿期、豁朗期和验证期）
创作成果	· 欣赏学生尝试提出崭新意念，鼓励他们精益求精 · 鼓励具有创意的行动和产出（意念、计划、方法、解决方案、成果、理论） · 重视创作经验，表扬学生的创意产出 · 鼓励学生游说他人（尤其是业界的专家）接纳其创意产品

在教育改革风起云涌的21世纪，世界各国和地区相继推出能力或素养框架以适应新时代的人才培养战略，“21世纪能力”“核心素养”等概念屡被提及。面对世界教育改革大潮，香港坚持培养学生的“共通能力”，关注学生创造思维和创造个性的培养，重视创造力教育的环境营造，为学校创造力教育的课程、教学与评估提供了指南方针。

2. STEAM教育：激发学生的创意潜能

香港是全球较早推行STEM教育的地区之一。2016年，香港课程发展议会发布《推动STEM教育——发挥创意潜能》报告，提出在中小学校开展STEM教育，以培养不同工作领域的多元人才，满足世界在经济、科学及科技发展上的需要。① 为配合新一届政府的施政倡议，香港教育局于2022年正式将STEM教育易名为STEAM教育，倡导各校在规划及组织STEM相关学习活动时，融入艺术教育和人文精神的学习元素，增加学生综合和应用跨学科知识和技能的机会，启发创新思维。

香港STEAM教育旨在让学生建立坚实的知识基础，强化学生综合和应用知识与技能以解决真实问题的能力，培养学生21世纪所需要的创造力和开拓与创新精神，以帮助学生为升学及就业作出更好准备，并应对现今世界的转变和挑战。以下结合相关案例阐述香港学校如何以STEAM教育促进创造力培养。

① 课程发展议会. 推动STEM教育——发挥创意潜能［EB/OL］.（2016-12-05）［2023-04-18］. https://www.edb.gov.hk/attachment/tc/curriculum-development/renewal/STEM_Education_Report_Chi_20170303.pdf.

[1]

从绿色“生态园”出发推展可持续发展教育与 STEAM 教育

学校 A 致力推动环境教育，提供多元及生活化的环保活动，以培养学生成为绿色公民。学校近年利用校园空间及回收环保物料建造“生态园”，园内设有不同的学习区域，包括果园区、小动物区、蝴蝶区、香草园、爬虫教室、小花圃、陆龟饲养区、鱼菜共生区及“与种同乐”区等，不但提高了学生爱护自然环境的意识，更让他们通过观察及照料园内的动植物，学会尊重和珍惜生命，体会爱与关怀的重要。

发展跨学科学习

为配合常识科的学习范畴“人与环境”，各级有一个课题到生态园学习；高小学生又会学习制作诱蚊器及智能浇水器、运用编程技巧编写“自动喂食器”及“生态园天文台”程式，以及参与绿色耕种等，让他们透过亲身体验学习，达至常识科及 STEAM 教育的学习目标。

各科延伸全方位学习

其他科组的教师亦利用“生态园”的真实情境让学生进行全方位学习，例如学生在生态园拍摄短片后，回到中文科课堂写作；教师开设生态园照片墙（Instagram）及优兔（YouTube）频道介绍生态园特色，为生态园的小动物举办网上见面会；视艺科教师带领学生在园中素描等，为学生提供丰富而有意义的学习经历。

照顾学生的多样性

同时，学校会安排有特殊教育需要的学生在生态园担任不同的岗位，如照顾植物或小动物，使他们肯定自己照顾者的角色，提升他们的社交技巧和自信心。

正面的价值观和态度

学校以“生态园”作为跨课程学习的平台，不但协助学生达至不同的学习目标，而且有效培养他们关爱、同理心、责任感、勤劳等正面的价值观和态度，以及解决问题和协作的能力。

在上述案例中，学校为学生营造了真实的全方位学习环境。“生态园”由环保物料建造而成，本身就是一件极具创造性的“作品”，能够让学生身临其境地进行创造体验，产生情感共鸣。不同于在封闭的教室内展开教学，“生态园”为学生构建了相对宽

---

① 香港教育局.《小学教育课程指引》（试行版）[EB/OL].（2022－09－08）[2023－04－18]. https://www. edb. gov. hk/attachment/tc/curriculum-development/major-level-of-edu/primary/curriculum-documents/Primary _ Education _ Curriculum _ Guide/pecg _ full. pdf.

松自由的课堂环境，更能激发学生对自然世界强烈的好奇心和探索欲，促使学生敢于想象和表达，这些特质都是创造力的雏形。

“生态园”系列STEAM课程融合了地理、生物、计算机、艺术、语文、科学等多学科知识，通过任务或主题将各个领域的知识衔接贯通，体现众多学科间的互通特质，有助于为学生建立知识间的联系，让学生形成对真实世界的完整认识。在知识高度整合的学习活动中，学生需要学习和运用多学科领域的知识和技能，因此更有助于激发灵活的创造性思维。可见，除了培养学生对科学、技术和数学的兴趣，以及让学生建立稳固的知识基础外，香港的STEAM教育更加注重加强学生综合和应用不同学科知识与技能的能力，培养他们的创造力、协作和解决问题能力，以及促进发展21世纪所需的创新思维和开拓与创新精神。在世界各地，STEAM教育一直致力于通过营造创新环境、激发学生创新精神、培养具有创新能力的人才，被视为教育体系变革的核心抓手①。因此，如何将STEAM元素纳入学校教育，优化STEAM教育的教学设计，使其指向学生的创新能力培养，是教育工作者亟需思考的问题。

四、浦东“创教育”特色定位

（一）浦东新区区域特色

浦东新区开展《基于区域特色的学校综合课程创造力研究和实践》项目，推进“创教育”综合课程建设，具备历史、地理和文化发展优势。

第一，浦东新区始终站在改革创新的时代潮头。浦东新区位于上海市东部，西靠黄浦江，东临长江入海口，面积1 210. 41平方公里。自20世纪90年代浦东新区改革开放以来，浦东已经从过去以农业为主的区域，变成了一座功能集聚、要素齐全、设施先进的现代化新城。作为改革开放引领示范龙头区，上海市浦东新区具有“科创改革，前沿探索”的区位发展优势。浦东因改革开放而生，因开发开放而兴。开发开放三十余年来，浦东实现了从郊野滩涂到现代化城市丛林的沧桑巨变。未来，浦东将聚焦打造社会主义现代化建设引领区，推动高水平改革开放挺立时代潮头、高质量发展取得显著成效、高品质生活实现共建共享、高效能治理率先走出新路。

第二，浦东新区具有独特的区域发展优势。交通方面，浦东新区拥有洋山港、外

---

① 钟柏昌，刘晓凡. 跨学科创新能力培养的学理机制与模式重构［J］. 中国远程教育，2021（10）：29－38＋77.

高桥港区、浦东国际机场等重要对外交通枢纽。金融方面，浦东新区拥有中国（上海）自由贸易试验区、陆家嘴金融贸易区 2 个国家级开发区。科技方面，有金桥经济技术开发区、张江科学城 2 个国家级开发区。文化方面，浦东是上海文化荟萃之地，不仅有全国重点文物保护单位张闻天故居、黄炎培故居、太平天国烈士墓、仰贤堂等历史文化建筑，东方明珠电视塔、上海环球金融中心观光厅、金茂大厦 88 层观光厅、上海海洋水族馆、中国航海博物馆等现代建筑，上海野生动物园、上海海昌海洋公园、上海国际旅游度假区等老少皆宜的休闲乐园，还有中华艺术宫、滨江大道、梅赛德斯奔驰文化中心、上海东方体育中心、滴水湖等大型公共文体设施。得天独厚的交通、金融、科技、文化优势，为“创教育”综合课程提供了肥沃的土壤。

第三，浦东新区教育规模稳步扩大，为“创教育”综合课程提供了实践土壤。根据《浦东年鉴 2022》数据显示，浦东新区有各级各类基础教育阶段学校 649 所，基础教育规模在全市各区居首位，占全市近 1/4。浦东新区通过集团化办学、学区化办学、百年老校集群式发展等多样化路径持续推进教育优质均衡发展；通过分批遴选、孵化，建设了一批“学生创新素养培育实验学校”，有志于培养创新科技人才；通过推行以学段化管理为特色的教育行政管理体制机制改革，推动教育治理现代化。[①] 这些都为浦东新区综合课程创造力培养提供了试验田和成果地。浦东新区充分发挥作为国家综合配套改革试点区、全国基础教育阶段现代学校制度建设实验区的优势，在教育体制机制创新方面进行大胆探索，着力形成开放、多样、优质的浦东教育品牌特色。

综上所述，浦东新区永立潮头的进取精神、资源丰盈的区域优势、全要素富集的教育系统，是其开展综合课程创造力培养的独特优势。浦东新区的探索和创造为深化上海基础教育课程改革、促进上海基础教育的高质量发展和扩大上海基础教育的国际影响力提供坚实支撑。

（二）综合课程体系特色

上海市浦东新区基于金融中心、航运中心、科创中心、人文中心的区位优势，围绕创造力培养的核心目标，构建了“融 · 创”“航 · 创”“科 · 创”“文 · 创”综合课程体系，探索出了具有浦东特色的创造力教育模式。

“融 · 创”课程是立足浦东新区金融区位优势的创教育综合课程，由 4 所具有金融素养培育特色的学校组成的联盟开展。这一课程搭乘金融发展相关倾斜政策，聚焦金

---

① 计琳. 浦东：创新的前沿，育人的沃土 [J]. 上海教育，2020（34）：18 - 19.

融素养培育，注重培养学生的金融知识与能力、金融意识与态度、金融思维与方法。“融·创”依托金融行业进行学生财经素养教育，与区域资源相结合，走进金融博物馆、采访金融人士、了解财富管理，甚至做“一日金融人”学做投资，培育学生金融素养，在培育学生金融思维的同时，培养学生正确的人生观和财富观，形成风险意识。此外，“融·创”课程还引导学生将抽象金融概念应用于实际操作，在真实世界中引导学生体验式学习，进而培养学生创造力。

“航·创”课程依托浦东新区“航空、航运中心”的地域优势，由7所以航海文化为特色的学校以联盟校的形式开发和实施。“航·创”课程充分利用浦东航运产业基地、航运高层次创新创业人才、航运服务产业聚集群等得天独厚的资源，开展多样化、实践性、研究型航创综合课程，并力争打造特色化、本土化、国际化综合航创课程模式。“航·创”联盟校通过专家指导、交流探讨、课程培训以及与高校合作等多种形式，形成了贯通中小学的一体化课程体系，包括航海探究活动课程“自主创新　走进航海”，邮轮文化课程“打开视野　放眼航海”，水下机器人课程“动手动脑　体验航海”，海洋鱼类课程“走进海洋　探秘鱼类”等。这些课程层次分明、模块清晰、操作性强、综合化程度高，适应学生个性化学习与发展需求，注重培育学生创新精神和科学素养。

“科·创”课程立足国际化背景下的“上海全球科技中心”——中国“硅谷”，依托张江科学城，开展科技创新教育实践与探究。“科·创”课程联盟由9所学校组成，其中既有历史悠久的老校，也有2000年之后成立的新校。“科·创”联盟校针对学科课程“界限过于清晰”的现象，围绕创造力培养推进综合课程建设，形成“科·创”课程开发的三种样态：一是整合、优化关联课程的课程“群”（系列课程）建设；二是着眼于打造课程品牌的课程“项”（品牌项目）建设；三是“群”“项”兼顾的课程开发。“科·创”课程围绕“航空科技特色”“中草药智慧种植”“现实模拟”“小小建筑设计师”等课程群，开发生物、化学、阅读、演讲等课程，引导学生综合探究，满足学生多样需求，促进学生学习方式融合、转型与创新，培养学生创新精神、探究能力和科创素养。

“文·创”课程将独具特色的海派文化、历史悠久的传统文化、丰富多元的世界文化相融合，力图“以文带创”，促进学生创造力培养。“文·创”课程由14所学校构成联盟校，建构了五育融合的“文·创”课程框架，以学生德智体美劳全面发展为抓手，以各校原有课程建设特色为基础，开设贯通小、初、高三个阶段不同主题的综合实践活动课程，从“采撷文化之花”“打开世界之窗”“捕捉身边之美”“探索方寸之秘”“体验创新之趣”等维度呈现文化与创新相融合，实现学校课程创新和依托课程建设培养学生创造力的双重价值。“文·创”课程基于趣味历史文化基础，开展美“德”课程、美“艺”课程、美“动”课程、美“创”课程，引导学生学会发现美、欣赏美、创造美，激发学生创新创造活力。在课程中，教师带领学生走访海派游学点，感受海派文化，鼓励学生创设、编制、策划游学路线，解决游学过程中的突发状况，培养学生文化自信，开拓学生国际视野。围绕“文·创”，联盟学校还开展了“绒绣”课程、“敦煌文化和历史系列课程”等相关课程，学生需要设想如何用绒绣手法表达二十四节气，“敦煌”系列课程则需要学生了解敦煌壁画，自行创设文化产品等，这类课程使现代文明与非遗文化相碰撞，充分发挥学生创造力，让非遗文化迸发生机。

“融·创”“航·创”“科·创”“文·创”等四个主题的课程是浦东新区基于自身区位优势开发的具有本土特色的创教育综合课程。在开发“四创”课程的过程中，浦东新区积极探索出了一条立足本土、面向世界、培养创新人才的课程开发模式，为其他地区开展类似的活动提供了有益经验。

五、全书框架结构

立足于上海市浦东新区“创教育”的理论和实践，本书的内容框架如下：

第一章为导论。该章节论述了浦东新区“创教育”综合课程项目推进的重要性和合理性，在阐述创造力教育是基础教育重要构成的基础上，着重探讨综合课程是创造力教育的重要载体，并梳理与分析不同国家和地区在创造力教育上的实践经验，为浦东新区“创教育”综合课程的推进提供经验和启示。最后，基于区域特色，具体阐述了浦东新区创教育综合课程的样本建设。

第二章为“创教育”综合课程的理论基础。该章节论述了浦东新区“创教育”综合课程的内涵界定与理论基础研究，进一步深化并厘清创造力的概念内涵、“创教育”的内涵要旨，并基于此构建深化区域特色综合课程创造力的理论基础。

第三章为“创教育”综合课程的设计。该章节主要从理论层面探讨浦东新区“创教育”综合课程如何设计以更好地指向创造力教育，并从实践层面着眼于浦东新区金融、航运、科创、人文四大特色的“创教育课程”实践做法的梳理和经验的总结，从而凝练提升浦东新区“创教育”综合课程设计的方法路径。

第四章为“创教育”综合课程的实施。该章节主要从理论层面阐释指向创造力培养的实施本质，深入探讨浦东新区“创教育”如何实施以更好地指向创造力教育，并基于实践案例的梳理总结凝练“创教育”综合课程的实施方法路径，以更好地实现对学生创造力的培养。

第五章为“创教育”综合课程的评价。该章节旨在从理论层面阐释指向创造力培养的评价本质，并基于实践层面梳理浦东“创教育”综合课程评价的实践案例，进而厘清“创教育”综合课程评价的内容体系，寻求“创教育”综合课程评价的方法路径，为中小学校实施创造力教育提供评价指南。

第六章为“创教育”综合课程建设的浦东智慧。该章节旨在凝练浦东新区“创教育”综合课程的浦东智慧，主要从“创教育”综合课程的成果效益、推进策略以及模式提炼三方面进行梳理与总结，为其他区域提供值得借鉴的浦东样本。

第二章
“创教育”的理论基础

美国著名心理学家乔伊·保罗·吉尔福特（Joy Paul Guilford）指出，没有哪一种现象或一门学科像创造力问题那样，被如此长久地忽视，又如此突然地复苏。① 创新创造是人类文明进步与社会发展的不竭动力，在大发展、大变革的时代变局之中，我们前所未有地期待教育服务于创新型国家建设，培养具有创造才能的人。学校是创造性人才培养最重要的环境，亦是实施“创教育”最直接的场所。什么是创造力？创造力体现在哪些方面？创造力如何教育？回答这些问题，是培养创造性人才的基础和前提。本章内容旨在澄清创造力的概念本质，阐明“创教育”的内涵要旨，构建“创教育”的理论框架，以顶层设计指导“创教育”综合课程的实践探索，为促进上海基础教育高质量发展提供内涵支撑。

一、何为“创教育”?

（一）创造力概念内涵

我国古代实际上就有了“创造”的概念，在《说文解字》中，“创”写作“刅”，寓意“第一次掘井”，“创造”代表着有意识地对世界进行探索性劳动的行为。《辞海》（第五版，1999）中对于“创造力”的解释更为明确，即一种“对已积累的知识和经验进行科学的加工和创造，产生新概念、新知识、新思想的能力”。西方的“创造”一词，源于拉丁语 creatus，含有制造、生长的意蕴，象征造物主开辟宇宙万物的伟大力量。根据《韦氏新世界词典》（Webster's New World Dictionary of the American Language，2nd College Edition，1976）的描述，“创造力”（creativity）被阐释为“创造的能力，才艺和智力的开发”。

“创造力”正式成为一个规范的学术概念，源于 20 世纪 50 年代吉尔福特在《美国心理学家》杂志发表的《创造力》（*Creativity*）一文，在该文中，吉尔福特指出，创

① Guilford，J. P. Measurement and creativity [J]. Theory into Practice，1966，5（4）：186－189.

造力是指能代表创造性人物特征的各种特质，通过描述这些特质，就能够判定个体是否具有创造潜力，并以教育的方式提高其创造性。① 也就是说，创造力并不是少数天才特有的能力或专长，创造力具有可教育的特征，从该意义上而言，“人人都拥有创造力”。

在长达 70 年的创造力研究进程中，学者们对于创造力的描述和定义莫衷一是。罗伯特·约翰·斯腾伯格（Robert John Sternberg）认为，创造是一种对观念进行“低买高卖”的投资活动，创造力是在任何人类活动领域产出具有新颖性（即独创性）和适切性（即有用的、适合特定需要）的想法或产品的能力，② 新颖和有价值是创造力的两个典型特征。特丽莎·艾曼贝尔（Teresa M. Amabile）提出，创造力是对一项开放性任务做出新颖而恰当的反应，进而形成产品或问题解决方案的能力。③ 埃利斯·保罗·托兰斯（Ellis Paul Torrance）认为，创造力是一种新颖独特的问题解决过程，即能够敏锐地察觉问题、缺陷以及其他不和谐因素，进而找出症结、寻求解决办法、作出推测、验证假设，最终公布结果。④ 我国学者林崇德认为，创造力是指根据一定目的，运用一切已知信息，产生出某种新颖、独特、有社会或个人价值的产品的智力品质。⑤

可见，学界对于创造力的概念界定不尽相同，但总体可以实现多向耦合：创造力是一种综合性能力，是个体的个性特征、动机、知识与智力共同作用的结果；创造力是一个过程性活动，要求个体围绕特定任务或目标完成认知操作和问题解决；创造力是行动结果的集中体现，新颖性（创造性产物是新的、前所未有的或与众不同的）和价值性（创造性产物具有社会意义或个人价值）是其关键要素。简而言之，创造力是产生新颖的、有价值的想法的能力。当然，这种新颖的、有价值的想法，也即创意，通常不会仅仅停留在想法的阶段，而会进一步转化为成果，包括创意经确证之后生成新的认知（科学研究是典型的例子），转变为新的解决问题的方案，或物化为新的产品（或作品）。创意的产生、确证及成果化过程，即是我们通常所说的

---

① Guilford, J. P. Creativity [J]. American Psychologist, 1950, 5 (9): 444 - 454.

② Sternberg, R. J., & Lubart, T. I. Buy low and sell high: An investment approach to creativity [J]. Psychological Science, 1992 (1): 1 - 5.

③ Amabile, T. M. Changes in the work environment for creativity during downsizing [J] Academy of Management Journal, 1999, 42 (6): 630 - 640.

④ Torrance, E. P. An instructional model for enhancing incubation [J]. Journal of Creative Behavior, 1979 (13): 23 - 25.

⑤ 林崇德. 培养和造就高素质的创造性人才 [J]. 北京师范大学学报（社会科学版），1999 (01): 5 - 13.

创新或创造。

(二) 创造力"大小"之辨

创造力并不是只有少数天才才拥有的特质，人人都能具有生生不息的创造力，类似的观点受到研究者广泛的支持。但早期的学者认为，创造力是一个连续体，个体的创造性可以体现在不同的熟练程度上，从而呈现出水平的差异。根据创造性产物的影响范围，心理学家米哈里·契克森米哈赖（Mihaly Csikszentmihalyi）引入了大创造（Big Creativity，即"大 C"）和小创造（Small Creativity，即"小 C"）的概念①，前者指向对社会具重大贡献与影响的创造成就，往往集中于伟大科学家和艺术家身上；后者指在日常生活中用以解决问题的想法或创意，是人人皆具有的微观创造性。

詹姆斯·考夫曼（James C. Kaufman）等人对创造力的层级分类则更加具体。按照由低到高的层次，创造力可依次分为"微 C（Mini－C）""小 C（Little－C）""专业 C（Professional－C）"和"大 C（Big－C）"四个方面。"微 C"是指个体在学习过程中对经历、活动等进行的有意义的解释；"小 C"是指在日常生活中表现出来的解决新问题的能力及相关的创造力；"专业 C"是指具有某种专业或职业素养的人所展现出来的创造力；而"大 C"则是指卓越的创造力，如爱因斯坦等科学家等所展现出的创造力。② 考夫曼指出，人的一生是持续不断地探索和接受新事物的过程，对于陌生世界的探索与好奇驱使人们在日常生活获得源源不断的灵感和发现，形成个体层面的"微 C"；经过反复的尝试和鼓励，个体能够将想法和灵感加以组织，在解决日常生活中新问题的过程中获得"小 C"的创造力体验；随着专业知识与技能的积淀，个体能够逐渐进入"专业 C"的境界，并在各种因素（如机会、运气、资源等）的聚合下取得"大 C"的创造性突破。③

考夫曼等人的创造力 4C 层级论为解释创造力与培养创造力提供了一种发展性的视角。一方面，对创造力的四层级分类表明，创造力的发展是一个循序渐进的系统性过程，现实世界中的创造具有由低到高的不同发展水平。另一方面，每一个个体都是潜在的创造者，其创造的能力与水平可能会随着经验的累积与经历的丰富逐步提高。对

---

① Csikszentmihalyi，M. Creativity：Flow and the Psychology of Discovery and Invention [M]. New York：Harper Collins Publishers. 1997：58－61.

② Kaufman J. C.，Beghetto R. A. Beyond Big and Little：The Four C Model of Creativity [J]. Review of General Psychology，2009，13 (1)：1－12.

③ Kaufman，J. C. Creativity 101 (Second Edition) [M]. Germany：Springer Publishing，2016：44.

于基础教育阶段的中小学生而言，其创造的水平多数集中在“微 C”和“小 C”领域，其创造成果的新颖性或独特性更多是相对于创造者个体或者这个年龄段的群体而言，若置于整个社会或人类则未必是新颖或独特的；其创造成果的价值性也更多是相对于创造者个体而言，是个体价值，若置于整个社会则未必具有价值。这是中小学生创造力不容忽视的特征，不能借此否认学生所具有的创造力。若针对中小学生开展“创教育”，培养他们的创造力思维，帮他们掌握相关领域的创造知识与技能，发展他们乐于冒险与接受新鲜事物的个性品质，那么他们的创造就有可能向更高水平迈进。

由此可见，创造是个体有效地利用各类信息和资源，进而生成具有新颖性与价值性成果的知识、能力与品质的总和。创造力并非单一的思维过程或人格特性，更是一种基于知识和实践的、有形的、可测量的、可培养的具体能力，它可以支持个人在有限的、充满挑战的环境中获得更好的结果。一个具有创造力的个体，能够充分利用相关信息和资源，开展一系列思维活动，产生新颖且有价值的观点、方案、产品等成果。本书中所探讨的创造力，在更大意义上落脚于考夫曼等人的创造力 4C 模型中的“小 C”和“微 C”层次上，即强调学生在学习过程和日常生活中的“求新”“知新”“创新”，产生相对于“昨天的我”的“新”——新想法及其基础上的新认识、新方案和新产品，因而是一种“纵向”的、不断超越自我的个体意义上的创新创造。

（三）“创教育”内涵要旨

作为一种培养人的社会活动，从一定意义上说，教育本身就是人类伟大创造的结果。一方面，自古以来教育活动帮助人类实现了从茹毛饮血的原始时代向日新月异的现代社会的转变，担负着改造社会、创造新生活的使命。另一方面，教育要根据社会的要求和人的发展需要有计划、有组织地把价值观念、行为规范、科学知识、思维方法、劳动技能、审美情趣、人生信仰等传递给学生，创造性地提高其素质，开发其潜能，发展其个性，并使他们逐渐成为社会的、文化的、个性的主体。可见，“创造力”和“教育”本身就共生依存，密不可分。

早期关于创造力的研究，主要集中于某方面具有创造才能的特殊人群，强调“特殊创造力”，创造力教育是一种精英教育。但近年来随着研究的不断深入，越来越多的学者反对所谓的“特殊创造力说”，转而强调“一般创造力”，例如，吉尔福特在其著作《创造性才能：它们的性质、内容与培养》中指出：每个人都在某种程度上具有创造性才能，而那些创造性天才，仅仅是在其中某些方面具有异常卓越的才能而已。[①] 今天，人们普遍认识到，每个人的创造潜能都能在正确的教育以及适当的环境中得到提高。同时，人们不再认为单独的个体是创造力的突破性来源，相反更多强调来自良好团体和组织的培养作用，如学校组织。[②] 在这种情况下，“创教育”——创造力教育的提出便顺理成章了。

“创教育”，顾名思义，是以培养学生创造力为旨向的教育。具体而言，“创教育”着眼于学生创造性人格和创造性思维的养成，包括课程设计（包括课程结构的安排和课程内容的开发等）、课程实施（即教学实践和过程，包括教学环境的营造）、课程评价（主要对学生的学习过程和学习结果进行评价）等环节。“创教育”以课程为载体推进，本书聚焦于如何通过综合课程进行创造力培养，因而行文过程中会使用“‘创教育’综合课程”“综合课程创造力培养”等词语。上海市浦东新区所开展的“创教育”，基于新区经济社会发展的区域特色，围绕航运、科创、金融和文化等四个中心核心功能构建“四创”区域特色学校综合课程体系，依托综合课程的设计、实施与评价，激发和培育学生的创造力。

（四）“创教育”认识厘清

1.“创教育”应面向所有学生开展。陶行知在《创造宣言》中曾经发出创造名言：处处是创造之地，天天是创造之时，人人是创造之人。[③] 不是每一个人都能成为爱迪生，具有能够进行发明创造的“大创造力”，但是每一个个体都具有“微创造力”和“小创造力”。在教育教学过程中有意识地培养学生的创造力，对学生在生活和学习中的一些奇思妙想进行适当的教育和引导，就能提高其创新创造能力。人人都具有创造的潜能，教育更应该去激发学生创造的潜能，面向每一位学生，为他们提供必要的条件和机会，使他们的创新潜能得到更好的发挥，这不仅是合理的，也是正当的。一方面，就创造力本身来看，其具有“可教育性”，因而为“创教育”提供了可能。另一方面，就创造力的内涵来看，创造力是指人们运用已有的信息和相关知识，产生出某种新颖、独特的，具有社会价值或者个人价值的智力品质。创造力教育的受益主体直接或者间接指向个人、群体或社会。每一个个体都具备创造的潜力，只是不同个体创造力的表现具有一定差异。基于创造力的可教育性，以培养创新创造能力为旨归的“创教育”不能只是面向少数天资聪慧、成绩优异的“英才”

① 吉尔福特.创造性才能——它们的性质、用途与培养［M］.北京：人民教育出版社，2006：5.

② 程佳铭，任友群，李馨.创造力教育：从授受主义到有结构的即兴教学——访谈知名创造力研究专家基思·索耶博士［J］.中国电化教育，2012，（01）：1-6.

③ 陶行知教育论著选［M］.北京：人民教育出版社，2015：62.

学生，而应当面向具有创造潜能的每一个学生。不仅如此，创造力教育还要从小抓起，使创新创造成为每一位学生的思维习惯，并由此从根本上提升全民族的整体创新活力。[①]

2.“创新”与“拔尖”有联系也有区别。当今世界，拔尖创新人才的培养成为全球各个国家和地区教育政策和实践关注的焦点。党的二十大报告指出，要全面提高人才自主培养质量，着力造就拔尖创新人才。但需要注意，拔尖——若拔尖意指学业成绩优异——与创新并非天然地具有内在的一致性。在当前的学校教育中，所谓成绩优异的“拔尖”学生，在创造力表现上却未必出色；而富有创意、创造力潜能不俗的学生，学业成绩却未必优异。个中原因固然是多方面的，但学校教育及其评价系统难辞其咎。19 世纪英国著名哲学家赫伯特·斯宾塞（Herbert Spencer）曾提出“什么知识最有价值?”这一重大课题。人类社会发展到今天，已经累积大量的、浩如烟海的关于自然、社会和人类自身的确定性的知识。基础教育的一个重要任务，就是让学生掌握从中精挑细选的、对学生未来发展具有奠基作用的确定性知识。这当然是十分重要和必要的。但问题在于，在当前的学校教育和学业评价体系中，学生需要掌握的知识或回答的问题大多设有固定的标准答案，而且通常是唯一正确的答案。即使在某一问题的实际答案是多元的或具有不确定性的情况下，学校的教育教学并不鼓励相异的或者具有不确定性的答案。更有甚者，学生一些原本正确的认识，因与标准答案不同而被判为错误。久而久之，学生的求异思维和审辨思维便会窒息，想象空间也会被大大压缩，而这些恰恰是创新创造能力所必需的。有学者指出，应试教育对于学生的创造力培养有着负面作用，拔尖学生受其影响和制约的程度更加突出。[②] 这提醒我们，着眼于拔尖创新人才的培养，学校教育的方式和学业评价的体系亟须变革。

3.“创教育”可以通过多学科和综合课程实施。创造力本身不像语文、数学等学科课程那样有自己独特的领域内容知识。“创教育”可以有机地融入学科教学之中，在日常的学科教学中培养学生的创造性思维和创造性人格。“创教育”不限于课堂，兴趣小组是课堂的拓宽、延伸和补充，是培养学生创新精神和实践能力的重要形式。学校应充分利用各种兴趣小组，给学生营造自由探索的环境氛围，在小组活动中激发学生的兴趣，培养其良好的创新品质和创造习惯。“创教育”更可以通过综合课程进行，如前

---

① 本刊编辑部，谭果林. 创新思维应从小开始培养［J］. 中国科技论坛，2013，202（02）：1.

② 柯政，梁灿. 论应试教育与学生创造力培养之间的关系［J］. 华东师范大学学报（教育科学版），2023，41（04）：72－82.

所述，综合课程是“创教育”的适切载体。以跨学科知识为基础的综合课程，使得学习者可以根据不同学科视角、针对相关主题知识展开创造性连接和递进，进行多维度拆分与重组，有利于学习者突破学科知识的定势、实现发散思维和辐合思维的结合，对于提高创造性思维水平具有重要的作用。此外，“创教育”通常与实践、生活结合紧密，涉及创意的表达和创造产物的制作生成，因而注重学生实践能力、动手操作能力的培养，而这也必然体现在综合课程中。综合课程有多种表现形式，当前中小学普遍采用的综合实践活动课程即是——也只是——其中之一。综合实践活动课程既强调学科间的知识整合，强调学生综合能力的培养，又强调从知识的传递转变为真实问题的解决，强调学校与社会的关联。① 在综合课程的实施过程中，学科之间的相互渗透与融合有助于培养学生的问题解决能力与创造力。值得注意的是，相对于传统的分科课程，综合课程，尤其是指向创造力培养的综合课程，还亟待进一步丰富和完善，而浦东新区在这方面做出了积极探索和突出成绩。

二、“创教育”的多维领域

吉尔福特在1950年揭开了创造力的神秘面纱，奠定了学界关于创造力研究的基础。创造力研究发展至今，已经形成一个既有深度又有广度的认识体系，创造力的可教育性也逐渐成为学界共识。欲探明创造力如何培养，则需要先明晰创造力的构成要素及其相互间的结构关系，这是“创教育”中的关键问题。

在创造力研究早期，已有一些研究者就创造力的结构内容展开论述，初步构建了创造力构成的静态结构框架。吉尔福特以将创造性人格和创造性思维视为与创造力构成最为紧密相连的两大要素，前者代表个体在创造过程中的能力倾向、兴趣和态度等行为特征②，后者指向个体在问题解决中的认知过程和思维方式③。斯腾伯格提出，创造力是几个独立而又相互联系的资源共同作用的结果，并由此将创造力划分为是智力、知识、思维风格、个性、动机和环境等六个维度，④ 这一有关创造力构成的认识显然更为宽泛。艾曼贝尔指出，创造力应是个人特征、认知能力与社会环

---

① 李芒.论综合实践活动课程与教师的教学能力［J］.教育研究，2002（03）：63－67.

② 吉尔福特.创造性才能——它们的性质、用途与培养［M］.北京：人民教育出版社，2006：7.

③ 吉尔福特.创造性才能——它们的性质、用途与培养［M］.北京：人民教育出版社，2006：109－115.

④ Sternberg，R. J. & Lubart，T. L. An investment theory of creativity and its development［J］. Human Development，1991，34（11）：1－31.

境相结合产生的一种行为结果，领域相关技能、创造性相关技能与任务动机是其关键的三个要素。[①] 上述论述表明，创造是涉及诸多内外部因素的复杂过程，创造力在结果上的表现也因而受到这些因素的制约——一种复杂的、各种因素交织在一起的综合制约。

随着研究的深入，研究者试图以一种更具统整性的多维视角揭示创造力的本质。梅尔·罗德斯（Mel Rhodes）在综合四十多位学者的观点后，建设性地提出了创造力4P模型，指出创造力包含创造人格（Person）、创造过程（Process）、创造产物（Product）和创造环境（Press）四个不同侧面。[②] 创造人格通常指向高创造性群体所具有的特殊个性或心理品质，包括外向性、神经质、智力等方面的特征；创造过程则从个体的思维或认知过程角度看待创造力，创造性思维属于其本质要素；创造产物即经由创造过程生成的可测量的客观物体，新颖性、适用性、价值性是其判定标准；创造环境指影响创造人格与创造过程的外部资源条件，对创造力具有一定的支持或抑制作用。近年来，弗拉德·佩特雷·格拉维亚努（Vlad Petre Glăveanu）等学者将4P模型拓展为5A模型，即以行动者（actor）取代创造人格，以行动（action）取代创造过程，以人工制品（artifact）取代创造产物，以受众（audience）和供给（affordance）取代创造环境。[③] 与4P模型相比，创造力的5A模型对创造环境进行了更为细致的考察，强调了社会环境（受众）和物质条件（供给）对创造过程的共同影响。

无论是创造力4P模型还是5A模型，均指出创造力是创造性人格、创造性过程、创造性成果、创造性环境的有机统一，这种对于创造力结构成分的划分，不仅阐明了创造力各个关键要素的动态关系，也指出了个体创造力发展所涉及的社会与文化环境条件。上述创造力成分理论的基本观点奠定并指向“创教育”的主要领域和内容：在一个完整的创造性教育过程中，需要教授学习者有关特定领域的知识和技能，这是创新创造的基础前提；需要培育学习者的创造性思维，这是创造力或创新创造得以发生的本质性要素；需要发展学习者与创造性关联的个性品质，即创造性人格，这是创造力或创新创造得以发生的支持性要素；需要指导或引导学习者生成创造产物，并评估学习者的创造产物，即创造性成果，这是个体创造思维与创造人格的综合性表达，是创

---

① Amabile, T. M. The social psychology of creativity: A componential conceptualization [J]. Journal of Personality and Social Psychology, 1983, 45 (2): 357 - 376.

② Rhodes, M. An Analysis of Creativity [J]. The Phi Delta Kappan, 1961 (42): 305 - 310.

③ Glăveanu, V. P., & Tanggaard, L. Creativity, identity, and representation: Towards a socio-cultural theory of creative identity [J]. New Ideas in Psychology, 2014 (34): 12 - 21.

造力的结果性要素；需要营造激荡创造力的环境氛围，这是创新创造的能动性因素。因此，本书以创造性思维、创造性人格、创造性成果、创造性环境与领域性知识作为创造力的横向维度，构建"创教育"的多维领域。

（一）创造性思维

创造性思维（creativity skills & process）是指有助于创造活动进行的思维品质或认知特点。大量研究表明，每个人或多或少都拥有创造性思考的潜力（J. P. Guilford，1950①；J. Nicholls，1972②），并且可以通过多种教育手段深入挖掘和培养创造性思维能力（R. J. Sternberg，2019③）。当前，创造性思维已成为21世纪创新人才培养的核心指标。2016年，北京师范大学中国教育创新研究院正式对外发布"21世纪核心素养5C模型"，将审辨思维（Critical Thinking）和文化理解与传承素养（Cultural Competence）、创新素养（Creativity）、沟通素养（Communication）、合作素养（Collaboration）并列为21世纪公民立足社会的五大核心素养。④ 大规模国际学生评估项目（Program for International Student Assessment，PISA）在2021年新一轮测评中增设与创造性思维相关的评估内容，以激发世界各个国家和地区开展指向创造力培养的教学方式变革。

创造性思维究竟指向哪些关键核心的思维能力？对创造力思维的一种最为广泛的解释，是将其视为多样化的想法或发散性的联想。在创造力研究的早期阶段，创造力几乎等同于发散思维（divergent thinking），如吉尔福特将"发散生产（divergent-production）"的能力列为与创造性思维最相关的能力，发散思维也因此被视为创造性才能的潜在来源，善于"灵活应变"是创造性人才的普遍特征。⑤ 至今仍广为使用的托兰斯创造性思维测验（Torrance Test of Creative Thinking，TTCT）的一个明显特征，是要求被试者尽量想出更多、更好的答案，以考察其发散思维的流畅性、灵活性、独创性和精细性。在英国学者比尔·卢卡斯（Bill Lucas）提出的创造力五维模型（探究

① Guilford，J. P. Creativity. American Psychologist，1950，5（9）：444－454.

② Nicholls，J. Creativity in the person who will never produce anything original and useful：The concept of creativity as a normally distributed trait [J]. American Psychologist，1972（27）：517－527.

③ Sternberg，R. J. Enhancing People's Creativity. In J. Kaufman & R. Sternberg（Eds.），The Cambridge Handbook of Creativity [M]. Cambridge：Cambridge University Press，2019：88－104.

④ 马利红，魏锐，刘坚等. 审辨思维：21世纪核心素养5C模型之二 [J]. 华东师范大学学报（教育科学版），2020，38（02）：45－56.

⑤ Guilford，J. P. Creativity：Yesterday，Today and Tomorrow [J]. Journal of Creative Behavior，1967（1）：8.

精神、坚持不懈、协作能力、自律能力与想象力）中，“想象力”这一创造力素养培育指标即要求创造主体能够尝试多种可能性、建立事物的关联并使用直觉推理，这实际上就是指向进行发散思维的过程性能力。可见，发散思维是创造性思维至关重要的一个组成部分，其追求的不走寻常路的想法与天马行空的想象正是创造性思维新颖性、独特性的核心特征。

整体而言，创造的过程包含“尽情发散”与“去伪存真”两个步骤。[①] 发散思维推崇与众不同的无限遐想，偏爱新颖古怪的新奇念头，是创造思维“尽情发散”的集中体现。在一个高水平的创造活动中，创造的主体还需要在广泛联想的基础上对发散思考的结果进行鉴别、筛选和考证，以完成“去伪存真”的思维过程。这实际上就涉及与创造过程密切相关的另一类高阶思维能力——批判思维（亦称审辨思维，critical thinking）。人们在日常生活和实践中会接触各种各样的信息，这些信息鱼目混珠、良莠不齐，而批判性思维则使得我们可以将这些信息进行过滤和加工，考察信息是否全面真实、论证是否严密、有无其他可能性等，从而得出可靠、新颖的认识。2019 年，经济合作与发展组织（Organization for Economic Co-operation and Development，OECD）教育研究和创新中心（Centre for Educational Research and Innovation，CERI）发布《培养学生的创造力和批判思维》研究报告，明确指出批判思维是创造力的一个重要步骤，将批判思维解释为“对与某一解释或方案相关的陈述、观点及理论进行细致的评估和判断，以便得出一个有说服力的立场或结论”[②] 为了使批判思维更加具像化，该报告以探询（inquiring）、想象（imagining）、行动（doing）、反思（reflecting）的创造力培养过程为框架，详细论述了各环节中的关键性批判思维要素，包括理解（understand）、辨别（identify）、论证（justify）、质疑（reasoning）、评价（evaluate）等。[③] 如果说发散思维是“为新而新”，批判思维则让“新”成为经得起考验，是真正的和有价值的“新”。

无论是发散思维还是批判思维，都需要接受认知策略的指导，唯有通过元认知，个体才能有意识地对自己的创造过程加以组织、调节和监控，才可能有创造性思维和

---

① 钟柏昌，龚佳欣. 学生创新能力评价：核心要素、问题与展望——基于中文核心期刊论文的系统综述［J］. 中国远程教育，2022（09）：34－43＋68.

② OECD. FOSTERING STUDENTS' CREATIVITY AND CRITICAL THINKING［R］. Paris：OECD Publishing，2019：23.

③ OECD. FOSTERING STUDENTS' CREATIVITY AND CRITICAL THINKING［R］. Paris：OECD Publishing，2019：27.

产物的出现。[①] 元认知是对认知的认知，对认知的监控和调节。"元认知"概念最初由心理学家约翰·亨利·弗拉维尔（John Hurley Flavell）提出，用以描述"个人关于自己的认知过程及结果或其他相关事情的知识"。[②] 斯腾伯格基于智力三元论分析创造性思维，提出"Metacomponents"（元组件）概念，视其为"计划、监控和评估问题解决"的一种高阶思维过程。[③] 人类的认知活动，尤其是问题解决与创造性过程，离不开元认知的参与。创造力元认知（Creative Metacognition）从结构可以区分为两类：一是关于自我的知识，即明白个体自身创造力的优势和局限性；二是关于情境的知识，即知道何时、如何创造以及为何创造。[④] 当个体的认知系统中积累了一定的关于创造的领域知识，借助于包括元认知在内的创造性思维，就能够以恰当的方式对信息进行处理、加工和转换，从而产生新异而独特的产物。从该意义上而言，元认知对创造性学习的过程起着组织、协调、监控、评价和反馈作用，构成了创造性思维发展的认知基础。

需要指出的是，创新创造建立在对事物进行充分认识的基础上，这一认知或探究因而构成创新创造过程的一个重要组成部分或前提。但认知或探究本身通常不产生"新"东西，这里不将其视为创造力的本质性或内在要素。同样，在进行创新创造时，人们需要把发散思维的结果和多样的信息进行聚合分析，故聚合思维（Convergent Thinking）也是创新创造的一个重要组成部分，但聚合思维本身通常也不产生"新"东西，因而不视为创造力的本质性要素。当然，如果个体在认知探究或聚合信息的过程中，例如通过顿悟，形成新颖的、有价值的想法或方案，这也是创造力的体现，但这恐怕更多得益于认知探究和聚合思维过程中不可分割的想象或批判思维。这说明，创新创造是一个复杂的过程，创造力的本质性要素很难抽离并明确区分开来。

基于以上文献探讨，本书将创造性思维视作发散思维、批判思维与元认知共同作用的结果。创造性思维是一切创造活动的智力基础，它能够持续监控和调节创造实践中的行为活动，不断地提升主体的创造水平。在"创教育"的领域，与创造性思维相

---

① 邓赐平，桑标，缪小春. 创造性发展的三重心理基础及其教育启示［J］. 上海教育科研，2002（06）：36－38.

② Flavell, J. H. The nature of intelligence [M]. Hillsdale, NJ: Erlbaum, 1976: 231－236.

③ Sternberg, R. J. A three-facet model of creativity. In R. J. Sternberg (Ed.), The nature of creativity: Contemporary psychological perspectives (pp. 125－147). Cambridge: Cambridge University Press, 1988: 132.

④ Kaufman, J., & Sternberg, R. (Eds.). The Cambridge Handbook of Creativity (2nd ed., Cambridge Handbooks in Psychology). Cambridge: Cambridge University Press, 2019: 399.

关的结构要素描述如下（见表 2-1）：

表 2-1　创造性思维的结构要素

维　度	要　素	描　　述
创造性思维	发散思维	能够沿着不同的方向进行思考，充分发挥想象力，从多个角度寻求解决问题的途径，生成各类不同的观点、想法与见解；
	批判思维	对各类主题、内容或问题进行客观分析与批判质疑，基于推理和论证给出新的解释和判断；
	元认知	知道何时、为何、如何进行创造，能够形成符合自己特点的学习方式和策略，适时地对创造力学习的过程进行反思与调节。

（二）创造性人格

创造性人格（creativity personality），即在创造性活动中起重要作用的非智力因素，通常可以预测一个人在相关领域所能取得的创造性成就①。尽管当前人们已经认识到创造力并非少数人的专利，但早期研究者对于创造性人格的论述通常与那些具有高创造性的特殊人群相关，例如创造力研究的先驱吉尔福特在建设性地提出创造性人格这一概念后，通过梳理高创造性个体在创造性行为中表现出的品质类型，概括出与创造人格相关的八项特征：高度的独立性；旺盛的求知欲；强烈的好奇心；广泛的知识；理性、准备性和严格性；丰富的想象力；敏锐的知觉；专注的意志品质。② 类似地，托兰斯认为高创造性人群的人格包括留意新鲜事物、喜欢刨根问底、专注、好奇心等 17 种特征。③

以高创造性群体作为参考标准所概括的人格特征往往较为零散，而且不同学者给出的认识也未必一致。为此，一些学者对创造性人格的要素和指标进行了更具系统性的概括和分类。有学者对威廉姆斯创造性倾向测验量表（Williams Prefer Measurement Forms）进行修订，最终将冒险性、好奇心、想象力与挑战性作为创造力人格量表的四个维度，④ 该量表也是我国流传广泛的创造力人格量表。甘秋玲等人从素养培育的角度

① 罗伯特·J. 斯腾博格. 创造力手册［M］. 北京理工大学出版社，2005：238-244.

② Guilford, J. P. Some theoretical views of creativity. In H. Helson & W. Bevan (eds.) Contemporary approaches to psychology［M］. Princeton NJ：Van Nostrand，1987：419-459.

③ Torrance, E. P. Are the Torrance tests of creative thinking biased against or in favor of "disadvantaged" groups?［J］. Gifted Child Quarterly，1971（15）：75-80.

④ 林幸台，王木荣. 威廉斯创造力测验［M］. 台北：心理出版社，1994：88-89.

出发，将创新素养结构区分为创新思维、创新人格与创新实践三个维度，其中创新人格包含好奇、开放、冒险、挑战、独立、自信、内驱力七项指标。① 在卢卡斯教授所构建的创造力五维模型（见图 2－1）中，创造力被分解为五大类十五小类可见、可记录、可衡量的技能，其中多项内容均指向创造性人格的发展，如“坚持不懈”维度中的敢于与众不同、知难而上不言弃、包容不确定性，“探究精神”维度中的好奇和质疑、探索和调查、挑战既有认知等。

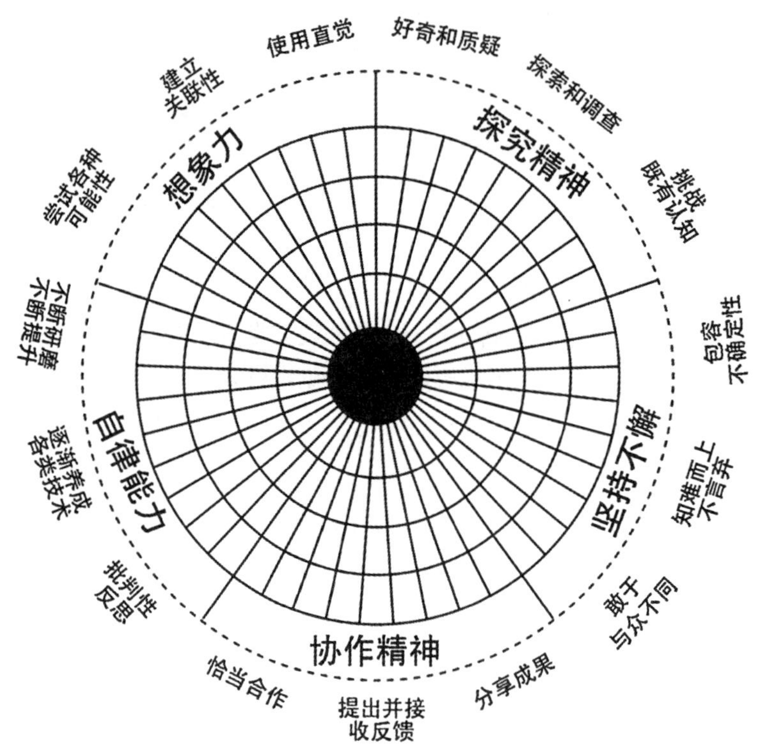

图 2－1　比尔·卢卡斯教授的创造力五维模型②

研究者对于创造性人格的探讨揭示了创造性人格的一些共性表现，例如好奇心、想象力、自信心等特质。在吸收借鉴上述文献的基础上，本书将创造力教育需要着重培养的典型创造性人格列为冒险精神、开放态度、探究精神和心理韧性等四个维度，其具体描述如下（见表 2－2）：

---

① 甘秋玲，白新文，刘坚，魏锐，马利红，徐冠兴，刘妍，康翠萍. 创新素养：21 世纪核心素养 5C 模型之三［J］. 华东师范大学学报（教育科学版），2020，38（02）：57－70.

② Lucas，B & Spencer，E. Teaching Creative Thinking：Developing learners who generate ideas and can think critically［M］. New York：Crown House Publishing，2017.

表 2－2　创造性人格的结构要素

维　度	要　素	描　　述
创造性人格	冒险精神	勇于打破现有的习惯模式，不断尝试新鲜事物，承担风险和不确定性；
	开放态度	容纳多元的观点和见解，积极与他人合作；
	探究精神	对事物怀有浓厚的好奇心和兴趣，具有强烈的探索欲和求知欲，对所从事的创造性活动表现出内在的或自主的动机；
	心理韧性	富有自信心和进取心，勇于挑战，坚持不懈，积极面对困难和挫折。

（三）创造性成果

创造性成果（creativity outcomes）是由创造性实践活动衍生的具有新颖性和价值性的产品或结果，是个体创造潜能在特定任务情境下的现实表达。当被问及“什么是创造力”，人们最本能的回答往往与真实可见的产品或实物相关。这在某种程度上反映出，人们在探讨创造力时，通常倾向于将创造性的人格、思维与环境视为对创造过程产生重要影响的变量，而创造性的成果才是衡量创造力水平的最终标准。创造性成果是对创造力较为客观的反映，为创造力的评估提供一种可供测量的、有形的物体。

相关的研究主要集中在对创造性成果评估标准的探索，以及对评估工具的开发和评估方法的使用上。当前广为适用的创造力产品分析模型（Creativity product analysis matrix，CPAM）通过三个维度来描述、衡量创造性成果：一是新颖性（Novelty），包括原创性（original）、转化性（transformational）、生成性（germinal）；二是问题解决性（Resolution），包括充分性（adequate）、适当性（appropriate）、有用性（useful）、逻辑性（logical）、价值性（valuable）；三是精细度（Elaboration & Synthesis），也即成果的风格特征，包括吸引力（attractive）、复杂性（complex）、表现性（expressive）、有机统一（organic）、精巧性（well-crafted）、优雅（elegance）。[①] 实际上，这与我们前述的创造力概念是一致的，即创造力指向新颖的（即新颖性）、对个体

① Besemer, S. P., & Treffinger, D. J. Analysis of creative products: Review and synthesis [J]. The Journal of Creative Behavior, 1981, 15 (3): 158－178.

或社会有价值的产品（即适用性），在此基础上再加上精细度标准，用以衡量创造性产品的成熟度或完整性。值得注意的是，新颖性和适用性是创造力概念的内在要素，是衡量产品是否及在多大程度上具有创造性的内在标准；而精细度不是创造力概念本身所内在包含的，因而无法视作衡量创造性的一个独立标准，更像“锦上添花”。就此而言，新颖性、适用性和精细度可理解为衡量产品创造性的“2＋1”标准。

创造性成果在不同的领域具有多种表现形式，它可以是观念层面的（如理论、观点），也可以是行为层面的（如舞蹈、戏剧）或实物层面的（如绘画作品、技术产品）。① 有学者聚焦科学领域的创造力，在构建的三维立体结构（科学创造过程、科学创造品质和科学创造产品）中，将科学创造产品指向科学问题、科学现象、科学知识和技术产品等四种不同表现形式。② 在 PISA 2021 中，学生在课堂上的创造性成就可以以“创造性表达”（即通过写作、绘画、音乐或其他艺术来传达自己的内心世界和想象力）、“知识创造”（如在协作查询过程中产生对团队来说新的知识和理解）和“问题解决”（即跨领域找到问题的创造性解决方案）的形式被观察和测量，其中“创造性表达”又以“书面表达”和“视觉表达”两种方式呈现，而“问题解决”可以分为“科学问题解决”和“社会问题解决”两个领域。③ 由于 15 岁学生在“知识创造”方面的表现并不普遍，因此 PISA 2021 并未将其列为独立的测评指标，而是依托问题解决的任务和情境，对学生“知识创造”的情况进行考察。

可见，创造性成果可以是基于经验而创生的新的知识，可以是在日益复杂世界中提出的应对各类真实问题的解决方案，还可以是文艺领域的创意表达或科学技术上的重大突破。高质量的创造性成果应是前所未有的、与众不同的（新颖性），具有一定的社会意义或个人价值、能用于完成任务或解决问题（适用性），并在此基础上尽可能做到美观、精巧、细致和完整（精细度）。

当然，在刻画创造力核心素养时，也可以从创造行为表达输出的过程出发，关注学习者通过怎样的途径生成创造性产品。如甘秋玲等人构建的创新素养框架就以“创新实践”代替“创新成果”，弱化对创造性产品本身的描述。④

① 庞维国. 创造性心理学视角下的创造性培养：目标、原则与策略 [J]. 华东师范大学学报（教育科学版），2022，40（11）：25－40.

② 胡卫平. 论科学创造力的结构 [J]. 教育科学研究，2001（04）：5－8.

③ OECD. PISA 2021 CREATIVE THINKING FRAMEWORK（THIRD DRAFT）[EB/OL]. (2019－04) [2023－05－13]. https：//www. oecd. org/pisa/publications/PISA-2021-creative-thinking-framework. pdf.

④ 甘秋玲，白新文，刘坚等. 创新素养：21 世纪核心素养 5C 模型之三 [J]. 华东师范大学学报（教育科学版），2020，38（02）：57－70.

本书认为，成果产出是学习者创造学习外显的行为表达，综合承载了与创造性思维、创造性人格、创造性环境相关的内外部因素，区分创造性成果的内容、形式及标准，不仅能为“创教育”的课程设计提供明确的目标方向，还能为“创教育”的课程评估提供一种直观的结果性评价标准。本书将“创教育”中的创造性成果的形式区分为创意和创意的成果转化，换句话说，区分为创意生成和创意操作。创意（new ideas），即有创造性的想法和构思等，关注构想的数量和质量，包括多样性、范围、新颖程度、目标适切性、详尽性等。创意固然是创造性成果的一种体现，但在很多情况下，创意可能只是过渡性的中间产品，尚面临进一步成果化的问题，包括：创意转变为解决问题或推进任务的方案，即新方案（new solutions）；创意经论证或实证后转变为确定性的知识，生成新的认知，即新认知（new knowledge）；创意物化为具体的产品，如手工制品、文艺作品、戏剧表演等，即新作品（new products）。创造性成果的具体描述如下（见表2-3）：

表2-3　创造性成果的结构要素

维　度	要　　素		描　　述
创造性成果	创意生成		提出多样化的新构想，关注构想的数量和质量，包括多样性、范围、新颖程度、目标适切性、详尽性等；
	创意操作	新方案	独立或者在模拟的合作情境中解决开放性问题或解决任务的方案；
		新认知	创意经论证或实证后转变为确定性的知识，生成新的知识；
		新作品	依创意设计并创造出新颖且有价值的作品，如文艺作品、技术产品、戏剧表演等。

（四）创造性环境

个体的创造实践受环境因素的影响，创造力教育也是在一定的环境条件下实施的。影响创造力发挥的环境要素大体可区分为两类，即支持性和制约性要素，它们通过调节创造性过程和创造性人格的相关变量，间接地影响创造性成果的生成。其中支持性的环境要素即是本书所指称的创造性环境（creativity environments）。已有研究表明，创造性的学习环境能够对学习者的学业成绩产生正向影响，增强他们的自信和抗压能力，提高其动机和参与度，发展其社会、情感和思维技能，并提高学校的整体出勤率。[①] 可以说，创造性环境可以说是创造力的温床，是创造活动的必要条件。

创造性是在一个多层面的复杂系统中产生的，这一系统包含小至个体，大到社会文化等因素。现有文献至少确定了6个与创造性相关的因素，包括物质环境、家庭教养、学校教育、工作场所、文化传统、历史背景等，具体而言，地点（places）、场景（settings）和具体环境（environments）构成了创造力较为直接的影响来源，而进化（evolution）、文化（culture）和时代精神（zeitgeist）则是影响个体创造性的相对“遥远”的力量。[②]

本书聚焦的创造力教育面向基础教育学段的中小学生开展，因而更加关注学校教育层面影响创造力发展的环境因素。丹·戴维斯（Dan Davies）等学者受苏格兰学习及教学协会（Learning and Teaching Scotland，LTS）的委托，对“促进儿童和青少年创造性技能发展的最有效的学习环境及条件的证据”进行审查，在系统回顾210篇与学校创造性学习环境有关的教育研究、政策和专业文献后指出，有证据支持以下因素对创造力发展的重要性：空间和时间使用的灵活性；适当材料的可用性；教室/学校外的活动；允许学习者有一定程度自主权的“玩耍”或“游戏”；教师和学生之间的尊重；同伴合作；与外部机构的伙伴关系；教师对学生需求的反应以及非规定性的计划。[③] 我国学者程黎等人聚焦创造力发生的微观环境，编制修订了中小学创造性课堂环境评估量表，该量表将创造性课堂环境的结构区分为五个维度：发挥教师领导力，提高学生凝聚力，促进学生间交流，学生感受到教师支持，以及教师放权等。[④] 田友谊则指出，任何环境实际上都是某种心理特征的产物，因此创造性环境不只是一个纯客观的外部条件因素，更重要的是创造主体在心理意义上的认同感、满意度等因素的整合，基于这一认识，创造性环境应具备自由、宽容、支持和开放等基本特征。[⑤] 由此可见，创造性环境是客观的，但更是主观的，创造主体感知到的心理环境深刻影响着创造力的生成。

---

① Davies D, Divya J, et al. Creative learning environments in education—A systematic literature review [J]. Thinking Skills and Creativity, 2013 (8): 80 - 91.

② Tang, Min & Gruszka, Aleksandra. Handbook of the management of creativity and innovation: Theory and practice [M]. Singapore: World Scientific Press, 2017: 60.

③ A D D, B J S, A C C, et al. Creative learning environments in education—A systematic literature review [J]. Thinking Skills and Creativity, 2013, 8: 80 - 91.

④ 程黎，郑昊. 中小学创造性课堂环境评估量表（教师版）编制和施测 [J]. 教师教育研究，2017，29 (04): 52 - 59.

⑤ 田友谊. 创造教育环境研究 [D]. 华中师范大学，2007: 144.

从以上文献可以看出，人们对创造性环境的理解，或关涉开展创造活动所必需的物质资源与文化氛围，或聚焦创造力培养的微观课堂，或强调创造主体的心理感知。本书对创造性环境的讨论，更多着眼于创造力培养的学校教育环境甚或课堂环境，探讨什么样的教育文化规范和课堂氛围有助于激发学生的创造力思维，形塑学生的创造性人格，养成学生创造性的认知习惯，形成贯通联接的创造性知识体系，从而生成新颖的、富有价值的创造性成果。简而言之，“创教育”的环境应是开放包容、舒展愉悦、启思益智、合作共享的，其各项内容描述如下（见表2－4）：

表2－4　创造性环境的结构要素

维　度	要　素	描　　述
创造性环境	开放包容	激发保护学习者的好奇心和探索欲，容纳学习者多元的兴趣、观点和想法，包容学习者的失败并承认失败的价值，给予学习者以支持、鼓励、肯定、信任、欣赏、尊重等；
	舒展愉悦	打造整洁、明亮、温馨、舒适的物理环境，以亲切幽默的方式与学习者展开互动，为学习者提供充分的情感支持，营造安全、自由、民主的心理氛围；
	启思益智	激发学习者的学习兴趣和自主动机，引导学习者主动思考和探索，激活学习者的创造思维，以设疑、提示、点拨等方式促使思维发生；
	合作共享	支持并鼓励学习者在创造学习中建立开放的人际关系，形成紧密的创造力共同体，设置多元多样的互助学习活动，赋予学习者智慧共享的时间和空间。

（五）领域性知识

创新创造离不开一定领域的专业知识作为基础。创新创造不是“无米之炊”，是在一定领域的创新创造。相应地，创新创造能力的培养，也离不开具体领域的知识作为基础，尽管创造力本身尤其是创造性人格和创造性思维是具有广泛迁移性的。依据艾曼贝尔（T. M. Amabile）提出的创造力成分理论（The componential theory of creativity），创造力包括三个基本要素：一是领域知识和技能，即某创造领域所涉及的专业知识和技能；二是创造技能，即有利于创造的认知风格，启发产生新观念的知识，以及有助于创造产生的工作风格；第三，工作动机，即个体的工作态度以及对所从事工作的理解。[①] 在日常概念中，人们往往将创造力简单化地理解为创造性思维，稍全面

① Amabile, T. M. Changes in the work environment for creativity during downsizing [J]. Academy of Management Journal, 1999, 42 (6): 630－640.

些的会加上冒险尝试、批判质疑、包容不确定性等创造性人格，但领域知识和技能的重要性却容易被忽视。正是因为创新创造是以领域知识和技能作为基础和载体的，创造力的培养也必然是在一定领域的教学中进行的。这提醒我们，掌握牢固的基础知识和较为系统的专业领域知识，是创新创造的必要前提。但这里也需要警惕另一个误区，即认为创新创造是成年人的事，而未成年的中小学生只需要学习基础知识和基本技能。

可以看出，领域性知识本身虽不是构成创造力的特有维度，但创造成果的产出，或者说创新创造的过程，离不开领域性知识作为基础。就此而言，创造力教育，包括以综合课程为载体的上海市浦东新区"创教育"探索，需要重视领域性知识尤其是跨学科综合知识的教学，将其与创造性思维的培养、创造性人格的养成、创造性环境的营造等放在同等重要的位置，如此才能激发学生创造性成果的产出，使创造力教育取得更好的效果。

在系统梳理创造力领域相关研究文献的基础上，上海市浦东新区"创教育"综合课程的理论探究和实践探索，提出由创造性人格、领域性知识、创造性思维、创造性成果与创造性环境等五个维度所构成的"创教育"内容框架（参见图 2－2），力图系统呈现"创教育"的主要领域，使其既聚焦学习者创造力培养的核心要素，又具备创造力框架的完整性。

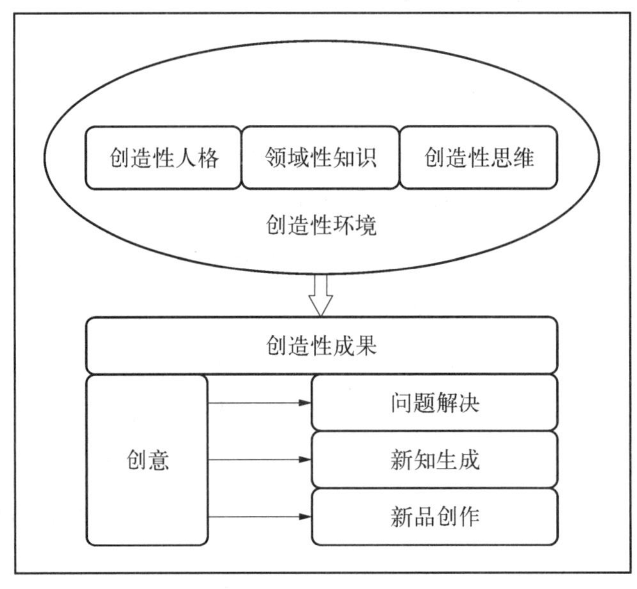

图 2－2 "创教育"的多维领域

三、“创教育”的阶段过程

学校教育是创造力培养的重要渠道。但学界对创造力的定义尚未达成明确共识，也缺乏广泛认可的创造力评估框架和评估工具。① 这使得一线教育工作者在学生创造力的培养上面临不少障碍和挑战，容易造成课堂实践与理论之间的严重脱节。为了帮助教育政策制定者领会创造力和批判性思维的内涵实质，为教育实践领域提供一套既有理论严谨性，又便于教师和学生理解和运用的创造力和批判性思维教学标准，经济合作与发展组织教育研究和创新中心（OECD Centre for Educational Research and Innovation，CERI）与巴西、匈牙利、美国、英国等 11 个国家的教师和专家开展合作，进行了一项为期 5 年的行动研究。2019 年 10 月，CERI 基于行动研究的结果发布《培养学生的创造力和批判性思维》（Fostering Students' Creativity and Critical Thinking）报告，不仅提出了创造力和批判性思维的概念框架，还开发了一系列配套的评价标准和教学设计标准，为学校教育工作者提供明确参考。

经济合作发展组织教育研究和创新中心（CERI）以比尔·卢卡斯（B. Lucas）等学者提出的“创造力五维模型②”为参照，系统审查了现有的创造力评估标准和课程文件，并结合行动研究中教师的反馈意见，最终将创造力的培养分解为“探询（INQUIRING）—想象（IMAGINING）—行动（DOING）—反思（REFLECTING）”四个相互关联的过程，以培养学生不同维度的创造力技能（见表 2－5）。需要指出的是，CERI 提供了两个版本的创造力培养框架：一个是适用于一般情境的综合版本，对创造力不同子思维技能的认知过程的描述较为详尽；另一个是更具有课堂情境针对性的课堂友好型版本，是在行动研究中应教师的要求而研制的，该框架对创造力不同子思维技能的认知过程的描述更为精简，更贴近课堂实践。

---

① Lucas，B.，G. Claxton and E. Spencer. Progression in Student Creativity in School：First Steps Towards New Forms of Formative Assessments［R］. OECD Education Working Papers，No. 86，Paris：OECD Publishing，2013：6.

② Lucas，B.，G. Claxton and E. Spencer. Progression in Student Creativity in School：First Steps Towards New Forms of Formative Assessments［R］. OECD Education Working Papers，No. 86，Paris：OECD Publishing，2013：16－18.

表 2-5　创造力培养的阶段过程及其关注点[①]

	探询 INQUIRING	想象 IMAGINING	行动 DOING	反思 REFLECTING
综合情境	感受、体验、观察、描述相关经验、知识和信息； 与其他概念和观点建立联系，整合其他学科视角。	探索、寻求和产生想法； 延展、玩味不寻常的、冒险的或激进的想法。	以对个体而言新颖的方式，生产、制作一个产品，提出一个方案，或进行一个表演。	反思和评估方案的新颖性及其可能产生的后果； 反思和评估方案的适宜性及其可能产生的后果。
课堂情境	与本学科或其他学科的概念和观点建立联系。	提出、玩味不寻常或激进的想法。	生产、表现或想象（envision）一个有意义的、对个人而言新颖的成果。	反思方案的新颖性及可能产生的后果。

（一）探询

探询（INQUIRING）一词通常被用来描述一种调查和学习的行动或过程。在科学研究中，探询意味着对现象和原理进行探索，经由经验观察和实证推理来验证问题假设，从而深化对知识的理解，生成新的概念和理论。创造力是建立在一定的认知基础上的，对于特定领域知识的理解是培养个体创造力及问题解决能力的关键（H. E. Gardner，2011[②]；R. J. Sternberg，2003[③]；T. M. Amabile，1988[④]）。创造力的认知过程与科学探究存在着一定的相似性[⑤]，它们都要求个体积极主动地进行探索，通过提问、调查和研究，最终发现知识、解决问题或验证假设。因此，应将探询视作创造过程的必要阶段予以重视。

探询过程包括对经验的回顾和对问题的识别。美国“创造力之父”保罗·托兰斯

---

① OECD Educational Research and Innovation. Fostering Students' Creativity and Critical Thinking: What it Means in School [R]. Paris: OECD Publishing, 2019: 27-28.

② Gardner, H. E. Frames of Mind: The Theory of Multiple Intelligences [M]. New York: Basic Books, 2011.

③ Sternberg, R. J. Wisdom, intelligence, and creativity synthesized [M]. Cambridge: Cambridge University Press, 2003.

④ Amabile, T. M. A Model of Creativity and Innovation in Organizations [J]. Research in Organizational Behavior, 1988 (10): 123-167.

⑤ OECD Educational Research and Innovation. Fostering Students' Creativity and Critical Thinking: What it Means in School [R]. Paris: OECD Publishing, 2019: 57.

(E. P. Torrance)将创造力定义为对问题、缺陷、知识缺口、不协调因素等变得敏感的一个过程。[①] 也就是说，创造的前提在于个体能够敏感地意识到现实情境中可能存在的困难和挑战，发现和定义真正有意义和值得解决的问题。在解决问题过程中，个体需要系统地回顾已有的知识经验，确定哪些信息和条件对于创造过程是至关重要的，并为此作出探索性的努力。这意味着，创造力的认知过程类似于一个对先前经验“查漏补缺”的过程，个体需要不断回顾和深入挖掘已有的知识经验，发现可能存在的遗漏和不完整之处，并在此基础上收集新的信息和资源，以此填补知识空白并探索新的可能性。

探询本质上是一个认知过程。在具体的创造情境中，个体主动的探询表现为不同的形式，可以是理解他人的想法并产生情感上的共鸣，也可以是从不同的角度观察、描述和分析问题的实质。[②] 但总体来说，探询的过程与两类至关重要的子技能密切相关，一是“感受、体验、观察、描述相关经验、知识和信息”，二是“与其他概念和观点建立联系，整合其他学科视角”（见表 2 - 5），前者涉及知识的感知与理解，后者关乎知识的联想与整合。这两类基本的认知能力能够帮助个体更高效地利用各类信息资源，推动创造性思维和问题解决能力的发展。在创造力培养中融入探询过程的相关要素，意味着课程的内容需要尽可能涵盖不同学科领域的知识类目，课程的教学要致力于发展学生“与本学科或其他学科的概念和观点建立联系”（见表 2 - 5）的能力，并将该能力纳入评价标准，设置多元化的评估任务，考察学生在探询过程中的创造性表现。

（二）想象

想象（IMAGINING）是指在意识中主动地构建新的认知内容或场景，以模拟不存在或尚未发生的事物、情境和概念。想象是一种个体内在的心理过程，通过运用思维和感知能力来创造并形成新的心理表象。一个具有想象力的个体，能够突破传统的思维模式，提出新颖的观点、创作新奇的故事、预测未来的走向、构思虚拟的场景，并模拟各种思路和问题解决方案的结果。[③]

---

① Torrance, E. P. Scientific Views of Creativity and Factors Affecting Its Growth [J]. Creativity and Learning, 1965, 94 (3): 663.

② OECD Educational Research and Innovation. Fostering Students' Creativity and Critical Thinking: What it Means in School [R]. Paris: OECD Publishing, 2019: 57.

③ OECD Educational Research and Innovation. Fostering Students' Creativity and Critical Thinking: What it Means in School [R]. Paris: OECD Publishing, 2019: 57.

卢卡斯（B. Lucas）教授将富有想象力视为创造性人才的核心品质之一，并指出想象力的生成可以通过尝试可能性（Playing with possibilities）、建立关联性（Making connections）、使用直觉（Using intuition）等多种途径实现。[①] 尝试可能性意味着探索那些偏离常规的、甚至是看似荒谬的想法，并乐于接受可能存在的风险和失败。这一过程涉及对常规思维框架的突破，需要个体超越对正确与错误、可行与不可行的固有认识，允许自己去探索那些可能与传统逻辑相悖的问题或现象。但在创新创造的过程中，天马行空的想象所呈现的往往是较为零散、孤立的思维片段，缺乏内在的逻辑和连贯性。为此，有研究者将创造的过程区分为生成和探索两个阶段：在生成阶段，个体产生大量相对无约束的想法；而在探索阶段，这些想法被评估和完善。[②] 也就是说，在创造的过程中，个体应该在广泛想象的基础上努力寻找不同领域概念、知识或经验之间的潜在关联，并进行整合，建立更加完整的思维图景。建立关联性不仅能够让想象的内容更有深度，而且还有助于丰富已有的认知结构，生成看待问题的崭新视角。除此之外，使用直觉亦是激发想象力的策略之一。直觉是一种非理性的认知方式，指的是在没有明确的推理或分析过程的情况下，个体凭借主观意识中的直觉感知和情感体验来做出决策或形成判断。直觉常常被描述为一种瞬间涌现的灵感，能够帮助个体产生一些仅凭分析思维无法实现的思考和创意。

需要强调的是，想象力是创造力生成的必要条件，但却不是充分条件。除了想象以外，创造力的发挥还有赖于知识、技能、动机等其他个人特征，此外还要建立支持性的环境，为个体充分的想象提供广阔的空间和丰富的素材。[③] 从创造力教育的角度上看，这也意味着应致力于营造安全、和谐的课堂氛围，鼓励学习者敢于"探索、寻求和产生想法"，并对学生提出的那些"不寻常的、冒险的或激进的想法"（见表 2－5）给予积极的赞赏和认可，以激发他们创新创造的自信和动机。

（三）行动

在创造的过程中，个体通常从不同的领域和情境中汲取灵感，经过积极主动的探

---

① Lucas, B., G. Claxton and E. Spencer. Progression in Student Creativity in School: First Steps Towards New Forms of Formative Assessments [R]. OECD Education Working Papers, No. 86, Paris: OECD Publishing, 2013: 17.

② Finke, R. A., Ward, T. B., & Smith, S. M. Creative Cognition: Theory, Research, and Applications [M]. Cambridge, Massachusetts: The Massachusetts Institute of Technology Press, 1992: 18.

③ Kaufman, J., & Sternberg, R. (Eds.) The Cambridge Handbook of Creativity (2nd ed., Cambridge Handbooks in Psychology) [M]. Cambridge: Cambridge University Press, 2019: 720－721.

询和富有想象的思考，形成一些独特的创意和想法。但这些创意和想法仅仅只是认知层面的思考结果，更重要的是能够将它们转化为实际的行动或有形的事物，这便是行动（DOING）。行动的过程也被视为创造力的“聚合”阶段①，因为该过程总是涉及技术的整合、资源的协调、人员的组织，它要求个体在创造实践中权衡各种因素，并最终形成一种具体的、可操作的行动计划或解决方案。

尽管创造性成果总是在创造的最终阶段呈现，但这些成果往往是创造主体在反复的摸索和试错中不断完善的。创造性行动是一个复杂而充满挑战的过程，这要求个体具备自律（Discipline）的能力和坚持不懈（Persistent）的品质②，能够在挑战中知难而上不言弃，在困难中持续地调整、改进行动的方法和策略，寻求更加新颖、适切的解决方案或行动路径。创造主体在行动中付出的努力使其不断实现自我超越，逐步完善自己的创意和构想。在必要的时候，创造主体还需要积极地与他人展开合作，善于倾听他的观点和见解，以改进自身的想法，并不断从反馈中学习和成长。最终，创造性行动的结果会以不同的形式呈现，既可以是技术产品或科学模型，也可以是文化表演或艺术创作，还可以是社会各个领域的问题解决方案。这些学习成果在创造过程的最后阶段分享展示，为创作者提供更多的灵感和启发。

总而言之，创造力不仅仅体现为一种概念或思维，而是个体的一系列以个人新颖的方式生产、表现、想象、制作一个产品、解决方案或表演的行动过程，个体在行动实践中所展现的独特的思考方式与表达方式，对于创造力至关重要。因此，在创造力的培养中，应建立开放、合作、包容的学习环境，充分给予学习者选择和探索的自由，支持学习者以其独特的方式进行思考和表达，从而为学习者发展自己的创造潜力提供机会。

（四）反思

反思（REFLECTING）是创造力教育必不可少的一个重要环节。约翰·杜威曾言：人们并非从经验中学习，而是从对经验的反思中学习。③ 反思并不代表着对过去行

---

① OECD Educational Research and Innovation. Fostering Students' Creativity and Critical Thinking: What it Means in School [R]. Paris: OECD Publishing, 2019: 57.

② Lucas, B., G. Claxton and E. Spencer. Progression in Student Creativity in School: First Steps Towards New Forms of Formative Assessments [R]. OECD Education Working Papers, No. 86, Paris: OECD Publishing, 2013: 17.

③ Dewey, J. How We Think: A Restatement of the Relation of Reflective Thinking to the Educative Process [M]. Boston: D. C. Health and Company, 1933: 78.

为的简单回顾，相反，它是一种基于证据的、综合性的考察分析过程，旨在记录、评估和促进学习（D. Schön，1983）①。在创新创造过程中，反思的意义在于它不仅能够改进结果或产品，而且能够深化学习者的认知，锻炼他们的创造力思维，从而提高创造力水平。

尽管行动之后的反思是创造力教育的一个重要组成部分，但是反思可以发生在创造过程的任何阶段。在探询过程中，可以对获取的知识、经验和信息进行全面审视和分析；在想象过程中，可以对不同的想法和观点进行筛选和提炼；在行动过程中，可以对实践中的决策和行为进行回顾和评估。反思被视为创造过程中的关键要素，它使得创造力与随意的新奇事物（random novelty）和儿童的自发行为（spontaneity）区分开来。② 当创造的主体在实践中持续反思，他们就能以一种更有目的、有组织的方式行事，而不仅仅依赖于随机的、偶然的想法或条件。作为一种深思熟虑的分析方法，反思帮助个体明确现有的资源，并运用已知的信息为未来的成功创造条件。

在创造力培养中，反思意味着对解决方案的新颖性、适宜性及可能产生的后果进行深入的思考和评估。教育者应当在创造力课程的设计与实施过程中体现反思这一元认知要素，并将其作为衡量学生创造力学习水平的一项重要指标。通过引导学生进行自我评价和反思，并评估学生反思的质量和成果，可以更全面地了解学生的创造力发展程度，并为他们提供有针对性的支持和指导。

综上所述，创造力是一个复杂的系统，受到诸多因素的影响和制约，其培养的过程往往是动态交织的，涉及探询、想象、行动、反思等不同的阶段和步骤。但需要指出的是，创造力的这四个过程不一定按线性的顺序进行，而是会在创造力发展的不同阶段交替出现，呈现出螺旋式循环的样态。③ 创造主体正是在这种迭代循环的过程中不断地修正、改进和完善他们的创意和作品，从而实现更大的创造价值，发挥出更大的创造潜力。创造力教育过程的四阶段论构成上海市浦东新区"创教育"综合课程实践探索的坚实基础。

---

① Schön，D. The Reflective Practitioner：How Professionals Think in Action [M]. London：Temple Smith，1983.

② OECD Educational Research and Innovation. Fostering Students' Creativity and Critical Thinking：What it Means in School [R]. Paris：OECD Publishing，2019：57.

③ OECD Educational Research and Innovation. Fostering Students' Creativity and Critical Thinking：What it Means in School [R]. Paris：OECD Publishing，2019：57.

四、“创教育”的理论框架

上海市浦东新区基于区域特色的学校综合课程创造力项目，作为区域课程教学改革的创新试验，旨在从区域特色出发，以综合课程为载体，探索发展出一套指向学生创造力发展的有效方案。本书综合浦东新区“创教育”的运作模式与基本思路，从“区域特色”“综合课程”与“创造力培养”三个关键词出发，进行“创教育”的顶层设计和系统架构（参见图 2-3）。

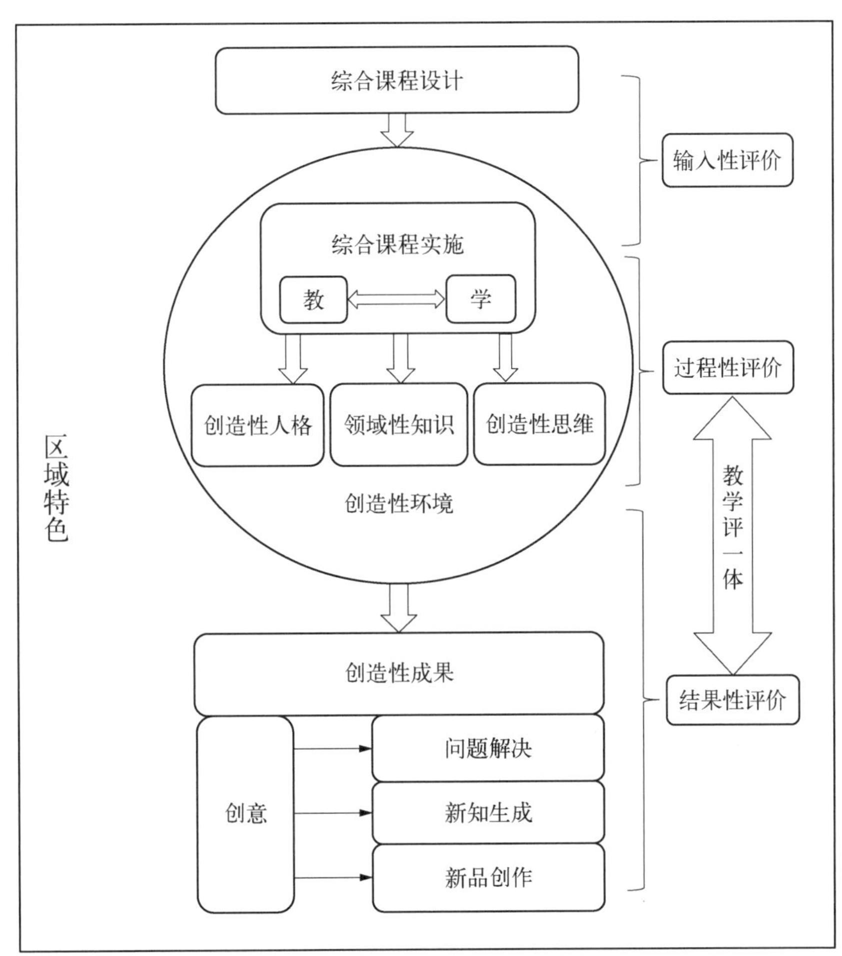

图 2-3　“创教育”的框架结构

“创教育”以区域特色为立足点，力求充分利用浦东新区地域优势以及丰富的社会资源，紧扣科创性、人文性、个性化和国际化的基础教育改革发展重点方向，根据浦东新区经济社会改革发展重点战略和区域人文、科创、金融、航运四个主题，建立了

“科·创”“文·创”“融·创”和“航·创”四个板块的特色课程联盟，形成了主题集群综合课程开发格局。可以说，区域特色是“创教育”的底色，是指向创造力培养的学校综合课程系统架构的文化土壤。

“创教育”以创造力培养为重要目标，对影响学生创造力的关键要素进行研究、实践和验证。“创教育”综合课程的设计立足区域特色，聚焦创造力培养，力求课程内容与真实世界相联系，引导学生积极、深入、持续、创造性的探索。“创教育”综合课程的实施强调为学生营造开放包容、舒展愉悦、启思益智、合作共享的创造性环境，发展学生的创造性思维，孕育学生的创造性人格，引导学生生成富有创意的创造性成果。“创教育”综合课程的评价强调输入性评价、过程性评价与结果性评价相结合，通过输入性评价确保创造力教育所需经费、人力、设施设备等资源的充分投入，尤其注重课程资源的充分性、多样性和适切性，依托过程性评价系统考察学生创造性思维与创造性人格的发展情况，通过结果性评价衡量学生的创造学习成果。“创教育”突出教学评一体化实施，力求以评价持续支持学生创造力表现的改进。

第三章
“创教育”综合课程的设计

当前学校教育对学生创造力的培养主要集中于两条路径：跨学科视角和单一学科视角。综合课程作为一种跨学科的课程组织形式，契合了跨学科的创造力培养路径，这是上海市浦东新区“创教育”项目的重要载体。基于此，本章从理论层面探讨浦东新区“创教育”如何依托综合课程以指向创造力教育，并从实践层面着眼于浦东新区金融、航运、科创、人文四大特色的“创教育课程”实践做法的梳理和经验的总结，从而凝练浦东新区“创教育”综合课程设计的特征。

一、综合课程如何设计以指向创造力教育?

（一）理念：“学为中心”的课程设计

综合课程是浦东新区“创教育”项目推进过程中学校教育落实培养学生创造力目标的重要载体与依托。在着手推进“创教育”综合课程设计开发的过程中，首先需要明确课程设计的核心理念。在这一问题上，浦东新区项目组在深入研究与论证的基础上，将“学为中心”确立为“创教育”综合课程设计的基本原则。

从学理上来看，以“教”为中心和以“学”为中心是两种不同的课程设计理念。以“教”为中心的课程设计理念是以“泰勒原理”为依据，基于既定的预设课程目标，针对课程目标组织课程内容，围绕课程内容进行设计，着眼于传授基本知识，帮助学习者在较短的时间内掌握尽可能多的概念与原则，① 但容易将学习者视为被动和统一的容器，忽略了学生学习的复杂性和主动性。以“学”为中心的课程设计理念突破了“泰勒原理”的限制，将学习者作为学习和参与的主体，基于学生的学习兴趣为其提供指导，重视培养学生发现问题和解决问题能力。② 伴随着科技创新的发展，关注学生创

① 泰勒. 课程与教学的基本原理［M］. 罗康，张阅，译. 北京：中国轻工业出版社，2008：18.

② 李宝敏. 网络课程设计：从“关注教”走向“关注学”［J］. 全球教育展望，2009，38（11）：34－39＋43.

新能力、发展学生创新素养等教育目标要求教育体系要更加关注学生的学，课程的设计要以“学”为中心加以组织。以“学”为中心作为现代教育的理念在课程设计的语境下，其所指为何，对课程的设计又具有何种价值指引和实践意义，还需进一步的明确。

具体而言，以“学”为中心内含三重意蕴①：首先，以“学”为中心需要以对教育中的“人”及“人”的主体性的尊重为前提。“人”是教育存在和发展的根本目标，是教育中最重要的依据。“创教育”课程的设计要将学习者作为学习和发展的主体，以实现人的创新素养的发展作为终极目标。其次，以“学”为中心需要以对学习者的特征分析和需求关注等为重点。建构主义理论强调经验性，认为学习是学习者基于原有经验生成意义、建构理解的过程。因此，“创教育”课程的设计应关注课程内容与学习者之间的联系，将个人的经验与社会现实作为个人知识建构的基础。最后，以“学”为中心需要以对学生学习的有效发生和积极促进为落脚点。以学习者为中心最后的归宿是在关注学生个性化学习需求的基础上，促进学生有效学习的发展，意味着“创教育”课程内容的选择、课程内容的编制围绕学生的需求展开，联系学习者已有经验的基础上伴有深层次学习。

总的来说，走向以“学”为中心的课程设计理念影响了“创教育”综合课程的设计，要求其设计必须将学习者作为核心的参与者，以学习者的心理特点、先前经验为基础，加强对学习者在课程学习过程中体验和经验的获得，强调课程内容不是绝对固定的知识框架。课程的设计应注重建构性，而不是预先设定的，是开放性、可调整、随活动情境而变化，同时更加注重从以“教”为中心转向以“学”为中心的设计，使学生在主动建构的过程中进行有意义学习，促进其创新素养的提升。值得注意的是，走向以“学”为中心的课程设计，并不意味着“创教育”综合课程的设计放弃了教师在课程设计中的主导作用而完全按照学习者的学习动态随意调整，相反，这更加强化发挥了教师主体性的作用，需要更积极地创设以学习者为中心的课程环境、课程内容等。

（二）要求：可视化、探究性、情境性、互动性

建构主义理论强调以学习者为中心，认为学习是学习者主动获取知识的过程，而知识的获取是在一定的社会文化背景下，通过与他人合作并以自己的经验为基础实现

① 艾小平，杨川林. 以学习者为中心的开放大学课程开发［J］. 现代远距离教育，2013，No. 150（06）：57－61.

意义建构的过程。[①] 情境、协作、互动、意义建构等构成建构主义的四大属性。因此，在培养创造力的过程中应重点关注学生自主学习的客观规律、问题情境的创设以及师生间的互动。基于建构主义理论的要求，我们提出“创教育”综合课程应以可视化、探究性、情境性以及互动性为基本特征进行开发，从而改变以往模式化的课程设计，为学生创造力的培养提供更合适的土壤。具体而言：

1.“创教育”综合课程设计应是以创造力学习阶段为依据的可视化设计。以“学”为中心的“创教育”设计应始终坚持“过程取向”的课程开发思路，关注学习者学习的过程，重视学习者的自主性，关注学习过程的“生成”而非“预设”；坚持“活动取向”的课程内容设计思路，重视学习者的经验，从学习者的经验出发，围绕主题或问题创设情境，让学习者通过问题解决、合作建构等进行建构性学习。[②]

2.“创教育”综合课程设计应是以驱动问题建构为主线的探究性设计。创新创造是以“问题”为核心展开的，其过程包括问题的发现、问题的定义及问题的解决等。提出和形成问题是个体创造力的起点，而问题的解决是个体智慧和创造性的集中体现，具体到学校教育中“创教育”课程的设计应重点强调以“问题解决”为核心，“科学探究”为学习活动，通过探究性活动的安排，引导学生发现问题、解决问题，从而实现创造力的培养。

3.“创教育”综合课程设计应是以创新思维类型为基础的情景化设计。建构主义认为学习者的学习是在一定情境下即社会文化背景下进行的，其中学习环境中的情境必须有利于学生的意义建构，这也就对“创教育”课程的设计提出了新的要求，课程的设计不仅要考虑课程目标，还要有利于学生主动意义建构的情境的创设。而指向创造力培养的课程设计可以基于“科技、工程领域”“产品、商业领域”和“社会领域”创设不同的情境，借助专家已经形成的一些比较成熟的、可视化的思维工具，选择合适的“脚手架”引导学生进入三种基本“场景”，在三种“场景”的问题解决中引导学生在上述场景中像真实行业专家一样亲历创造性解决问题的过程，发展学生的创新思维、创新人格及创新能力等。

4.“创教育”综合课程设计应是以师生教学关系为主链的互动性设计。以“学”为中心的理念倡导学习过程的交互性，包括师生互动和生生互动。因此“创教育”的课程设计应积极创设对话情境、设置对话主题，安排探究性的合作任务，通过讨论、成

---

① 张春莉. 从建构主义观点论课堂教学评价［J］. 教育研究，2002，(07)：37－41.

② 李宝敏. 网络课程设计：从“关注教”走向“关注学”［J］. 全球教育展望，2009，38（11）：34－39＋43.

果呈现等方式进行有效互动，始终关注教师的"教"和学生的"学"，使二者在围绕"创造力培养"这一目标在互动中不断迭代上升，教师的教将促进学生的学，依据学生的学也将不断地调整教师的教。

总之，基于建构主义理论，"创教育"综合课程立足于培养学生创造力的根本目的，始终遵循建构主义以"学"为中心的设计理念，坚持"过程取向"的课程开发思路及"活动取向"的课程内容设计思路，关注学习者学习的过程的"生成"而非"预设"，让学习者通过问题解决、合作建构等进行建构性学习。"创教育"综合课程的设计始终坚持以"学"为中心的设计理念，以培养学生创造力为导向，结合创造力学习阶段、问题驱动、典型创新思维过程类型和导学关系等维度，构建了以"可视化"、"探究性"、"情境性"、"互动性"为特征的创造力课程，并以此作为各联盟校课程设计的依据。

二、以创造力学习阶段为依据的可视化设计

（一）创造力培养的阶段划分

如第二章所述，为了培养创造力和批判性思维技能，OECD 教育研究和创新中心（CERI）以"促进学生创造力和批判性思维"（Fostering Students' Creativity and Critical Thinking）为主题，发布了《培养学生的创造力和批判性思维》报告，不仅表明创造力可以作为学校课程的一部分进行教授和学习，同时也为培养学生创造力开发了一套教学资源，具体包括创造力的概念框架、评价标准和教学设计标准。为了帮助教师理解创造力的内涵，使创造力培养活动可视化，OECD 教育研究和创新中心开发了创造力的概念框架，对创造力培养的不同阶段——探询、想象、行动、反思——所涉及的思维技能进行了解释，并建议课程计划按步骤分解以给予学生创造力不同维度思维技能的培养。[①] 这一创造力内涵框架阐明了有关创造力培养的一些基本认识，诸如对于创造力而言"什么是重要的"，创造力教育"应该发展哪些思维或技能"等，能够有效地帮助教师更好地理解创造力，并指导课程计划的设计和实施，为发展学生创造力提供相应的学习经验和机会。

大体而言，探询阶段着重强调对现象和原理的探索，经由观察和实证来验证问题假设，从而生成新的概念和理论。想象阶段着重强调运用思维和感知能力来创造并形

① OECD Educational Research and Innovation. Fostering Students' Creativity and Critical Thinking: What it Means in School [R]. Paris: OECD Publishing, 2019: 21.

成新的心理表象，以突破传统思维模式。行动阶段着重强调将认知层面的创意和想法转化为实际行动和有形事物。反思阶段着重强调基于证据、综合性的考察分析过程，以深化学习者的认知。创造力的培养涉及探询、想象、行动、反思四个阶段，且该四个阶段呈现动态交织而非简单线性顺序进行。如同卢卡斯（B. Lucas）所说，创造力的这四个过程不一定按顺序呈现，而会在创造力发展过程的不同阶段交替出现，呈现螺旋式循环。①

（二）创造力可视化设计案例分析

浦东新区“四创”板块下各项目学校依据学校特色，开发与设计独具特色的主题课程。这些课程在帮助学生获得不同领域的内容和程序性知识的同时，重点关注了对他们的创造力思维的促进与培养。其中周浦小学“基于STEAM理念下的‘小小设计师’”的课程设计，充分体现了创造力培养的“探询—想象—行动—反思”四个阶段，致力于在课程的实施过程中充分发展学生的创新人格和创新思维。

案例分析：周浦小学“小小设计师”课程

周浦小学以“小小设计师”课程建设为载体，延伸和创建多元的课程活动。该课程的设计思路，主要是让学生先观察了解、激发兴趣，再学习新知、动手操作，接着不断实践、练习体验。通过跨学科内容、多授课形式、全展示途径来提升学生的创新思维与创新能力。“小小设计师”课程下主要分为三个子课程，分别为“小小工程师”“小小建筑师”和“小小服装设计师”。每个子课程内容均由科普知识内容、激发创作灵感、动手操作实践、主题展示反思四个部分组成（见表3-1）。

各个子课程“科普知识内容”“激发创作灵感”“动手操作实践”“主题展示反思”四个阶段设计，分别体现了创造力培养的四个阶段及不同的思维方面。具体来说，“科普知识内容”阶段处于发展学生创造力的“探询”阶段，在该阶段中，激发学生的好奇心，调动学生对所探究事物的兴趣是培养学生创造力的起点。因此“科普知识内容”阶段的设计主要着眼于带领学生了解所探究的领域、寻找信息、发现问题并从不同的角度观察、描述和分析问题。“激发创作灵感”阶段处于发展学生创造力的“想象”阶段，该阶段主要侧重于发展学生的想象力。所谓想象力是关于想法、理论和假设的产生，非常规或看似荒谬的想法，其是创造力的要素之一。因此，“激发创作灵感”阶段

① OECD. Fostering Students' Creativity and Critical Thinking：What It Means in School［EB/OL］.（2023-04-21）［2019-10-24］. https：//read. oecd-ilibrary. org/education/fostering-students-creativity-and-critical-thinking_62212c37-en#page1.

主要着眼于带领学生脱离传统的现实、追求新颖的想法、创造新的故事、预测未来、设想不同的场景、模拟不同想法和解决方案的后果。"动手操作实践"阶段处于发展学生创造力的"行动"阶段，在"行动"阶段中，主要侧重于帮助学生形成的想法，进行大胆的实践，从而形成创新产品，这是创造力培养的重要方面。在"动手操作实践"阶段中，课程设计主要带领学生基于探询和想象创造出新颖和合适的东西，根据不同的领域采取不同的形式：产品、表演、想法、物理或心理模型等。"主题展示反思"阶段则处于发展学生创造力的"反思"阶段，主要带领学生对创新实践的反思，反思和评估所选方案的新颖性、相关性及可能的后果。需要说明的是，反思不仅仅是发生在创造的最后阶段，也发生在创造过程的不同阶段。在四个阶段设计中，虽然每个环节都会侧重培养学生创造力的特定方面，但也会涉及创造力的其他多方面的要素。同时，基于学生的心理发展阶段特征，各子课程的实施对象也有所不同，且均以社团的形式开展（见表 3－1）。

表 3－1　"小小设计师"课程

课程名称	课程环节	实施对象	开展形式
小小工程师	1. 科普知识内容 2. 激发创作灵感 3. 动手操作实践 4. 主题展示反思	四年级	社团
小小建筑师		三、四、五年级	社团
小小服装设计师		一、二、三、四、五年级	社团

具体而言，周浦小学"小小设计师"的子课程——"小小工程师"课程的设置遵循创造力培养的宏观过程，按照"探询—想象—行动—反思"的环节层层递进，共安排四个单元："了解车模"、"设计想象的车"、"动手做一做"、"项目成果评价"。具体来说，"了解车模"阶段，教师引导学生了解车辆发展历程，引起对车辆发展的关注，产生对车模制作的兴趣，着重培养学生创造力中的好奇心和探究精神等关键要素。"设计想象的车"阶段，教师引导学生了解汽车的种类、外形特点、用途等，从而激发儿童的想象力和创造力来设计汽车造型，引导学生富有创意地运用各种类型的材料，在创作中体验设计汽车美感，在创作与探索中，捕捉创作灵感，着重培养学生创造力中的想象力等关键要素。"动手做一做"阶段，教师引导利用学生自己设计的车模图纸，结合泥塑捏制，对泥塑车模成品进行展示，并结合计算机课程，通过设计软件，修改设计想象的车模，着重培养学生创造力中的探究、想象、坚毅、合作等要素。在"项目成果评价"阶段，通过让学生展示、宣传自己制作的海报，引导学生了解不同车模

的特点、功能、类型，着重培养学生创造力中的审辨等关键要素，形成批判性思维（详见表 3－2）。

表 3－2 “小小工程师”子课程设计

<table>
<tr><td>课程名称</td><td colspan="3">小小工程师</td><td>课程类型</td><td>综合课程</td></tr>
<tr><td>适用年级</td><td>4 年级</td><td>总课时</td><td>16 课时</td><td>人　数</td><td>90 名学生</td></tr>
<tr><td>课程目标</td><td colspan="5">1. 认识了解车辆发展史、车模类型介绍，激发学生好奇心；
2. 设计心目中的车辆，进行图纸设计、图纸绘画，培养学生想象力；
3. 制作心目中车辆的模型，培养学生动手探究能力；
4. 设计海报，宣传创意车模，在交流反思中不断改进。</td></tr>
<tr><td>单元主题</td><td colspan="3">学习内容或活动</td><td colspan="2">实施建议/要求</td></tr>
<tr><td>单元一：
了解车模
（4 课时）</td><td colspan="3">1. 通过古今车辆的发展变化了解车辆的发展历程。认识车模、展示车模（实物、图片等），激发学生对车模的兴趣。（1 课时）
2. 说说你的认识。学生结合学习和生活中所见，表达自己对车模的了解。（1 课时）
3. 结合家校合作，小组探究的方式前往汽车博物馆等第进行实地参观学习。（2 课时）</td><td colspan="2">单元一主要目的激发学生的好奇心。
对车辆发展史的了解，欣赏古今中外车辆的外形特点性能等，是学生进入课程学习的第一课，以激发学生学习的兴趣。
让学生充分表达自己所见、所查阅的资料进行口头表述。</td></tr>
<tr><td>单元二：
设计想象的车
（2 课时）</td><td colspan="3">1. 学习设计想象的车辆图纸。（1 课时）
2. 为自己设计的车辆图纸进行配色和绘制。（1 课时）
3. 以小组合作的方式，对自己设计想象的车进行介绍。</td><td colspan="2">学生想象力的培养是本课程最为关键的一点。
课程实施中，充分发挥学生的自主性，以教师引导、同伴互助的方式促进学生有效开展学习内容。</td></tr>
<tr><td>单元三：
动手做一做
（8 课时）</td><td colspan="3">1. 车模制作。利用学生自己设计的车模图纸，结合泥塑，捏制。（2 课时）
2. 对泥塑车模成品进行展示，设置情景开展交流活动。（2 课时）
3. 修改设计想象的车模，结合计算机课程，通过设计软件，在电脑中呈现修改的车模。（4 课时）</td><td colspan="2">整个过程中注重学生制作的情况反馈，引导学生自主交流思考，配色、塑形、想象，通过探究引导，让学生实施更加清晰。</td></tr>
<tr><td>单元四：
项目成果评价
（2 课时）</td><td colspan="3">1. 对车模进行彩绘展示。（1 课时）
2. 小组合作制作海报。（1 课时）
3. 学校科技节期间进行展示。</td><td colspan="2">既是展示，也是评价与反思。作为学校科技节活动项目之一，让全校师生评价与反思学生学习成果。</td></tr>
</table>

周浦小学“小小设计师”的子课程——“小小建筑师”课程的设计同样遵循“探询—想象—行动—反思”的环节层层递进，共安排两学期的教学，分别设置了三个单元。第一学期安排了三个单元：“走近建筑”“古今中外的建筑智慧”“未来建筑设计师”。具体来说，“走近建筑”阶段，教师带领学生了解和认识不同时期、文化背景下的建筑及其特点，通过走进建筑了解文化历史，让孩子回到真实的世界，体验木头的温暖、钢铁的冰冷，感受建造的缓慢、辛劳和重复。此阶段着重培养学生的好奇心、探究等方面，激发学生对建筑的兴趣。“古今中外的建筑智慧”阶段着重培养学生的探究、审辨等思维，对未来的建筑产生新的思考。在该阶段，教师带领学生复制古今中外的经典建筑构造，并基于“未来建筑设计”的真实问题驱动，攻克建筑领域难题。“未来建筑设计师”阶段，教师带领学生了解摩天大楼建造的过程和科学依据，在教师的引导下学生通过科学探索的方法设计和制作摩天轮，并在此基础上批判性地思考建筑和环境发展的关系，设计制作应对未来环境变化挑战的建筑模型。在此阶段，课程设计着眼于培养学生创造力的多方面要素，注重学生的想象力、探究力等发展，通过组织学生进行探究实践活动，充分发展学生的创新精神和创新能力。

第二学期也安排了三个单元：“了解学校历史文化”“探寻学校现状”“想象心目中的新校园”。具体来说，“了解学校文化”和“探寻学校现状”阶段主要处于“探询”阶段，通过老教师、退休教师、中青年教师、年轻教师讲述学校文化历史，带领学生去参观学校各场所，使学生了解学校悠久历史、探询学校目前存在的问题。“想象心目中新学校”阶段主要处于“想象—行动—反思”阶段，教师引导学生发挥想象以设计自己心目中的学校，通过不同形式将自己心目中的新校园展现出来。在这个阶段中，着重培养学生的想象力、审美力、团队合作、反思等能力（详见表3-3）。

表3-3　“小小建筑师”子课程设计

<table>
<tr><td>课程名称</td><td colspan="3">小小建筑师</td><td>课程类型</td><td>综合课程</td></tr>
<tr><td>适用年级</td><td>3～5年级</td><td>总课时</td><td>32课时</td><td>人　数</td><td>90名学生</td></tr>
<tr><td>课程目标
（第一学期）</td><td colspan="5">1. 认识不同时期、文化背景下的建筑及其特点；知道建筑构造与人类活动的关联。
2. 了解砌体结构、拱形结构、榫卯结构、桁架结构的作用及其特点，能够合理在建筑设计中选择合适的结构类型。
3. 以建筑设计的过程为载体，体验工程师的工作过程。
4. 通过分析和探究建筑结构的受力情况提高分析问题、解决问题的能力。
5. 通过感知建筑与人类的关联，激发了解建筑、保护建筑、设计建筑的兴趣。
6. 通过搭建榫卯、穹顶等结构，感受建筑结构“以柔克刚”“大道至简”的艺术魅力。</td></tr>
</table>

续 表

单元主题	学习内容或活动	实施建议/要求
单元一： 走进建筑 （2 课时）	1. 认识中西方典型的古建筑；了解影响建筑风格的人文因素。 2. 通过动手制作环球建筑模型，理解建造技术是一个更新迭代的过程。	现代建筑设计不仅需要考虑安全性和舒适性，还要能够应对未来环境变化的挑战，未来建筑的命题由此而生。
单元二： 古今中外的建筑智慧 （8 课时）	**就地取材** 1. 了解建筑选材需要考虑的因素；能说出就地取材的建筑案例。 2. 认识砌体结构，运用砌体结构制作冰屋模型。 **穹顶之下** 1. 认识穹顶结构，能说出穹顶的代表建筑。 2. 了解穹顶的建造技术，制作穹顶建筑模型，感知建筑中的压力与平衡。 **榫卯匠心** 1. 认识榫卯结构，知道榫卯在木构建筑中以柔克刚的作用。 2. 了解榫卯结构的建造技术，制作榫卯互动装置。 3. 感知榫卯经久不衰的魅力和古代工匠的智慧。	带领学生复刻古今中外经典和先锋的建筑构造，探索古今中外的建筑智慧，并最终在“未来建筑设计”这一真实问题的驱动下，综合运用跨学科知识攻克建筑领域的难题。
单元三： 未来建筑设计师 （6 课时）	**摩天大楼** 1. 了解建造摩天大楼的建造过程和科学依据。 2. 认识阻尼器和核心筒，通过科学探究的方法设计制作满足抗震要求的摩天大楼。 **未来建筑** 1. 认识建筑与环境的关系，能批判性地思考建筑对环境的影响。 2. 综合运用各学科知识，设计制作能够应对未来环境变化挑战的建筑模型。	整个过程中注重学生的想象力和创造力。组织探究实践活动，以培养学生动手实践能力。
课程目标 （第二学期）	1. 了解学校校舍的变迁； 2. 探寻发现目前学校校舍的问题； 3. 设计心目中美丽校园一角的模样； 4. 以不同形式呈现设计的内容。	
单元主题	学习内容或活动	实施建议/要求
单元一： 了解学校历史 （3 课时）	1. 老教师或退休老师讲述学校历史文化等。 2. 中青年教师讲述学校变迁的历史。 3. 年轻教师分享自己对校园历史的认识。	了解学校悠久的历史，激发学生对于新校园的向往。

续 表

单元主题	学习内容或活动	实施建议/要求
单元二： 探寻学校现状 （3 课时）	1. 参观学校教室、专用教室。 2. 参观学校操场，体育馆、武术房。 3. 参观学校食堂、校门、卫生室、厕所。	探寻学校目前存在的问题，引导学生想象自己心中的校园场景。
单元三： 想象心目中的 新校园 （10 课时）	1. 利用作文的方式将学校整体或者局部书写下来。（1 课时） 2. 利用英语手抄小报的方式展现心中想象的校园。（1 课时） 3. 通过绘画的方式展现校园。（1 课时） 4. 通过泥塑的形式将想象的校园一角展现出来。（1 课时） 5. 通过摄影摄像方式将泥塑作品拍摄下来。（1 课时） 6. 教会学生利用电脑软件绘制图像运用电脑软件将校园绘制出来。（2 课时） 7. 利用乐高积木将自己想象的校园一角搭建出来。（3 课时）	引导学生通过不同形式将自己心目中的新校园展现出来。整个过程中注重学生的想象力和创造力。组织探究实践活动，以培养学生动手实践能力。

周浦小学“小小设计师”的子课程——“小小服装设计师”课程的设置同样遵循“探询—想象—行动—反思”的环节并层层递进，共安排两学期的教学，分别设置四个单元。第一学期安排了四个单元：“世界服装赏析”“中西服装差异”“服装设计实践上动手制作”“成果展示活动”。具体来说，“世界服装赏析”和“中西服装差异”主要处于“探询”和“想象”阶段，主要由教师带领学生通过文献资料、影视资料和学生自己的课外搜集，探索包括欧洲、美洲、亚洲、大洋洲在内的世界各地的特色服装，并通过了解各国的民族文化、历史和气候，解析民族服饰材质、色彩和特征背后的逻辑原理。在此基础上，通过教师与学生收集的资料，了解中国特色民族服饰，选择主题并将其与国外民族服饰进行比较，强化中国与世界的联系，体现中国民族文化源远流长。这两个阶段在培养学生探究、审辨、合作等创造力要素的同时，也致力于增强学生爱国感、提高学生民族自信心。“服装设计实践上动手制作”和“成果展示活动”阶段分别处于“行动”和“反思”阶段。在该阶段中，由教师带领学生进行服装设计实践上动手制作，结合旧衣物改造、画手稿、小组合作等形成创造性的作品。同时，为了能够充分的展示中国文化和中国特色，在课程设计过程当中也有意识地将现代时尚元素融入中国传统元素，引导学生根据时代的变化，不断进行创新。最终，学生在教师的指导下完成服装设计制作和舞台走秀，并对各自的作品进行反思和修改。该学期的课程主要带领学生了解服装的材质、面料、设计含义以及颜色搭配，加强学生的设计能力和动手能力。尝试创新与传承相结合，

培养学生的创造性想象力；通过收集整理资料、参观博物馆、创意设计等方法，增强学生审美和文化素养。

第二学期的课程以项目制学习为导向，发布改良校服的任务，学生通过学习造型、色彩、面料等设计知识完成校服设计任务，共安排四个单元：“任务发布，初识工具”“造型设计指导”“我们的校服”“成果展示活动”。具体来说，“任务发布，初识工具”单元处于“探询”阶段，学生通过对校服记录材料的了解，对设计产生基本的认识，激发学生服装设计的好奇心。“造型设计指导”单元处于“想象”阶段，教师带领学生了解服装设计的关键要素，具体包括轮廓造型、局部造型、色彩风格、面料设计与搭配等方面，发挥学生的想象、审辨等思维，能从不同角度分析服装设计，为动手实践阶段打下基础。“我们的校服”单元处于“行动”与“反思”阶段，教师带领学生观察本校校服、画出平面稿图、分析校服设计的特点及不足、提出校服的改进方案，并在探寻、欣赏、学习国外校服的优秀设计案例基础上，对学校的校服进行设计。在该学期的课程学习过程中，教师致力于充分激发学生的好奇心、想象力，注重学生的动手实践和体验，在实践中充分培养学生的创造性思维和创造性能力（详见表 3－4）。

表 3－4 “小小服装设计师”子课程设计

<table>
<tr><td>课程名称</td><td colspan="3">小小服装设计师</td><td>课程类型</td><td>综合课程</td></tr>
<tr><td>适用年级</td><td>4 年级</td><td>总课时</td><td>32 课时</td><td>人　数</td><td>90 名学生</td></tr>
<tr><td>课程目标
（第一学期）</td><td colspan="5">1. 通过了解各个民族服饰的发展，让学生明白服装在文化中的重要性；
2. 了解各民族的差异，激发学生兴趣，启发学生潜能；
3. 利用废旧材料制作服装，在服装设计和制作过程中提高艺术修养；
4. 在学校艺术节上进行制作服装的走秀展示。</td></tr>
<tr><td>单元主题</td><td colspan="2">学习内容或活动</td><td colspan="3">实施建议/要求</td></tr>
<tr><td>单元一：
世界服装赏析
（1 课时）</td><td colspan="2">了解欧洲、美洲、亚洲、大洋洲，首先要初步了解各国的民族文化、历史和气候，解析民族服饰材质、色彩和特征。</td><td colspan="3">通过文献资料、影视资料和学生自己的课外搜集，探索世界服装。</td></tr>
<tr><td>单元二：
中西服装差异
（1 课时）</td><td colspan="2">通过一个主题首先进行中国服饰的探讨，与国外服饰作简单的对比，强化中国与世界的联系，体现中国民族文化源远流长，增强学生爱国感、提高学生民族自信心。</td><td colspan="3">让学生通过多彩服饰的起源和变化因素来认识各国的文化、地域、气候等，还要通过挖掘传统文化的内涵，与这些元素巧妙地结合在一起，才能够收获意想不到的视觉效果和时装体验。</td></tr>
</table>

续　表

单元主题	学习内容或活动	实施建议/要求
单元三： 服装设计实践上动手制作 （4课时）	以小组合作为主的材质探究课。 1. 观察身边的服装及装饰，说说你的发现。 2. 布料探究课以小组合作为主，让每位同学参与材料的处理方式中，探究，记录，了解每一种材质的特性，掌握不同的材质处理方式。（2课时） 3. 布料拼贴指导。拼贴风成为潮流，很多服饰的设计都运用了布料拼贴的方式。 4. 旧物改造指导。利用废旧物品，对服装上的装饰进行设计并制作。（2课时）	本课程以结合美术课与语文课的形式进行探究性学习，在教师的指导下，从服装的发展、演变、各民族特色出发，选择和明确研究主题，进行实践性学习。 在实践性学习的过程中，教师要充分发挥学生的主体性，充分激发学生的想象力，注重学生的实践和体验，培养学生在实践过程中主动获取知识、应用知识、解决问题的能力。 整个过程中注重学生的想象力和创造力。组织探究实践活动，以培养学生动手实践能力。
单元四： 成果展示活动 （2课时）	科技节、艺术节或者儿童节活动中进行展示。 1. 小组合作，将各自设计制作的服饰装饰物或简易服装进行分类。（1课时） 2. 根据不同分类的服装进行走秀安排指导。（2课时）	经过一个阶段的学习，安排一次“小小服装设计师”课程的服装秀，让学生有一个展示的平台，增加学生的自信心和兴趣。
课程目标 （第二学期）	小小校服设计师课程以项目制学习为导向，发布改良校服的任务，学生通过学习造型、色彩、面料等设计知识完成校服设计任务。 1. 了解服装设计基本知识； 2. 通过欣赏、评述校服，从不同角度分析服装设计； 3. 掌握绘制服装设计平面图的技能； 4. 激发学生热爱设计、热爱学校的情感。	
单元主题	学习内容或活动	实施建议/要求
单元一： 任务发布 初识工具 （2课时）	1. 发布任务，情景引入，设计校服或其装饰。 2. 观看服饰DIY视频，总结服装设计需要的知识。 3. 认识操作缝纫机。	校服记录材料呈现，对设计有基本认识。
单元二： 造型设计指导 （6课时）	**造型设计之轮廓造型（1课时）** 1. 造型和穿着对象的季节、地点等因素相关，分为活泼、成熟、优雅等不同风格； 2. 欣赏不同风格的设计案例，总结不同风格的轮廓造型。 **造型设计之局部造型（2课时）** 1. 讲解造型设计中的线条/图案； 2. 欣赏不同设计，关注领子、袖口、纽扣等局部造型；	充分了解关于服装设计的关键要素。轮廓造型、局部造型、色彩风格、面料设计与搭配。

续 表

单元主题	学习内容或活动	实施建议/要求
单元二： 造型设计指导 （6 课时）	3. 绘制领结设计平面图； 4. 利用缝纫机制作领结。 **色彩设计之色彩风格（2 课时）** 1. 讲解色彩设计规律，根据场合、风、季节、人群合理选择服装的色彩； 2. 欣赏不同风格服装采用的不同色彩（正装、休闲装、礼服、运动服）； 3. 赏析色彩搭配的经典案例，了解服装设计中主色、辅助色和点缀色的关系。 **面料设计（1 课时）** 1. 讲解面料的选用、裁剪、制作的工艺； 2. 观察不同面料，思考不同的面料适合的衣物类型。	
单元三： 我们的校服 （6 课时）	结合学校新校区建筑风格，学校迎来新气象，一起来设计我们的新校服。 1. 观察本校的校服，画出平面稿图； 2. 分析校服的设计特点和功能，找出设计中的不足/存在的问题； 3. 提出可能的校服改进方案； 4. 欣赏国内外校服优秀设计案例，分析设计细节，总结不同国家校服设计的差异； 5. 校服造型设计。确认校服设计的线稿以及零部件设计； 6. 在线稿设计的基础上确认 校服的色彩搭配，完成线稿上色。确定校服用料。	在实践性学习的过程中，教师充分发挥学生的主体性，充分激发学生的想象力，注重学生的实践和体验，培养学生在实践过程中主动获取知识、应用知识、解决问题的能力。 整个过程中注重学生的想象力和创造力。组织探究实践活动，以培养学生动手实践能力。
单元四： 成果展示活动 （2 课时）	展示校服和校徽设计方案和设计理念，老师和同学交流评价。	经过一个阶段的学习，安排一次课程成果展示和评价，让学生有一个展示的平台，增加学生的自信心和兴趣。

周浦小学“小小设计师”课程的设计均没有教科书式的知识点教授，主要以综合课程的形式带领学生经历和体验工程师、建筑师、服装设计师的工作过程。教师沿着“探询—想象—行动—反思”的创造阶段进行课程设计，引导孩子感受、触摸真实的世界，并鼓励学生通过各种实践活动将自己的想象设计制作成真实产品，在课程的学习过程当中，激发和培养学生的创造力，培养学生合作精神。

三、以驱动问题建构为主线的探究性设计

（一）创造力培养的主线建构

几个世纪以来，对于何谓创造这一问题，哲学家们展开了丰富的讨论，并大致形

成了两种典型的观点。其中，唯心主义理论家认为，个体一旦拥有了创造性的想法，那么创造性的过程就完成了，对于个体是否实践想法或者别人是否看到都不重要，即“创造力的本质是顿悟的那一刻”；而与之相对的，持唯物主义观的学者则认为，创造力是在行动过程中形成的。近几十年来，心理学家同样也一直在研究创造力的形成过程，他们观察到创造力往往是在一系列阶段中产生的。创造力的形成过程中最简单的模型是两阶段模型即发散思维阶段与收敛思维阶段。发散思维阶段指沿着不同的方向进行积极的思考，促使思维具有广阔性、求异性、联想性等；而收敛思维阶段则以思考对象为中心，使思维集中于同一方向，促使思维具有条理化、简明化和逻辑化等。当前具有影响力的创造力阶段理论均是在此基础上进行扩展、细化而来的。

R·基斯·索耶（R. Keith Sawyer）提出创造力过程的八阶段模型：发现问题、获取知识、收集信息、酝酿、产生想法、组合想法、选择最优想法、外化想法 8 个阶段。[①] 斯科特·G·伊萨克（Scott G. lsaksenK）等学者提出创造性解决问题的三个步骤：理解面临的挑战（Understanding the Challenge）、产生想法（Generating Ideas）、准备行动（Preparing for Action），其中理解面临的挑战包括建构处理问题的机会、探索数据、形成问题等，并基于此产生想法和解决问题的方法、检验想法等。[②] 通过对不同心理学家提出的不同模型阶段进行总结（图 3－1），可以发现创新创造是以“问题”为核心展开的，其过程包括问题的发现、问题的定义及问题的解决等。因此，也可以说，“问题建构”是“创教育”综合设计过程中最为关键的要素。

心理学家普遍认为，创造力的本质是一种解决问题的形式，[③] 是一类特殊的解决问题的活动。大多数的创造力是在人们解决不明确问题时产生的，这些问题具有以下特征：(1) 问题无法通过过去的经验进行解决；(2) 问题情况是不明确的；(3) 问题解决的目标状态是不明确的；(4) 可能有许多种不同的最终状态；(5) 通往最终状态的潜在路径有多种。[④] 不少学者发现，当人们在没有明确问题的领域工作时，往往会产生非凡

① R. Keith Sawyer. Explaining Creativity The Science of Human Innovation [M]. New York：Oxford University Press，2012：87－90.

② Scott G. lsaksenK. Brian Dorval Donald J. Treffinger. Creative Approaches to Problem Solving [M]. 3th ed. India：Sage Publications，2011：122.

③ Flavell，John H. Draguns，Juris. A microgenetic approach to perception and thought [J]. Psychological Bulletin，54 (3)，197－217.

④ Mumford M D，Baughman W A，Sager C E. Picking the right material：Cognitive processing skills and their role in creative thought [J]. Critical creative processes，2003：19－68.

八阶段模型 Sawyer (2012)	Wallas (1926)	创造性问题解决 Lsakesen & Dorval Trefinger (2000)	理想循环 IDEAL cycle Bransford & Stein (1984)	Robert Sternberg (2006)	可能性思维 Burnard, craft, &Grainger (2006)	英国资格与课程委员会 UK QCA (2005)	分合法 SynecticGordon (1961)	Mumford 组 Scott et al (1961)	IDE0 (Kelley, 2001)
发现问题 Find the problem		建构机会 Constructing opportunities	确定问题 定义目标 Identify problem define goals	重新定义问题 Redefine problems	形成问题 Posing questions	提问并挑战 Questioning and challenging		问题发现 Problem finding	
获得知识 Acquire the knowledge	准备 Preparation	探索数据 Exploring data	学习 Learn	了解领域 Know the domain			基础工作 Groundwork	信息收集 Information gathering	
收集信息 Gather related information			观看 Look		投入 Immersion	面对所有可能 Envisaging what might be	投入 Immersion		观察 Observation
酝酿 Incubation	酝酿 Incubation	构架问题 Framing problems	探索可能策略 Explore possible strategies	修习 Take time off	玩 Play	保持开放的选择 Keeping options open		概念搜索 Concept search	
产生想法 Generate ideas	顿悟 Insight	产生想法 Generating ideas		产生想法 Generate ideas	有想象力 Beings imaginative	探索想法 Exploring ideas	发散性探索 Divergent exploration	想法产生 Idea generation	头脑风暴 Brainstorming
组合想法 Combine ideas		产生解决方法 Developing solutions		想法杂交 Cross-fertilize ideas		建立联结及注意关系 Making connections and seeing relationships		概念组合 Conceptual combination	
选择最优想法 Select the best ideas	验证 Verification			评价想法 Judging ideas		批判性地反思想法 Reflecting critically on ideas	选择 Selection	想法评估 Idea evaluation	
外化想法 Externalize ideas	详细阐述 Elaboration	建立接受 Building acceptance	行动并预期结果 Act and anticipate outcomes	推销想法 Sell the ideas, persevere	自我指导 Self-determination		解决方法的清晰阐述、发展和变化、实施 Articulation of solution, development and transformation, implementation	实现计划和行动监控 Implementation	快速的原型设计精简与执行 Rapid prototyping, refining, implementation

(参考来源：R. Keith Sawyer. Explaining Creativity The Science of Human Innovation [M]. New York: Oxford University Press, 2012: 89.)

图 3-1 十种经典创新理论模型的比较

的创造力，并且取得成功的关键要素在于提出一个好问题。① 也就是说，创造力往往与问题的发现和问题的解决相关联。因此，学校在设计指向学生创造力培养的综合课程时，关键在于以“问题建构”为主线开展课程设计，建立驱动性问题、支架性问题，为学生提供更多创造力学习的机会。

基于上述认识可以发现，进一步优化课程设计使其指向创造力培养就需要强调问题思维，加强驱动型问题的总体设计，确保驱动性问题贯穿始终，使驱动性问题创设丰富的想象空间以激发学生学习兴趣，引发学生多维度、多样化的思考。

（二）创造力探究性设计案例分析

浦东新区“四创”板块下各项目学校则依据学校特色，依托独特资源，以问题为导向开发设计了独具特色的主题课程，课程的目标及内容鲜明地指向了学生创造力的培养。其中浦东新区张江高科实验小学所开设的“基于‘中草药课程’的小学生科创能力培养的实践研究”课程，主要以驱动性问题为导向进行具体课程的设计，极具代表性。

案例分析：张江高科实验小学“基于‘中草药课程’的小学生科创能力培养的实践研究”课程

张江高科实验小学地处张江科学城，学校周边坐落有上海中医药大学、中医药博物馆、孙桥农业园区等优质中医资源。学校基于自身优越的地理位置，开设了“基于‘中草药课程’的小学生科创能力培养的实践研究”的特色校本课程，将自然、社会和人文等各方面的内容，以及学科知识和学生的学习经历与经验有机地融合在一起，以“创新素养培育”为导向，确定本课程在创新素养培育方面的三大方面及九大关键要素：创新人格——自信心、好奇心；创新思维——发散思维、聚合思维、批判思维；实践能力——预测假设、方案设计、动手操作、团队合作。学校整合各方课程资源，形成了普及型、提高型、研究型课程体系，普及型课程在一年级至五年级全面实施，构建“循序渐进”的实践研究项目系列，根据学生的年龄特点，认知习惯，确定研究主题，设计安排活动内容。提高型课程通过自主报名与遴选，组织学有余力且有进一步探索兴趣的学生，采用综合项目化学习、探究式学习、场馆学习等多种学习方式，侧重创新思维的培养。研究型课程是师生双向选择，组织一

① Getzels J W. Creative thinking, problem-solving, and instruction [J]. Teachers College Record, 1964, 65 (9): 240-267.

批爱提问、愿探索、善思考的学生，以“导师制”方式开展小课题研究，在研究中培育科创素养。(详见表 3－5)

表 3－5 张江高科实验小学“中草药探究”课程设计

课程类型	年 级	课 程 名 称
普及型课程	一年级	“消暑小能手—— 清新薄荷”“消暑小能手——爽脆黄瓜”“驱寒暖身宝——热力生姜”“驱寒暖身宝——可口红枣”
	二年级	“消暑小能手——芬芳金银花”“驱寒暖身宝——美味韭菜”“消暑小能手——清凉百合”“驱寒暖身宝——神秘银耳”“做做小香囊”“品品养生茶”“穴位知多少”“五禽模仿秀”
	三年级	“草药足浴师”“彩虹中草药”“药食同源”“植物的秘密”“烟草双刃剑”“中草药之梦”“牵牛花造型秀”
	四年级	“调茶的秘密”“草药抗菌研究”“中草药唇膏”“看不见的魔术师——微生物”“食用菌种植”
	五年级	“正气方制香囊”“‘艾’上香皂 DIY”“太阳打印机”“中草药护手霜”“中草药的营养繁殖”
提高型课程	三～五年级	高科药谷小掌柜、开心农场、小农乐园、自然笔记
研究型课程	/	薄荷种子萌发培育条件探究、多肉植物变色奥秘探究、怎样培育更甜的番茄等

具体来看，张江高科实验小学所设计的各课程均以问题为核心导向，强调问题思维，加强驱动型问题的总体设计，使驱动性问题贯穿始终，在问题解决中激发学生的创造力。其中，三年级的“牵牛花造型秀”项目课程作为区级示范案例，充分体现了“创教育”综合课程设计如何以驱动性问题为一以贯之：该课程以“如何让牵牛花恢复生机，健康生长?”为驱动性问题，通过项目化学习的方式，引导学生们展开对牵牛花造型设计的研究，让牵牛花重新焕发光彩，美化生活环境。本项目旨在帮助学生主动探索真实问题，在过程中激发学生的创造力，团队合作和领导力，动手能力，计划以及执行项目的能力等。该课程涉及的学科有自然、劳技、美术、语文，主要目标是了解常见攀援性植物的一般造型和攀爬方式，提高资料调查、收集与整理的能力，在设计并搭建攀爬结构的过程中提升创新实践能力，初步树立计划先行和工程设计的意识，提高分析归纳、交流表达的能力，同时养成细致耐心、团结合作的学习习惯。具体的项目课程设计如下表 3－6 所示：

表 3-6 “牵牛花造型秀”项目课程设计

项目主题	牵牛花造型秀
项目年段	□一年级 □二年级 ☑三年级 □四年级 □五年级
主要学科	涉及学科：自然、劳技、美术、语文
核心知识概念	1. 植物的生长方式、结构的稳定性、工程设计。 2.（1）攀援植物的茎细长不能直立，须攀附支撑物向上生长。 （2）三角形是一种比较稳定的结构，降低重心和增大接触面可以提高物体的稳定性。 （3）通过工程设计与实施，可以为植物创设更适合生长的环境。
学习目标	1. 通过资料调查和实地考察，认识攀援植物的生长特点，了解常见攀援性植物的一般造型和攀爬方式，提高资料调查、收集与整理的能力。 2. 通过经历攀爬结构的设计、搭建和反复调试，提升创新实践能力，初步树立计划先行和工程设计的意识。 3. 通过搭建牵牛花攀爬架，提高动手操作能力，养成细致耐心、团结合作的学习习惯。 4. 通过阶段交流与成果汇报，提高分析归纳、交流表达的能力。
本质问题	如何利用工程方法创设符合植物生长规律的种植环境。
驱动性问题（含项目情境与主要问题链）	最近同学们种植的牵牛花都出现了同样的问题，茎软软地垂下来，好像生病了一样。“如何让牵牛花恢复生机，健康生长？”如果你能解决这一问题，并让你的牵牛花变成最健康最耀眼的那一个，它将被放置在学校大厅展示，成为我们校园中一道亮丽的风景线！
项目课时安排	第一阶段：聚焦问题，实现入项（2 课时） 第二阶段：调查资料，获取信息（2 课时） 第三阶段：设计造型，搭建结构（2 课时） 第四阶段：阶段交流，优化完善（2 课时） 第五阶段：展示评价，分享收获（2 课时）
项目成果及公开形式	团队成果：牵牛花造型作品、项目计划表、资料调查记录单、牵牛花造型设计方案。 具体被评估的内容和能力：团队合作、设计方案、信息收集、动手操作 公开形式：牵牛花造型秀评比活动
评价内容	团队和个人的整体评价、作品评价、交流展示评价
所需资源	牵牛花种子、花盆、泥土、种植工具、铅丝、木棒、彩泥、尖嘴钳、其他创意物品或装饰材料（学生自备）

“牵牛花造型秀”项目课程设计的本质问题为“如何利用工程方法创设符合植物生长规律的种植环境”，基于项目情境提出驱动型问题“如何让牵牛花恢复生机，健康

成长”，以该驱动型问题引导学生开展对牵牛花造型设计的研究，在总的驱动型问题的引导下，在每个活动中均呈现不同的分问题，不断激发学生探究意识和能力。

在第一次“聚焦问题，实现入项”的活动中，以“如何让牵牛花恢复生机，健康成长”为引领，引发学生对自己种植的牵牛花目前阶段的生长变化，茎叶呈现的状态，以及产生的问题，激发探究牵牛花生长特点的兴趣，产生解决问题的欲望。

第二次“调查资料，获取信息”的活动中，以“我们可以通过哪些途径来寻找牵牛花生长问题的原因”“我们可以怎样为牵牛花提供支撑”为引领，引导学生调查学习攀援植物的生长特点、实地考察校园及社区中攀援性植物的一般造型和攀爬方式。

第三次“造型设计，搭建结构”活动中，以“我们想要一个怎样的牵牛花造型”“我们该如何实现牵牛花造型”为引领，引导学生设计牵牛花造型及搭建方案、分享交流搭建方案、准备材料搭建结构。

第四次“阶段交流、优化完善”活动中，以“搭建好攀爬架后，牵牛花的生长有哪些变化”“又出现了哪些新的问题，可以怎样改进”为引领，引导学生分享搭建造型结构后牵牛花的生长状况，并与同伴交流讨论遇到的新问题及解决方案。

第五次“展示评价，分享收获”活动中，以“怎样让大家理解我的牵牛花造型，发现它的美”“我从本次项目式学习中学到了什么”为引领，展示牵牛花的造型、投票选举出最佳造型小组，并引导学生总结与反思此次课程的学习。项目的活动过程及引导问题如下表3－7所示：

表3－7 “牵牛花造型秀”项目活动过程及引导问题

活　动	阶　段	活动内容与要求	教师支持
第一次活动	聚焦问题，实现入项	1. 交流问题：自己种植的牵牛花在目前阶段的生长变化，茎叶呈现的状态，以及产生的问题。 2. 确定目标：解决牵牛花的生长问题，让牵牛花重新焕发光彩。 3. 制定计划：分组讨论，制定项目研究计划，明确分工。	引导问题： 如何让牵牛花恢复生机，健康生长？ 提供资源：出现生长问题的牵牛花照片。
第二次活动	调查资料，获取信息	1. 调查：查阅书籍与网络，学习攀援植物的生长特点。 2. 考察：实地考察校园和社区中的攀援性植物，了解它们的一般造型和攀爬方式。 3. 交流：分享资料调查结果。	引导问题： 1. 我们可以通过哪些途径来寻找牵牛花生长问题的原因？ 2. 我们可以怎样为牵牛花提供支撑？ 提供资源：资料调查记录单。

续 表

活　动	阶　段	活动内容与要求	教 师 支 持
第三次活动	设计造型，搭建结构	1. 设计：设计牵牛花造型及搭建方案。 2. 交流：分享交流搭建方案。 3. 操作：准备材料，搭建结构。	引导问题： 1. 我们想要一个怎样的牵牛花造型？ 2. 我们该如何实现牵牛花造型？ 提供资源：牵牛花造型方案设计表。
第四次活动	阶段交流，优化完善	1. 交流：分享搭建造型结构后牵牛花的生长状况。 2. 讨论：交流遇到的新问题，讨论解决的办法。 优化：优化完善造型方案。	引导问题： 1. 搭建好攀爬架后，牵牛花的生长有哪些变化？ 2. 又出现了哪些新的问题？可以怎样改进？ 提供资源：晓黑板 app 开设互动平台。
第五次活动	展示评价，分享收获	1. 展示：牵牛花造型。 2. 评价：投票选举最佳造型小组。 3. 交流：活动收获与感想。	引导问题： 1. 怎样让大家理解我的牵牛花造型，发现它的美？ 2. 我从本次项目式学习中学到了什么？ 提供资源：牵牛花造型评价表。

总之，创造力存在于一般的问题解决过程之中。张江高科实验小学在“牵牛花造型秀”项目课程的设计上，始终坚持以“如何让牵牛花恢复生机，健康生长”驱动性问题为导向，并在每一环节的活动中以分问题引导学生不断探究，在活动中提出问题，调动学习者已有的知识和经验创造性地解决开放性问题，利于培养学习者探究、审辨、坚毅、合作等高级思维能力，对于学习者创造力的培养至关重要。

四、以创新思维类型为基础的情境化设计

“情境”特指真实行为赖以发生的社会网络和活动系统，其具有真实性、实践性与社会性的特点。课程的情境化设计，便是以情境化的学与教为核心理念，将课程置身于“情境”中，强调将学科内容跟真实世界的情境结合起来，从而促进学生在知识、知识的应用以及帮助他们作为家庭成员、公民和工作者的生活之间建立联系。[①] “创教

① 张琼，胡炳仙. 知识的情境性与情境化课程设计［J］. 课程. 教材. 教法，2016，36（06）：26－32.

育”综合课程主要涉及工程领域、商业领域和社会领域，而面对“科技、工程领域”“产品、商业领域”和“社会领域”等不同课程领域“问题”解决，可借助专家已经形成的一些比较成熟的、可视化的思维工具，教师可选择合适的“脚手架”引导学生进入三种基本“场景”，在三种“场景”的问题解决中促进学生创新素养的培养：一是使用工程思维尝试解决某些科技、工程领域“问题”[①]；二是使用设计思维尝试解决某些产品、商业领域“问题”[②]；三是使用社会设计的方法尝试解决某些社会领域“问题”[③]。引导学生在上述场景中像真实行业专家一样，使用工程思维、设计思维或社会设计等方法，亲历创造性“问题”解决的过程，依据不同的设计思维实现驱动创新。[④]

（一）基于工程思维的情境化设计

“科技、工程领域”的问题主要采用工程思维来解决。2022 年 4 月，我国颁布的《义务教育科学课程标准（2022 年版）》提出，要在技术与工程实践过程中，培养学生科学探究能力、技术与工程实践能力和自主学习能力，[⑤] 凸显“技术与工程”在小学科学教育中的地位，为创新型国家人才的培养提供有效地保障和途径。从世界范围来看，在教育中强调、融入科技、工程的思维要素是发达国家的普遍举措。20 世纪 50 年代以来，美国、英国等西方国家普遍开始强调在教育中凸显技术教育的作用与地位，注重对学生技术素养、创新素养的培养。2013 年美国颁布《新一代科学教育标准》，旨在用科学与工程实践等来建构课程，以提高学生各方面的能力。[⑥] 而系统思维、批判性思维、创造力等核心素养是学生进行技术与工程实践必须调用的关键能力和必备品格，因此基于工程思维场景的设计建构综合课程利于教师借助专家已经形成的可视化的思维工具，引导学生进入科技工程领域“场景”，实现对学生创造力的培养。

工程思维是一种结合实际情况不断将想法变为现实的思维方式，而对学生工程思维能力的培养，需要以外显化的活动路径落实到教育教学之中。《义务教育科学课程标

① 项目顾问组. 基于区域特色的学校综合课程创造力培养教学指导手册（1.0）［Z］. 内部资料，2022.

② 何善亮. 中小学工程教育的价值、内容与路径［J］. 教育科学研究，2020（10）：68－74＋80.

③ 谌涛，肖亦奇. 面向智能制造的跨学科创新教育：设计思维引领的新范式［J］. 高等工程教育研究，2023（02）：45－50.

④ 沙基昌，刘新建，石建迈等. 社会设计工程问题框架［J］. 系统管理学报，2011，20（04）：385－388＋397.

⑤ 教育部. 义务教育科学课程标准（2022 年版）［M］. 北京：北京师范大学出版社，2022.

⑥ 美国科学教育标准制定委员会. 新一代科学教育标准：学科核心概念序列和主题序列［M］. 叶兆宁，杨元魁，周建中，译. 北京：中国科学技术出版社，2020.

准（2022 年版）》中提出技术与工程实践的要素包括明确问题、提出并选择方案、加工制作、测试迭代等。胡卫平、刘守印则将技术与工程实践的要素概括为构思与设计、操作与实验、验证与优化等。① 综合不同学者的研究，项目组认为大致可以将工程思维运用于创造力培养项目的路径归纳为：明确问题，识别关键问题和限制条件；探询方案，围绕问题寻找解决方案；确立计划，围绕方案明确问题解决的计划；建立模型，按照计划进行模型构建；测试迭代，对模型进行测试与迭代。

在项目推进的过程中，浦东新区上海海事大学附属北蔡高级中学所开设的“基于航海文化特色的综合课程创造力研究和实践”课程，是将工程思维运用于创造力培养项目之中的典型案例。

案例分析：上海海事大学附属北蔡高级中学“基于航海文化特色的综合课程创造力研究和实践”课程

上海海事大学附属北蔡高级中学以“人与航海”课程为基础，进一步建构具有创造力的层次化、模块化、综合化的航海特色课程体系，建立“航创”联盟系列课程及其他航海特色课程等。作为“航创”联盟的领衔学校，学校与不同学段的联盟校共商、共建、共享、共管“航创”联盟系列课程，具体包括新时代“邮轮文化”课程、邮轮文化研学活动课程、智能水下机器人课程、鱼类的体色奥秘课程、航海科创集训课程等。同时，学校结合高中新教材新课程的改革，将其同学校航海文化教育有机整合，构建了国家课程和校本课程中具有创造力的航海文化特色综合课程，具体包括航海特色的 STEM 课程、新闻时事（海洋强国）课程、航海音乐创编课程、航海特色研究型课程等。以下主要通过对智能水下机器人课程设计的深入分析，从而展示在“创教育”综合课程设计中如何采用工程思维培养学生的创造力。

水下无人机课程主要包含 3 个子任务，分别为“整体设计水下无人机并完成框架制作”“设计并制作水下无人机的动力系统”“设计并完成水下无人机的功能模块”，前两个子任务分别由 4 个课时组成，最后一个子任务由 3 个课时组成。课程的设计大体遵循“界定困难—寻找方案—形成计划—建立模型—测试迭代”的工程思维活动路径，主要采用工程思维，利用相关技术，设计、搭建、编程控制和运行水下无人机，重点强调水下无人机设计与制作，立足培养学生的工程素养和问题解决能力等，培养学生创造力的多方面素养。

任务一先进行整体设计，通过一些案例的介绍和启发，使得学生对水下无人机形成基本认识，了解要制作水下无人机需要解决哪些问题，初步了解工程设计和制作的

① 胡卫平，刘守印. 义务教育科学课程标准（2022 年版）解读［M］. 北京：高等教育出版社，2022：44.

步骤。接着，完成框架制作的基础工作，并对制作的框架进行检测评估，在此过程中学会用物理中的力及力的平衡等相关知识解决问题。

由于动力是无人机在水下运动的基础，在任务一的基础上，任务二紧接着设计制作无人机动力系统，要求动力系统能够使得无人机在水下做出前进、后退、转向、上浮、下潜等动作。这部分需要掌握编程、电机控制、电路连接的一些基础知识。动力系统设计制作完成后，要进行试验调试，小组展示及检测评估后，对不足之处进行优化。

水下无人机有了动力后，还需要有功能部件执行如水下摄像、照明、采样等任务，由此设计任务三，即设计并完成水下无人机的功能模块。要完成这一子任务，就需要掌握相关传感器及电子元件的原理和使用方法。设计制作后，经调试、试验，完成功能模块。最后，当水下无人机的设计与制作总体完成后，各小组在教师的指导下进行展示汇报，反思讨论，在此基础上提炼完成“水下无人机”这一工程类项目的经验，思考水下无人机是否还有改进的空间，对水下无人机进行进一步优化。课程具体设计如下表 3－8 所示：

表 3－8 水下无人机课程设计

单 元 名 称	主 要 内 容	教学/活动目标
任务一：整体设计水下无人机并完成框架制作	引入—水下无人机概述（第 1 课时）	了解水下无人机的历史发展，水下无人机的应用介绍，了解组成水下无人机的各部分及其功能。
	工具使用及安全须知（第 2 课时）	工具使用及安全教育。
	水下无人机框架的设计制图（第 3 课时）	小组分工，设计方案，三维视图。
	框架制作（第 4 课时）	框架制作及浮沉测试，各组展示交流、评价反思，框架在水中悬浮且稳定的方法总结。
任务二：设计并制作水下无人机的动力系统	推进器的布局，电动机原理（第 1 课时）	动力方式及推进器的布局，电动机原理。
	推进器的制作（第 2 课时）	推进器的制作、防水、固定。
	推进器的控制（第 3 课时）	电源、缆绳的选用，焊接和防水，推进器控制电路的设计与连接，控制程序的编写。
	展示测试，故障检测（第 4 课时）	推进器功率和推力的测量，使用万用表检查电路和故障判断，各组展示交流、评价反思、改进。

续 表

单元名称	主要内容	教学/活动目标
任务三：设计并完成水下无人机的功能模块	温度传感器的使用（第1课时）	温度传感器的使用，模拟量换算实验。
	抓手的制作（第2课时）	抓手的制作（液压原理或电动机带动）。
	其他功能模块的制作（第3课时）	其他功能模块的制作（按学生需求选择）。

除整体设计以外，该课程每个任务的设计也都符合工程思维的活动逻辑，致力于在引导学生使用工程思维解决核心问题这一过程中，提高其思维能力，激发其创新思维。例如，在任务一“整体设计水下无人机并完成框架制作”中，活动被分成了不同的环节：任务布置、任务分析、小组分工、设计方案、新知新技、创意物化、实验研究、展示汇报、检验评估、反思讨论（详见下表3－9）。

表3－9 “整体设计水下无人机并完成框架制作”子任务活动设计

活动环节	活动内容	活动实施建议
任务布置	尝试自己设计、制作一架水下无人机。 第一步，要先完成框架的制作。 限制条件：根据学校提供的水池大小，主体框架大小建议在80 cm×80 cm×60 cm范围内。 介绍学校提供的资源及要求的作品形式。	1. 以我国研制“蛟龙号”载人潜水器发展深海运载技术，对国家海底资源调查和科学研究的深远意义作为引入。 2. 通过课堂和网络资源，引导学生了解水下无人机的常见功能和组成部分。建议学生合理利用材料（基于教师提供的现有材料，适当发散），整体设计水下无人机，完成框架的制作。 3. 根据各学校水池大小等具体情况，限制条件可自行调整。 4. 如学生提出的材料需求不在学校所提供材料之列，可酌情考虑为学生添置。
任务分析	要完成任务目标，小组该如何入手？有以下问题需要思考。 1. 要做一个具有何种功能的水下无人机？它有哪些部分？ 2. 水下无人机的动力如何实现？ 3. 如何控制水下无人机，使其能够完成前进、后退、转向、上浮、下潜、悬浮等动作？	1. 引导学生通过网络获取所需信息，对水下无人机的框架、动力、功能有一个整体的设想。 2. 教学时可引导学生利用思维导图对设想进行梳理，进而完成整体设计。

续 表

活动环节	活 动 内 容	活动实施建议
任务分析	4. 可以选用哪些材料来制作水下无人机的框架？需要防水吗？需要密闭吗？应该怎样连接？	
小组分工	为了在规定时间内完成任务，推选项目主管，由其分配任务给其他同学，明确各自的职责。将承担不同任务的同学姓名填写在分工表中。	1. 整个项目实施过程中，可以采用小组合作的模式进行。小组成员细化分工，每个成员结合自身特点，具体负责某些工作。 2. 告知项目主管要督促小组内的每一位成员都积极参与其中，为了解决问题而共同努力。
设计方案	制订方案。请说说第一步、第二步、第三步等分别准备做什么？过程中应该注意什么？（学生手册提供了参考步骤）	方案设计的过程中，教师应有明确的规范要求和适当的引导。引导学生制订计划，明确各步骤要做什么，要注意什么。
新知新技	学习使用 PVC 管割刀、手电钻、小型台钳、钢锯等工具。	1. 具体制作前需要掌握一些工具的使用方法。 2. 重点督促学生在使用工具时注意安全。
创意物化	量取合适尺寸的材料，为材料加工、拼接和组装做好准备。（材料加工工作包含切割、钻孔等，拼接、组装工作包含使用连接件、粘贴或用螺栓固定）在学生手册的方框中填写材料的测量数据，画出框架的设计图，完成材料加工、拼接和组装，形成框架。	1. 完成框架设计后，先组织学生测量材料的参数，确定打孔位置，完成画线等前期工作。 2. 教师先示范如何画框架的设计图，学生按要求画，然后小组合作制作框架。
实验研究	沉浮测试：选择提供浮力的方式，在框架上装上提供浮力的材料，放入水中进行测试。观察框架在水中的状态，尝试增减浮力材料和调整浮力材料在框架上的位置，使得框架在水中呈中性浮力状态，检验其在水中的平衡性。 尝试运用浮力相关的物理学原理，计算需要多少材料来提供浮力，并和实际结果做比较。 经过测试，调整浮力材料在框架上的位置，你发现了什么？浮力材料在框架上的位置怎样安装比较好？	初中物理有关于浮力的相关知识，教师可以在此环节观察学生对浮力原理的掌握情况，可以补充“如何达到中性浮力状态”的相关知识。要使无人机在水中保持平衡，则需要补充力的平衡和力矩的相关知识。

续　表

活动环节	活 动 内 容	活动实施建议
展示汇报	各组展示小组分工和水下无人机的整体设想。 所有组展示制作完成的水下无人机框架，以及浮沉测试结果。	组织交流分享中，借助多媒体展台，呈现设计图纸。框架直接以实物呈现。
检验评估	就“水下无人机设计方案”“水下无人机框架”和“浮沉测试探究过程”三个方面展开评价。 然后在检验评价基础上设计方案的迭代改进。	1. 评价的内容可以包括：框架结构是否有一定的装载能力，是否牢固、平衡、方便、防水等，并与设计草图比对，检验尺寸大小是否在限制条件内。 2. 结合自评、互评和师评等多种方式，引导学生发现不足，进而完善改进。
反思讨论	1. 整体设计水下无人机时需要考虑哪些因素？考虑了哪些不同的方案？不同方案之间如何取舍？ 2. 设计水下无人机框架时，要考虑到哪些最基本的影响因素？ 3. 本组所选择的提供浮力的方式是否可行？你认为哪种提供浮力的方式较好？“需要多少材料提供浮力”这一问题，根据物理学原理计算的结果与实际结果是否吻合？如果不吻合的话，计算中可能是哪里出了问题？	引导学生分析思考之前环节中出现的几个结构不良的问题，尝试总结、提炼解决问题的方法。

具体而言，任务布置和任务分析环节处于工程思维活动路径中的“界定困难”阶段。如上所述，学生发现并识别关键问题和限制条件是启动思维发展的关键。区别于传统课堂所提供的封闭式问题，现实生活中学生将会遇到的问题普遍具有抽象、模糊、答案不唯一等特点，创造条件，指导学生对现实问题的思考则能够提高学生的发散思维和全局性思维。因此，在任务布置和任务分析环节中，主要由教师带领学生明确尝试设计与制作水下无人机的第一步是完成框架的制作，了解限制的条件为学校提供的水池大小，并思考水下无人机有哪些功能、组合部分有哪些、动力如何实现、材料如何选用等问题。

小组分工环节则处于工程思维活动路径中的“寻找方案”阶段，在项目实施过程中，采用小组合作的模式进行，结合成员的特点明确各自职责，围绕着关键问题和限制条件寻找解决方案。在分工合作中，培养学生的共同愿景、责任分担、合作共赢等精神。

设计方案环节处于工程思维活动路径中的“形成计划”阶段，教师引导学生制定计划，明确各步骤环节和注意点，形成最优的设计方案。这一环节着眼于指导学生形成开放式的设计方案，这种方案具有创新性、操作性的特点，学生在设计过程中没有固定格式的限制，为了找到最优的方案，需要综合考虑多方面的制约因素，如可行性、成本、美观等。这一环节有利于发展学生的想象力，培养其发散思维和收敛思维等。

新知新技和创意物化环节处于工程思维路径中的“建立模型”阶段，教师带领学生了解工具使用方法，并引导学生将水下无人机框架设计方案的想法变为现实。工程的核心是建造，将水下无人机框架设计方案进行模型建构，锻炼了学生的科学性思维、实践性思维等，最终指向学生创造力的发展。

实验研究、展示汇报、检验评估、反思讨论环节处于工程思维路径中的“测试迭代”阶段。在这些环节中，首先，学生需要对水下无人机的框架进行沉浮测验，并根据实验结果调整框架，从而培养学生用科学技术、实验探究解决问题的能力。其次，各小组展示制作完成的水下无人机框架，以及浮沉测试结果，充分表达小组的经验、困惑，并最终从“水下无人机设计方案”“水下无人机框架”和“浮沉测试探究过程”三方面进行检验评价和迭代改进。最后，教师将引导学生分析思考之前环节中出现的几个结构不良的问题，尝试总结、提炼解决问题方法。“测试迭代”阶段是对理论的验证和工程实际的模拟，培养学生观察、分析和解决问题的思维能力，在迭代的过程中，利于培养学生质疑批判、分析论证、综合生成、反思评估等审辨能力。

在任务二“设计并制作水下无人机的动力系统”中，活动同样被分成了不同的环节：任务布置、任务分析、设计方案、新知新技、实验研究、展示汇报、检验评估、反思讨论（详见下表 3 - 10）。

表 3 - 10 “设计并制作水下无人机的动力系统”子任务活动设计

活动主题	活 动 内 容	活动实施建议
任务布置	尝试设计并制作水下无人机的动力系统，让无人机能在水下做出各种动作。（建议电源有一定限制条件：采用直流电源，电源电压一般要求不超过 12 V。） 介绍学校提供的资源及要求的作品形式。	1. 引导学生关注生活中常见的动力装置，以及从仿生角度观察水生生物在水中的运动方式。 2. 引导学生合理利用材料和工具，设计并制作水下无人机的动力系统。 3. 讲解并辅导学生学习运用控制模块进行编程控制。

续　表

活动主题	活 动 内 容	活动实施建议
任务分析	如何让无人机获得动力？小组该如何入手？有以下问题需要思考： 1. 动力的能源来自哪里？ 2. 动力方式是怎样的？ 3. 应当将提供动力的装置安装在框架的什么部位？ 4. 如何进行防水密封？	引导学生通过教师指导或借助网络获取信息，了解可以给水下无人机提供动力的方式以及适合安装动力装置的部位。
设计方案	1. 如何控制电机？ 2. 电路部分如何设计？ 3. 软件控制程序如何编写？	可通过现场演示等方式指导学生了解相关内容。
新知新技	控制模块编程； 电子调速器调的连线使用； 电机、锂电池、电子调速器调连线方式介绍； 脉冲宽度调制； 脉冲位置调制： 一般不同平方数的铜芯电线允许长期负载电流值。	1. 每位学生的编程基础不尽相同，所以需要让学生熟悉设备，知道怎样将使用控制模块并进行编程。 2. 选用动力件时，要先了解各类电动机的特点及使用场合。 3. 大功率的电机需要由驱动或电调间接控制，所以需要了解电子调速器的连接使用。 4. 控制信号分 PWM 和 PPM 信号，它们各有不同。 5. 连接电机的电线的选择，与电机工作时的电流密切相关。 6. 其他新知新技，教师可根据实际需求进行讲解。
实验研究	我们需要保证元器件运行时能够正常工作。虽然设计时会考虑到电机、驱动、电源、电缆间的匹配，但因为电池组输出电流往往会超出其额定值，电路连接也可能存在错误，所以仍然需要实验检验。同时对密封防水措施进行检验。 实验操作：用万用电表测量电机工作时的电压、电流，保证不超过额定电压、额定电流。检查电池输出电流，不超过电机驱动器或电调负荷。	向学生演示万用电表的使用并指导学生使用。
展示汇报	各组展示控制水下无人机做出前进、后退、左右转向、上浮、下潜等基本动作。	直接以实物呈现，在水池中运行，引导各组进行观察。
检验评估	检验评价水下无人机在水下实际运行时的效果，就电机工作电压、电流检测实验，动力系统设计与制作两方面进行小组自评、互评及教师总结评价。	结合自评、互评和师评等多种方式，引导学生发现不足，进而完善改进。

续 表

活动主题	活 动 内 容	活动实施建议
反思讨论	水下无人机在水下实际运行时有无缺陷？要达到更好的运行效果，可以如何修改动力系统及其控制程序？	引导学生小组自主研究解决想到的问题。

任务布置和任务分析环节处于工程思维活动路径的“界定困难”阶段，教师引导学生了解水下无人机动力来源、动力方式以及适合安装动力装置的部位，形成对任务目标、条件、细节等注意事项的全面认识。通过分析动力系统设计并制作的关键问题和限制条件，引导学生观察、思考、分析和解决问题，不断增强学生对问题的分析能力，不断推动学生批判性思维的创新发展。

设计方案环节处于工程思维活动路径的“寻找方案”与“形成计划”阶段，教师指导学生控制电机、设计电路、编写软件控制程序以确定最优的方案和计划。

新知新技环节处于工程思维路径中的“建立模型”阶段，学生在编写、修改程序以及不断调试的过程中，逐渐培养编程思维和提升编程能力。并在试错的过程中培养学生容忍不确定、不轻言放弃等坚毅品质，提升分析问题、解决问题的能力。

实验研究、展示汇报、检验评估、反思讨论环节处于工程思维活动路径的“测试迭代”阶段，教师引导学生对元器件及密封防水等进行检验，保障动力系统的正常工作。各小组展示控制水下无人机做出前进、后退、左右转向、上浮、下潜等基本动作，检验评价水下无人机在水下实际运行时的效果，并反思讨论如何更好地修改动力系统及其控制程序。在“测试迭代”阶段中，学生能够将理论应用于实践，利于科学的知识、方法和技术解决各种工程问题，在实践中进行螺旋式的学习、思考和创新，使学生的创新思维得到较为系统的培养。

在任务三“设计并完成水下无人机的功能模块”中，活动被分为了任务布置、任务分析、设计方案、新知新技、设计方案、实验研究、展示汇报、检验评估、反思讨论等环节（详见下表3－11）。

表3－11 “设计并完成水下无人机的功能模块”子任务活动设计

活动主题	活 动 内 容	活动实施建议
任务布置	设计并完成水下无人机的功能模块，让无人机在水下完成各项作业任务。 介绍学校提供的资源及要求的作品形式。	引导学生回忆本主题引入部分所介绍的目前水下无人机的应用领域和范围，提示学生可以从中挑选某种功能，作为本组水下无人机想要添加的功能模块。

续 表

活动主题	活 动 内 容	活动实施建议
任务分析	你想要使水下无人机具备哪些功能？选择一项或几项开展尝试吧！	1. 根据学生手册上提供的功能参考，确定想要使本组的水下无人机具备哪种功能。 2. 除了考虑功能，提示学生还应考虑其他一些问题，例如：要在水下获得这样的功能，应当采用怎样的器材或设备？添加的器材或设备应当怎样与框架结合在一起……
新知新技	温度传感器等传感器的使用及原理介绍； 场效应管在开关电路中的应用； 舵机的使用方法。	1. 教师讲解演示，学生模仿理解后，自行设计功能。 2. 常见功能模块由传感器、由程序控制的开关电路或由舵机带动的机械部件组成。教学中给出这三者中的各一个案例，引导学生触类旁通的尝试实现其他功能。
设计方案	1. 怎样实现期望达成的功能？准备什么材料或设备？ 2. 电路部分如何设计？ 3. 软件控制程序如何编写？ 4. 功能模块如何与框架结合？	经过任务2和任务3新知新技的学习，本活动步骤可以尝试放手由学生自行探索设计。
实验研究	对于一些传感器收集到的模拟量，需要通过换算才能得到具体的测量结果。尝试开展实验来获得数据，并对数据进行线性拟合，得到模拟量与实际温度之间的换算公式。 记录数据并对数据进行分析与处理。	1. 功能模块若涉及传感器的，可增加此环节。 2. 程序中利用串口显示命令，读取连接传感器的模拟输入端口的模拟量数值，这个数值并不意味着就是实际值（例如温度传感器显示的温度），它的本质是个电压值，需要进行实验换算才能得到实际值。
展示汇报	各组展示操控水下无人机的功能模块的运行。	直接以实物呈现，在水池中运行作业，各组观察。
检验评估	检验水下无人机功能模块实际运行时的效果，并就“传感器模拟量换算实验探究过程”和“功能模块设计与制作”两方面展开小组自评、互评及教师总结评价。	结合自评、互评和师评等多种方式，引导学生发现不足，进而完善改进。
反思讨论	1. 要想使水下无人机的功能模块达到更好的效果，可以怎样对它加以改进？ 2. 设计一个具有创新性的功能模块。	学生小组自主研究解决。

任务布置和任务分析环节处于工程思维活动路径的“界定困难”阶段，教师指导学生认识和了解水下无人机的功能模块及各项任务作业，并明确本组的水下无人机所想要具备哪种功能、功能所采用的器材及设备、器材及设备如何与框架结合起来等问题。

新知新技和设计方案环节处于工程思维路径中的“寻找方案”“形成计划”“建立模型”阶段，教师通过讲解进行演示，学生模仿理解后自行设计功能，最终完成水下无人机的功能模块的设计。

实验研究、展示汇报、检验评估、反思讨论环节处于工程思维活动路径的“测试迭代”阶段，各组展示操控水下无人机的功能模块运行，检验水下无人机功能模块实际运行时的效果，并就“传感器模拟量换算实验探究过程”和“功能模块设计与制作”等方面进行完善与反思。

可以看到，在“设计并完成水下无人机的功能模块”的任务设计具有实践性强、计划性强的特点，强调将知识与技术真正应用于实践当中。通过引导学生掌握和运用工程思维方法以解决复杂工程问题，利于培养其创造性地运用所学知识，提高学生分析问题、解决问题的能力。

（二）基于设计思维的情境化设计

“产品、商业领域”的问题一般采用设计思维来解决。产品设计思维强调创造性的培养，要求设计者具备多种思维能力，包括形象思维、发散思维、直觉思维以及逆向思维等。而设计思维不仅是产品设计与商业领域中的重要因素，也是培养学生解决问题能力与实践创新能力中的关键部分，已经成为当前学校教育教学的重要任务和目标。① 因此，基于设计思维场景的设计来建构“创教育”综合课程，有利于教师借助专家已经形成的可视化的思维工具，引导学生进入商业领域“场景”，培育学生的多方面思维能力，帮助学生全面、科学地分析问题，在学习和实践活动中采取并运用个性独特的设计创想，设计出新颖的作品，以实现学生创造力的发展。

设计思维是一种以设计者的视角融合技术和商业策略进而把握并实现用户需求的创新思维方式。学校对于学生设计思维能力的培养，需要以外显化的活动路径落实到教育教学之中，成为建构以创造力培养为导向的综合课程的依据。

有关设计思维外显化的活动路径，不同学者的观点大同小异。付轼辉等学者开展

---

① 任娟莉.关于产品设计思维能力培养的教学思考——评《产品设计思维》[J].中国教育学刊，2020，No.332（12）：113.

了一项基于 18 个已发表案例的质性元分析，利用编码得到了产品创新设计思维的八个维度：以用户为中心、构建问题框架、溯因推理、整体视角、场景思维、试验与迭代、可视化和交叉协作，并基于此从"思考"和"行动"两方面定义产品创新设计思维的概念内涵。[①] 尹碧菊、李彦等学者为激发设计者的创新思维，从认知的角度出发，探索"分析—综合—评估"设计思维进程模型、"发散—收敛"思维模式的内部关系：设计者的思维模式推动设计实践，遵循设计进程。"分析"是指对问题的整理和结构化，用于获取信息中的各种关系；"综合"是指根据不同的因素、不同的阶段等，按照固有的联系连接和统一起来考察，寻求、产生可行方案；"评估"是判断可行性方案的优劣势。随着设计进程阶段的变化，思维模式呈现多维度的"发散—收敛"。[②] 边坤基于对沃拉斯对于创意原理的分析，将设计教学的过程分成四个阶段：寻找设计问题、定义设计原点、视觉化设计概念以及验证设计概念，通过四阶段的教学与体验，培养和建立学生的创造性思维。寻找设计问题是寻找问题、形成设计概念的主要阶段，主要围绕产品、消费者等各类人文、社会因素或围绕产品本身为重点开展各类调查；定义设计原点是基于产品的物质与精神功能对问题进行重新定义；视角化设计概念是把抽象、技术性的概念描述，转化为用户可体验的具体的产品；验证设计概念是分析设计概念的合理性，选出最优方案。其中，第一阶段和第四阶段主要涉及逻辑思维，需要理性的分析；第二和第三阶段主要涉及直觉及顿悟思维，而逻辑思维和直觉、顿悟思维均是为了实现创造思维而思维，创造思维是各种思维中最高的思维方式。[③]

结合不同学者对设计思维活动路径的研究，区项目组认为设计思维运用于本项目的一般路径是：调查需求，调查用户的真实需求；明确需求，在调查的基础上形成清晰的需求描述；确立方案，围绕需求形成问题解决的方案；原型设计，根据方案设计原型；测试迭代，对原型设计进行测试与迭代。

在项目推进过程中，华东师范大学附属东昌中学"学生公司"综合课程设计程始终紧扣"区域特色""综合课程""创造力"三个关键词展开课程设计，大体遵循设计思维的活动路径，以培养学生的创造力，具有一定代表性。

---

① 付轼辉，焦媛媛，鲁云鹏. 产品创新设计思维：结构维度、量表开发与检验 [J]. 南开管理评论 2023：1－23.

② 尹碧菊，李彦，熊艳，李翔龙. 基于概念设计思维模型的计算机辅助创新设计流程 [J]. 计算机集成制造系统，2013，19（02）：263－273.

③ 边坤. 从寻找设计问题到验证设计——产品设计教学中创意思维的培养 [J]. 装饰，2012，（01）：118－119.

案例分析：华东师范大学附属东昌中学“学生公司”综合课程

华东师范大学附属东昌中学开设的“学生公司”课程综合金融、数学、经济等众多学科，指向学生创造力的培养。该课程是在志愿者教师和学校校本课程教师的指导下，引导学生体验创办一个学生公司的全过程，包括团队建设、需求调研、研发生产、市场营销等。通过专业人士和校内老师相结合的授课方式，引导学生了解“产品、商业领域”的基本活动路径，同时学会承担责任、把握机会、团队合作，培养创业创新、解决问题的能力，践行企业家精神等，在活动过程中发展创新意识和创新能力。

“学生公司”综合课程设计分为四大主题：走进创业、产品设计、项目管理、市场营销。走近创业处于设计思维活动路径的“需求调研”与“需求定义”阶段。设计思维强调产品创新的根本目的是服务人的需求，因此需要大量使用观察、访谈等调查方法了解用户的真实需求，找到产品创新需要解决的核心问题，在不断的探索和质疑中，形成清晰的需求描述。因此，该阶段主要以创业思维和产品设计的创新意识培养为设计起点，带领学生体验和探索创业的过程。在走进创业的课时中，注重让学生在团队合作中寻找市场的需求性，体察与调研用户的真实需求，在此基础上形成清晰的需求描述。

产品设计处于设计思维活动路径的“形成方案”“原型设计”“测试迭代”阶段。在产品设计过程中，教师将根据学生特点，引导学生围绕真实需求创造多样化解决方案，并基于方案和对产品设计的理解进行设计原型，完成产品的可行性分析讨论、技术和商业价值讨论以及产品的持续优化等内容。在该过程中，教师常常需要帮助学生将高度不确定和模糊化的抽象概念用草图、模型等可视化的方式呈现出来，并且激发团队成员在此过程中对概念产品不断地修正与完善，实现颠覆式的产品创新。

项目管理中也涉及设计思维活动路径的“测试迭代”阶段。该阶段注重引导学生思考在公司创立过程中的项目管理的方法和技巧，知晓产品如何运营，通过展示产品与项目时间表，在团队间的反馈互动中学习，及时对产品原型进行调整和确定，实现对产品的测试迭代。在教师的引导下，学生将体验到对产品的测试与迭代是否定之否定的过程，而这正是一个质疑批判、分析论证、综合生成、反思评估的过程。只有在不断地创新尝试、实现产品的迭代升级的过程中才能够有效地提升学生的创新能力。

最后，教师引导学生掌握市场营销的相关知识，能够将自己公司的产品做好销售方案，并做好公司的财务分析，将产品推广到现实世界。

总之东昌中学以学生公司作为创新情境，将设计思维嵌入到创新的过程中，积极地调和各种可能存在的问题和各种限制条件，在设计过程中提出大胆的猜想和想象并进行实验，[①] 实现对各种元素的创造性组合，以制定合适的解决方案，从而有效地提升学生的分析思维和直觉思维，实现对学生创造力的培养（详见下表 3－12）。

表 3－12　东昌中学“学生公司”课程设计

课程/科目名称	学生公司			课程类型	综合课程
适用年级	高一/二	总课时	16 课时	人　数	40 名学生/教师
单元主题	学习内容或活动			实施建议/要求	
单元一： 走进创业 （3 课时）	1. 创业准备（1 课时） 激发创业兴趣，初步理解企业家精神；了解创业模块与流程。 2. 创业中的创新（1 课时） 完成企业家素养测评表；建立项目小组，初步形成团队合作概念；掌握寻找市场机会点“创新甜点”的方法。 3. 市场调研 & 会议管理（1 课时） 首次团队展示，建立良性竞争的学习氛围了解市场调研的意义和方法；学会应用“创新甜点”和“产品原型草图”工具，分析创新方向；学习会议管理的要素，练习会议实践，掌握高效会议技巧。			从创业思维和产品设计的创新意识培养出发，带领学生体验和探索创业的过程。在走进创业的课时中，注重让学生在团队合作中进行船票的设计并寻找市场的需求性，侧重实施过程中方法论强化，能够让学生总结出一般创业的过程。	
单元二： 产品设计 （5 课时）	1. 产品设计-产品原型制作（1 课时） 团队分享调研结果，增强团队间的协作；学会用商业调研表格工具检验产品概念；学习并动手制作产品原型。 2. 产品设计-生产可行性讨论（1 课时） 理解产品生产的各要素，了解自产与外包生产方式之间的区别与利弊；了解供应商选择的标准；通过寻访供应商的实践，锻炼沟通与谈判技能；结合供应商寻访所获信息，验证产品的生产可行性。 3. 产品设计-技术可行性与商业价值讨论（1 课时） 掌握现金流、利润的概念和计算；学会用商业调研表格工具讨论、验证产品的商业可行性；了解责任创业中的可持续性经营。			课程实施中，充分发挥学生的自主性，以学习单形式促进学生有效开展学习内容。活动单作为评价的重要指标。 根据学生特点，通过引导学生对产品设计的理解的基础上，完成产品的可行性分析讨论、技术和商业价值讨论以及产品的持续优化等内容。提高学生的创新思维，发展学生的创造力。	

① Liedtka, J. Perspective: Linking Design Thinking with Innovation Outcomes through Cognitive Bias Reduction. Journal of Product Innovation Management, 2015, 32 (6): 925－938.

续 表

单元主题	学习内容或活动	实施建议/要求
单元二： 产品设计 （5 课时）	4. 产品设计-盈亏平衡（1 课时） 掌握盈亏平衡概念，能计算盈亏平衡点和评估亏损的风险；学会如何判断固定成本和变动成本；理解责任创业中的财务诚信与营运问责。 5. 产品设计-产品持续优化（1 课时） 了解如何使用产品审核表格工具确认产品；学习并练习决策技能。	
单元三： 项目管理 （3 课时）	1. 项目管理方法及技巧（1 课时） 练习使用项目时间表制定业务计划并确定相关负责人；了解商业快照工具；学习项目管理基本概念。练习关键路径的设置和优化。 2. 产品确定、制作项目，为运营做规划（1 课时） 团队展示产品原型与运营计划；评审团反馈并评选出可进入实际运营的项目。 3. 产品迭代与领导力（1 课时） 团队展示产品与项目时间表；熟悉本学期项目设置，完成项目时间表更新；了解领导力在团队管理中的作用。	整个过程中注重引导学生思考在公司创立过程中的项目管理的方法和技巧，知晓产品如何运营。引导学生充分关注团队合作意识，了解领导力在团队管理中的作用。
单元四： 市场营销 （5 课时）	1. 市场营销理论与销售技巧（1 课时） 掌握市场营销的基本概念和理论框架；选择合适的营销方式，制定营销计划。 2. 财务管理理论与制作三张报表的方法（1 课时） 学习并能解读三大财务报表；掌握对经营行为的准确记录和分析；了解各项产生财务影响的经营活动的风险以及如何控制；学习财务效应概念，练习对未来经营活动的财务效应进行预测。 3. 供应链理论（1 课时） 学习供应链的组成元素，了解全球供应链；了解责任创业中的公平贸易视角。 4. 公司运营 & 清算（1 课时） 5. 成果展示（1 课时）	掌握市场营销的相关知识，能够将自己公司的产品做好销售方案，并做好公司的财务分析。

（三）基于社会设计思维的情境化设计

“社会领域”中的问题一般采用社会设计思维来解决。《欧洲委员会（2013）社会创新指南》把社会设计定义为：旨在为当地人们赋权，增强能力以共同发明经济和社会问题的解决方案。它通过协作、实验和原型设计，提供新的价值观来指导公共行政部门的行动。[①] 筧裕介在《社会设计：用跨界思维解决社会问题》一书中又提出：社会设计是人类运用创造力，探求社会各种复杂问题解决方案的行动，它是抓住问题的本质，带入和谐与秩序的行为。[②] 总的来说，设计的本质是解决问题，社会设计作为设计领域的一个重要分支，同其他领域设计一样，具有创新的特质，其本质就是以极具创新的方式关注并解决社会问题、承担社会责任。[③]

总之，社会设计是运用人类创造力来探求社会各种复杂问题并提供解决方案的行为。学校对于学生社会设计思维能力的培养，需要以外显化的活动路径落实到教育教学之中，成为建构“创教育”综合课程的依据。将社会设计运用于本项目的一般路径是：发现社会问题；明确社会问题；组建团队；与团队成员进行原型设计；实施与迭代，直到问题解决。

将社会设计思维嵌入“创教育”综合课程，是培育学生的创新思维能力的重要活动路径，便于教师借助专家已经形成的可视化的思维工具，引导学生进入社会领域“场景”开展创造性的思维活动。在项目推进过程中，上海市实验学校东校遵循了社会设计思维的活动逻辑，以培养学生的创造力为着眼点设计了“设计水净化器”综合课程。

案例分析：上海市实验学校东校“设计水净化器”综合课程

水是人类赖以生存和发展的珍贵资源，而当今全球水资源短缺问题突出。我国作为世界上 13 个贫水国之一，淡水资源分布不均、极度短缺，我们的生活中、工农业用水消耗大量洁净的自来水，但其实厕所冲洗、园林灌溉、洗车、喷泉、机器冷却等对水质要求不高。因此，如何将家庭污水净化和再生，是解决当前水资源短缺的良方。基于此背景，为进一步提升学生的科技、工程、创新素养，引导学生关注可持续发展问题，上海市实验学校东校初中 STEM 组设计了“设计水净化器”项目课程，并于 2021 年 11 月中旬面向七年级实施。在该项目中，七年级学生以水净化专家的角色，综合运用科学、数学、工程、设计等学科知识和思维方法，设计、制作水净化器，尝试提高家庭污水净化的效果和效率，以解决水资源短缺的社会问题。

该课程主要分为四个主题：走近水污染、探究净化水的方法、创新实践与改进、项目成果评价（详见下表 3 - 13）。走近水污染处于社会设计思维活动路径的“田野调查”与“问题梳理”阶段。带领学生通过网络，认识水污染和“中水”工程，了解处理家

---

① European Commission. Guide to Social Innovation，2013：7. https：//ec. europa. eu/eip/ageing/library/guidesocial-innovation _ en.

② 筧裕介，李凡译. 社会设计：用跨界思维解决社会问题［M］. 李凡，译. 北京：中信出版社，2019.

③ 徐聪. 社会设计理论视角下社区治理思路创新及原则遵循［J］. 重庆社会科学，2020，（07）：110 - 120.

庭污水的意义，并在课前调查家庭的净水、污水的比例等情况，查找污水处理的出厂标准，形成对水资源短缺的社会问题有一定程度的认知，并对污水处理等问题进行梳理和分析，在此过程中发展学生的全局性思维、分析思维和理性思维等。

表 3－13　上实东校“设计水净化器”课程设计

<table>
<tr><td>课程/科目名称</td><td colspan="3">设计水净化器</td><td>课程类型</td><td>综合课程</td></tr>
<tr><td>适用年级</td><td>7 年级</td><td>总课时</td><td>10 课时</td><td>人　数</td><td>50 名学生</td></tr>
<tr><td rowspan="5">学习主题/
活动安排</td><td>单元主题</td><td colspan="2">学习内容或活动</td><td colspan="2">实施建议/要求</td></tr>
<tr><td>单元一：
走进水污染
（2 课时）</td><td colspan="2">1. 通过网络，认识水污染和“中水”工程，了解处理家庭污水的意义，课前调查家庭的净水、污水的比例等情况，查找污水处理的出厂标准（1 课时）。
2. 明确任务，设计并制造一款简易的水净化器，将家庭污水处理、再生，使其用于养鱼、浇花、洗涤，或其他活动？（1 课时）</td><td colspan="2">从认识身边的水污染出发，带领学生感悟净化污水、中水处理的意义，注重学生体验和感悟，侧重实施过程中方法论强化，能够让学生总结出一般项目发明研究的过程。</td></tr>
<tr><td>单元二：
探究净化水的方法
（2 课时）</td><td colspan="2">1. 明确角色分工，搜集净水方法、材料的资料。（1 课时）学生了解相关角色的职责。
2. 通过头脑风暴，最终确定构思方案，组员达成一致意见，确定理想成果、科学原理、评价方案。（1 课时）</td><td colspan="2">根据学生特点，通过引导学生对角色的理解的基础上，完成角色分工，核心要点是对应角色学生感兴趣。课程实施中，充分发挥学生的自主性，以学习单形式促进学生有效开展学习内容。学习过程记录与反思作为评价的重要指标。</td></tr>
<tr><td>单元三：
创新实践与改进
（4 课时）</td><td colspan="2">1. 实践改进（2 课时）
像真正的工程师一样设计并制作，完成了符合比例要求的模型图纸和初步的实物模型。测试净化后的水质、净水率等指标。
2. 展示准备（2 课时）
评价成果，进一步迭代修改，演示宣讲稿撰写、PPT 制作。</td><td colspan="2">整个过程中注重学生问题信息的反馈，引导学生自主交流思考，不限制学生思考范围，通过探究引导，让学生实施更加清晰。
展示准备过程也作为项目研究学习的重要内容。
引导学生充分关注小组中角色的树立，组长负责整合团队和推进实践。</td></tr>
<tr><td>单元四：
项目成果评价
（2 课时）</td><td colspan="2">1. 团队展示汇报（1.5 课时）
2. 评奖与项目反思（0.5 课时）</td><td colspan="2">团队展示注重团队协同，有对应的评分标准。个人答辩注重学生三种能力的塑造。</td></tr>
</table>

探究净化水处于社会设计思维活动路径的“创意选题”与“团队协同”阶段。该阶段设计中学生将组建团队，发挥各团队成员的专长，协同参与净化水的全过程。通过明确角色分工，分头搜集净水方法、材料，最终通过头脑风暴以确定构思方案，确定水净化的目标和设计，实现更高的净水率和较低的成本。在此阶段过程中，学生通过整合不同来源的信息、以开放的思维探究答案，培养学生合作探究的思维品质，完成思维发散和收敛的迭代。

创新实践与改进、项目成果评价处于社会设计思维活动路径的“原型设计与试验”“实施与迭代”阶段。在整个过程中，教师将带领学生像真正的工程师一样设计并制作，完成符合比例要求的模型图纸和初步的实物模型。而测试净化后的水质、净水率等指标的过程则注重学生的自主交流思考，激发学生的发散和分析思维。同时，通过展示评价的方式也能够引导学生像工程师一样迭代改进模型，不断否定过去，设定更高的目标，以实现对社会问题的解决。

总之，可以看到，在工程场景、商业场景、社会场景三种不同场景下，根据问题解决过程中所运用的思维工具不同，活动路径也会有所不同，每种活动路径均指向创造性的学习；通过将不同的思维嵌入不同的“创教育”综合课程载体，活动路径形式上虽有所区别，但本质上均指向解决真实世界的非常规问题，让学生的学习既源自真实世界又回归于真实世界。

五、以师生教学关系为主链的互动性设计

总结浦东新区“创教育”综合课程设计的经验可以发现，指向学生创造力培养的综合课程设计始终关注着“学生的学”与“教师的教”的互动，“学生的学”与“教师的教”均围绕着“创造力培养”这一核心主链。指向学生创造力培养的综合课程设计中，“学生的学”与“教师的教”并非静态不变的，而是在互动中不断迭代上升并逐渐达到动态平衡，二者始终贯穿于“创教育”综合课程设计的全过程。

“创教育”综合课程设计阶段可分为“探询—想象—行动—反思”，四个阶段分别着重培养学生创造力的不同阶段，在课程设计的过程中，始终抓牢“学生的学”和“教师的教”这两条主链。例如，在周浦小学“小小设计师”案例中的“小小工程师”子课题中，“了解车模”探询阶段，教师注重利用情境创设，充分激发学生的学习动机，引导学生了解车辆的发展史，围绕寻找车辆的外形特点性能为驱动型性问题，促进其主动探询、收集和梳理，获取新知识、新信息。“设计想象的车”想象阶段，教师注重创设学生发散思维和聚合思维的学习合作机会，引导学生学习设计想象车辆的图

纸，并为设计的车辆图纸进行配色，充分发挥学生的发散思维，并通过小组合作的方式，让学生对自己设计想象的车进行介绍，形成对观点的批判和创新，使方案具有较强的新颖性和独创性，拓展思维的深刻性以实现思维的迭代。“动手做一做”行动阶段，教师通过启动学生在想象阶段形成的最优问题解决方案，按照具体实施步骤开展车模制作的创造实践活动，整个活动过程注重学生制作情况的反馈，培养学生坚持不懈、拥抱不确定等创造力品质。“项目成果评价”反思阶段中，学生通过对车模进行彩绘展示和制作海报宣传等活动，对车模制作的方案进一步迭代优化，教师在该阶段中注重对学生批判性思维的培养，引导学生围绕创造力学习的探询、想象、行动等完整过程的创新性、可行性、认同度及尚存在的问题等进行自评和互评，基于反思对已有学习和行动实践加以改进，开启新一轮创造力学习。

“创教育”综合课程设计以“问题建构”为主线展开，在具体课程设计的过程中，以驱动性问题连接“学生的学”和“教师的教”，始终着眼于引导学生主动探索真实问题，寻找问题解决的本质问题，在此过程中培养其创造力发展。以张江高科实验小学“牵牛花造型秀”的“创教育”综合课程设计为例，在课程设计的不同阶段，教师基于学生学习的具体情况与特点，通过为学生建构符合其认知发展水平的驱动性问题、支架性问题，为其提供更多的创造力学习机会：第一阶段——“如何让牵牛花恢复生机，健康生长?”，第二阶段——“我们可以通过哪些途径来寻找牵牛花生长问题的原因?”“我们可以怎样为牵牛花提供支撑?”，第三阶段——“我们想要一个怎样的牵牛花造型?”“我们该如何实现牵牛花造型?”，第四阶段——“搭建好攀爬架后，牵牛花的生长有哪些变化?”“又出现了哪些新的问题? 可以怎样改进?”，第五阶段——“怎样让大家理解我的牵牛花造型，发现它的美?”“我从本次项目式学习中学到了什么?”。可以看到，各个阶段中的问题答案均不确定、没有标准答案，以学生自主学习、自主探索为主，旨在帮助学生自发多维度思考，从而培养发散思维的发展。课程的设计聚焦“牵牛花造型设计”主题，形成问题库和问题链，以问题联结着学生的学和教师的教。教师基于学生的特点，通过对问题的设计与呈现，引导、激发学生的好奇心、拓展学生丰富的想象空间，带领学生在自主解决问题的过程中经历假设、探究、验证、反思等过程，培养创造性思维和创造性能力。

依据现实生活中“科技、工程领域”“产品、商业领域”和“社会领域”问题的不同特点，“创教育”综合课程分别以“工程思维”“设计思维”“社会设计思维”三类不同的思维场景作为建构的基础，注重教师引导学生不同的场域中像真实的行业专家一样，亲历创造性“问题”解决的过程，通过“教师的教”促进“学生的学”，二者在动态的互动中实现动态平衡。前文所展示的北蔡高级中学“水下无人机”、东昌中学“学生公司”、实验学校东校“设计水净化器”等案例均体现了“创教育”综合课程设计如何在不同的思维场景中统合“教师的教”与“学生的学”。例如，“水下无人机”课程设计大体遵循“界定困难—寻找方案—形成计划—建立模型—测试迭代”的工程思维活动路径，在不同的活动阶段，课程的设计一直着眼于“教师的教”与“学生的学”的动态平衡。在界定困难阶段，教师引导学生发现并识别关键和限制条件，引发学生对现实问题的思考；在寻找方案阶段，教师“放手”学生，让学生以小组合作等方式自发学习，围绕关键问题和限制条件，在探究多种方案的基础上寻求最佳方案，在此过程中培养学生发散和聚合思维；在建立模型阶段，教师辅助学生将创新想法转变为创新产品，对设计方案进行模型建构；在测试迭代阶段，更加重视教师的引领作用，由教师协助学生完成对理论的验证和实际工程的模拟，在此过程中带领学生进行自我反思、自我提升。从而实现学生质疑批判、分析论证、综合生成、反思评估等综合审辨能力的发展。以“设计思维”“社会设计思维”为基础的课程设计也大致如此。

综上所述，可以看到，浦东新区“创教育”综合课程立足于以学生为中心的课程理念、建构主义学习理论及后现代主义的课程知识观，始终紧扣创造力培养这一主题，围绕着“探询—想象—行动—反思”创造力培养四阶段、“问题建构”的创造核心、驱动创新的“工程思维”“设计思维”以及“社会设思维”，在课程设计中统合了“学生的学”与“教师的教”这两条主链。项目实行以来，我们不断反思、迭代、创新，持续优化基于区域特色的学校创造力综合课程设计，进一步凸显“学生的学”与“教师的教”在创造力培养过程中的双向互动与循环上升，从而激发了学生“在创造中学、为创造而学”，在培养更多具有高创造能力的时代新人的同时，也为培养学生的创造力积累了更科学、更有效的经验与方法。

第四章
“创教育”综合课程的实施

课程实施是指把课程方案付诸实践的过程。上海市浦东新区在“创教育”综合课程的实施过程中，做出了积极的探索和富有成效的实践。浦东新区教育局副局长张伟在《上海教育》杂志的采访中表示：“如何通过教育变革与创新，全面落实立德树人，强化创新型人才培养，为不同潜质学生提供更多发展空间，支撑引领城市能级和核心竞争力提升，上海将承担更大使命、更多重任”①。综合课程实施作为创造力教育过程中的关键环节，在创造力教育推进中扮演着重要角色。本章循着课程设计的理念和逻辑思路，阐释“创教育”综合课程该如何实施才能促进学生创造力培养，在此基础上着重从教学论角度呈现浦东新区各个项目学校“创教育”课程的教学设计和课程实施过程，呈现不同项目学校在教学目标、教学策略以及学习方式等方面培养中小学生创造力的教学过程，力求将学生的创造力潜能在课程实施过程中发挥至最大，从而既彰显浦东的区域特色，又能够为“创教育”综合课程的实施与推广提供经验借鉴。

一、综合课程如何实施以指向创造力教育?

在探索综合课程如何实施时，我们需要明确到底什么样的教和学才能促进学生创造力的培养？在探讨教与学的过程中必然会出现学生的两种基本学习方式——接受学习与发现学习，只有厘清这两种基本学习方式与创造力培养的逻辑联系，才会对后续课程实施过程中的探索性举措和创新性做法提供理论解释与引导。因此，在对“创教育”综合课程做更深一步的探讨之前，有必要对容易混淆的几种学习方式进行必要的概念辨析。

---

① 赵玉成.用综合课程点亮创新创造之光 浦东学校综合课程创造力项目四年之探［J］.上海教育，2023（18）：18－23.

(一) 作为基本学习方式的发现学习

"发现学习"概念是美国教育心理学家布鲁纳(Jerome Seymour Bruner)率先提出的,在他看来,"发现",并不局限于寻求人类尚未知晓的事物,确切地说,它包括学习者用自己的头脑亲自获取知识的一切形式[①]。"发现"是教育儿童的主要手段,是学生掌握学科基本结构的最好方法。根据第二章述及的创造力多维领域,创造力思维的一个重要特征是创造主体尝试多种可能性,提出新颖的、有价值的想法或认识。就此而言,创新创造本质上是一种主动探究和"发现"的过程,创造力教育是引导学生去探究和发现知识的过程。

发现学习是以问题为中心的学习,问题是发现学习课堂中的关键,"能否提出对学生具有挑战性和吸引力的问题并使学生产生问题意识,是进行发现性学习的关键"[②]。在课程实施的过程中,教师需要以问题为中心对学生进行适当引导,让学生能够自己主动参与"创造"与"发现"知识,激发他们探索的精神。从学生立场看,在课程实施中,教师没有把大量的时间用于讲解教案上,而是利用各种手段,为学生提供形式生动活泼、内容丰富、具有交互功能的学习资源,引导学生掌握如何从各种渠道获取信息,得到更多更丰富的学习资料,培养学生自主学习能力,让学生通过各种教学手段,边学、边思、边悟,以求得问题的妥善解决。据此,教师在分析确立教学目标和课程实施的过程中必须认识到的一点是:凡是学生能发现的问题不应仅仅由教师提出,凡是学生能自己解决的问题不应由教师包办代替,凡是学生能归纳得出的结论不应由教师总结得出。

从教师角度看,发现学习意味着将学习的主动权交还给学生,让学生亲自体验到发现的乐趣,让渡足够的学习空间以促进其创新创造能力和创新精神的培养。在"创教育"综合课程当中,发现学习能够为学生提供充足且良好的学习资源,激发学生学习的积极自主性,使学生对综合课程的内容本身产生兴趣,从而建构知识点与现实生活和社会之间的联系。相对于接受学习,发现学习尽管可能花费更多时间,但其本身所具有的特点能够更加有利于培养学生的探索与发现精神,让学生在发现的过程中逐渐体验到知识的乐趣,在逐步培养创造性思维的过程中达到创造力教育的目的。研究性学习和探究式教学均隶属发现法,在引起学生兴趣和主动性的同时,也尊重了学生作为独立个体的学习权利,充分挖掘学生的创造潜能。同时,通过探究和研究所掌握

---

① 布鲁纳.布鲁纳教育论著选[M].邵瑞珍等,译.北京:人民教育出版社,2018:31.

② 余文森.简论学生学习方式的转变[J].课程.教材.教法,2002(01):25-26.

的知识，会更加有利于学生对生活的理解和所学理论知识间的迁移，为创造力教育更好地实施奠定坚实的理论基础。

综上，我们认为，发现学习是基于学生自己的探索，自主发现事物变化的因果关系及其内在逻辑，并在头脑中形成对既定事物的认知，从而认识和解决问题的学习方式。发现学习对于“创教育”综合课程的实施来说扮演着必不可少的角色，因为它调动了学生发现新事物的主动性，激发了内部动机，学生在主动发现的过程中体验到对新事物的成就感和自信心，从而在有效的心理助推力下促进迁移能力和创新能力的提升，进而“有利于培养创造态度”①。

（二）作为基本学习方式的接受学习

发现学习有助于学生创造力的激发，那么与之密切相关的接受学习是否就要被放置于发现学习的对立面？答案显然并非如此。接受学习虽然是相对于发现学习而言的，但不能将接受学习简单地置于与发现学习势不俱栖的位置。创造力教育尽管在本质上是发现学习的过程，但同样离不开接受学习，对于接受基础教育的中小学生而言尤其如此。创新创造建立在对事物或现象全面认识的基础上，建立在前人累积的相关认识成果的基础上，而掌握这些已有的知识或理论主要依赖于接受学习。在第二章关于“创教育”多维领域构成的阐述中，所提及的领域性知识就主要来源于接受学习。

大卫·保罗·奥苏泊尔（David Paul Ausubel）对发现学习与接受学习做区分时强调：“发现学习的基本特征是学习的主要内容不是教师给予的，在学生能够内化它以前必须由他们自己去发现。但是在这一发现阶段结束之后便同接受学习一样再内化发现的内容。”② 就此而言，接受学习和发现学习是有着密切关系的，需要强调的是，奥苏泊尔（D. P. Ausubel）在强调接受学习的时候并不排斥发现学习，而是在为后面对接受学习的分类方式作铺垫。他将接受学习划分为两大类，即有意义的接受学习和机械的接受学习。有意义的接受学习是主动的、有效的，而要实现其主动性和有效性，必须具备两个条件：一是学生要具备进行有意义学习的意向，即学生把新知识与认知结构中原有相关知识联系起来的意向；二是学习材料对学生具有潜在意义，即学习材料具有逻辑意义，且能够与学生认知结构中有关知识产生联系。③ 这样，新知识既可以在学

---

① 熊士荣，徐进. 发现学习、接受学习、探究学习比较研究［J］. 教师教育研究，2005（02）：5－9.

② Ausubel D P. The facilitation of meaningful verbal learning in the classroom［J］. Educational Psychologist，1977，12（2）：162－178.（转引自瞿葆奎主编. 教学（上册）人民教育出版社，1988：609.）

③ Ausubel D P. The facilitation of meaningful verbal learning in the classroom［J］. Educational Psychologist，1977，12（2）：162－178.（转引自瞿葆奎主编. 教学（上册）人民教育出版社，1988：609.）

生原有的认知结构中获得心理意义，又可以使学生原有认知结构经过吸收新知识而得到改造和重新建构。机械的接受学习主要指学生将没有经过理解的知识死记硬背，是一种无意义且没有经过内化的学习，带有很强的机械性和僵化感。我国学者孟庆男认为，接受学习是"指学生通过教师呈现的材料来掌握现成知识的一种学习方式，在这种学习方式中，学生所学知识的全部内容，基本上是由教师以定论的形式传授给学生的，学生不需要进行任何独立发现，而只需接受或理解"①。显然，这里的接受学习概念也内在包含了机械的接受学习和有意义的接受学习。

接受学习在如今的课堂教学当中被广泛运用，是广受师生欢迎的课堂教学形式之一。教师能够在短时间内向学生传授大量的科学文化知识，有效地提高课堂效率。然而需要警惕的是，要避免机械的接受学习，如果接受学习均呈现机械化倾向，那么显然是不值得推崇的。我们可以看到在现代众多新颖的教学方式当中，很多都属于有意义的接受学习，例如教师在课堂实施中通过让学生理解新旧知识之间的关系的方式，建立新学旧知的关联，从而去理解和掌握新知识，这种方法从某种意义上与发现学习同样具备促进学生迁移能力和创造能力的作用。又如教师在课堂教学中经常会使用的启发式教学，抛出某个开放性的问题对学生进行启发，让学生在教师的引导和带领下获得对事物和规律的完整认知和理解，诸如此类的启发式教学就属于有意义的接受学习。

接受学习是创造力教育的一个重要组成部分。创造力教育并非无源之水、无本之木，"创造性人才的基本属性之一便是有扎实、充实的专业知识"②，而接受学习主要是通过领域性知识的不断累积，以扎实广博的知识基础作为创造力发展的源泉和土壤。在"创教育"综合课程中，教师能够在扎实且全面的知识讲解中，结合启发式教学来实施综合课程，通过在专题式或者项目式的课程内容中运用学生已有的知识，建立新旧知识之间的桥梁，列举生活中的具体问题并结合各科不同知识点的特点启发学生思考，提升其问题解决能力和独立思考水平。

相比发现学习，有意义的接受学习所花费的时间相对较少，效率更高，还能够通过引导学生将知识库中的已有知识与新知识建立联结，促进学生短时间内掌握大量知识，因此有意义的接受学习对于学生头脑中知识的获得和理解是有效的和经济的。可

---

① 孟庆男. 对接受式学习与发现式学习的比较分析［J］. 中国教育学刊，2003（02）：30－32.

② Ericsson K A，Charness N. Expert performance：Its structure and acquisition［J］. The American Psychologist，1994，49（8）：725－747.

见，有意义的接受学习“确实对学生接受知识来说不失为一种最有效的方法”[①]，且对于学生创造力发展的知识基础的铺垫具有极为重要的作用。

（三）有指导的发现与有发现的指导

对中小学而言，基础教育的性质决定了创造力教育是接受学习与发现学习的有机结合，在实践中体现为有指导的发现与有发现的指导。尽管发现学习在学习动机激发、创造力潜能挖掘和学生学习自主权发挥等各方面有不可比拟的优势，但一味地追求发现学习也是不现实的：单纯依靠学生的自主发现会占用较长的时间，而且习得的知识通常是零散的或片段式的，不具有系统性。立足教师的教和学生的学，以及接受学习与发现学习的关系，我们可以将发现学习和接受学习视为学习方式连续“光谱”的两端，有指导的发现学习更加偏向左侧端点的发现学习，而有发现的指导学习更偏向于右边的接受学习（参见图 4 - 1）。在中小学创造力教育实践中，有指导的发现与有发现的指导是常见的教与学方式。在“创教育”综合课程的实施过程中，学生的自主发现固然重要，教师的适当指导同样也不可或缺，学生的学（自主发现）与教师的教（适当指导）在不断互动中迭代上升，激发学生创造力的持续发展。

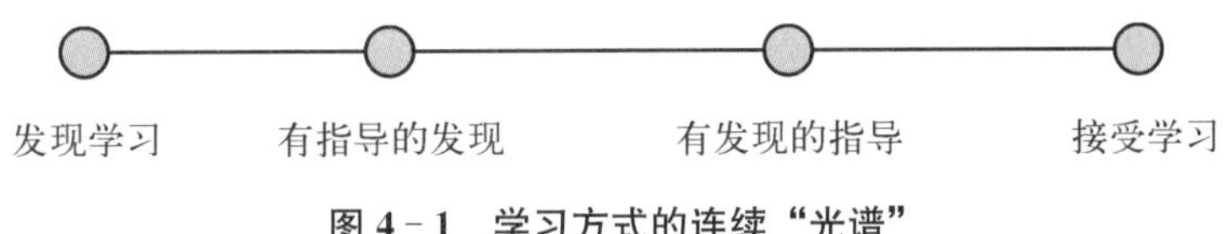

图 4 - 1　学习方式的连续“光谱”

有指导的发现学习仍然立足于学生的主动“发现”，相比于发现学习多了一层教师指导的保护壳。若仅仅依靠学生自己的主动发现，其学习成效有限，在教师有效指导下创造力的培养会更加多元和高效。有发现的指导学习虽然仍旧立足于学生的接受学习，但因为融入了“发现”这一创造力元素，在保障学习效率和学习成果的同时，也促进了学生的创造力发展。换言之，“有指导的发现”与“有发现的指导”都是创造力教育所必需的，在创造力思维培育、创造性人格养成和创造性成果转化等方面均不可或缺。只是在不同情境下，“接受”（即教师指导）与“发现”的程度不尽相同。

---

① 熊士荣，徐进. 发现学习、接受学习、探究学习比较研究［J］. 教师教育研究，2005（02）：5 - 9.

二、“创教育”综合课程实施的阶段

站在教师“教”的角度而言，应该怎样“教”才能最大程度地促进学生创造力的培养呢？参照第二章所述及的创造力教育四阶段“探询—想象—行动—反思”①，依据不同阶段的功能定位，推进综合课程的实施。事实上，这四个阶段可视为对“有指导的发现”与“有发现的指导”的进一步拓展。

（一）探询：寻找已知，识别问题

探询，作为“创教育”综合课程实施中的“启动阶段”②，是影响学生是否积极进入创造力培养课堂的关键要素。这一阶段通常需要对现象和原理进行探索，通过实证推理等一系列验证，从而达成对问题的认识与理解。其课程实施中的主要目标是在实施开始之前为学生提供明确的教学主题、教学组织形式与课时安排，围绕所学课时的主题为学生创设有吸引力的课堂教学情境，并且提出一些新问题以便学生进行探究求证。在探询阶段，激发学生产生对认识对象的好奇心和探索欲，是十分重要和必要的，因为这在一定程度上决定了学生创新创造的内生动力到底如何。

首先，教师根据本课时所学的内容设置一些开放性的问题，可以是“无正确答案”的问题。学生们在问题回应的时候会产生一些新的问题，而此时教师需要格外重视这类问题，要尽可能多地收集学生的问题，并将收集到的问题按照难易程度、新颖程度进行分类比较，从而找到一系列问题之间的共性，探寻到问题的本质所在，建立起问题链和问题图谱，为学生后续的深入思考提供更加系统性和更具吸引力的问题群。

其次，基于问题群的呈现，学生对一系列的问题进行交流讨论，在集体探讨过程中会迸发出思维的火花，这些转瞬即逝的想法和认知是教师需要在课堂实施过程中抓取的。教师需要向学生说明他们在问题思考与探究过程中获得的新认知、新想法，引导学生有意识地探寻问题解决的途径，梳理自己产生的碎片化想法，这些碎片化的想法在自己头脑中加工之后便使创造性思维的培养成为可能。

最后，探询阶段的主要任务是让学生在问题提出、整合、解决的过程中产生对该

---

① OECD. Fostering Students' Creativity and Critical Thinking: What It Means in School [EB/OL]. (2019-10-24) [2023-04-21]. https://read.oecd-ilibrary.org/education/fostering-students-creativity-and-critical-thinking_62212c37-en#page1.

② 项目顾问组. 基于“创中学”的《学习手册》编制 [Z]. 内部资料，2022.

课程主题的兴趣。创造性思维的激发必然需要建立在学生强烈的学习兴趣与学习动机基础之上，在问题解决与产生新知之间建立联系之后，学生明确自己在主动探索的基础之上会产生一些新奇且意想不到的想法，并且在教师的反馈下得知自己的新想法是极具价值的。学生在收到正向反馈之后开始对更多课时内容产生兴趣，这既是兴趣的激发，又是问题解决能力的提升。这一阶段通过为学生的创造力发展铺设知识土壤，从而为学生的创新性、思辨性思维的培养提供了温润适宜的生长环境。

（二）想象：探索未知，生成创意

想象是指在意识中主动地构建新的认知内容或场景①，是创造的起点。这一阶段“主要承担激活学生批判性思维、可能性思维和创新性思维的功能”②。基于上述探询阶段对学生兴趣、动机的激发，学生进入课堂实施的实际场域之后，教师应当注重创设有助于学生发散思维和聚合思维迸发的学习机会。首先，探询阶段引导学生提出一系列问题群后，学生在问题中主动探索解决的方法与可能路径。此时教师引导学生列出所有问题解决的可能方法，方法越多越好，想法越多说明学生的发散思维越活跃；接下来，教师将学生想出来的多种解决方法进行分析，梳理出最具创造力的想法，并且将这一创新想法放置于课堂，需要安排一定的教学活动让学生对这一创新性想法做出评价。

如钟启泉在《课堂转型》中所说：“培训思维能力，重要的在于如何才能创造引发思考的情境和深入思考的必然性，唯有思维活动产生之际，学习者才能将思维能力作为一种经验，得以体悟。”③ 学生思维能力培养的重要性显而易见，这要求教师在课堂教学过程中将学生的创新思维培养作为重要的教学目标，更大程度上为学生创造思维发散和聚合的学习机会。在浦东项目学校的实践中，一些学校在课程实施中会立足学习的主题进行其他领域的发散，以此激发学生的创造性思维。例如，上海戏剧学院附属新世界实验小学（以下简称“新世界实验小学”）推出的“敦煌守望者”计划（如下表4-1所示），主要采取项目化学习的方式，以语文和美术学科为主线进行学生文化素养的提升以及文化创造力的激发。然而该校在课程的实施过程中并非局限于语文与美术学科的范围，而是将多种元素综合起来，通过使用不同的教学工具以及教学手段，不仅为学生的兴趣激发提供了保障，还为学生呈现一幅异彩纷呈的综合画面。如第一

① OECD Educational Research and Innovation. Fostering Students' Creativity and Critical Thinking: What it Means in School [R]. Paris: OECD Publishing, 2019: 57.

② 项目顾问组. 基于“创中学”的《学习手册》编制 [Z]. 内部资料，2022.

③ 钟启泉. 课堂转型 [M]. 上海：华东师范大学出版社，2018：20.

周的项目化学习主题确定为《丝绸之路》后，教师带领学生观看相关的视频《五分钟带你了解“丝绸之路”》，在视频学习中学生以视听享受为起点来开启课程之旅，这种较为吸引学生注意力的呈现方式为学生的创造性思维的激发提供了一个较为重要的先决条件，接下来开始加入历史、地理等新的学科元素，例如《先行者——玄奘》等一系列课程交代了丝绸之路的历史源头，为学生从历史视角发散思维奠定基础。

表 4-1　新世界实验小学课程实施方案节选

教学内容	视频名称	视　频　内　容
观看视频	1. 陆上丝路	《初识丝绸之路》《先行者——玄奘》《先行者——班超》《沙漠之舟》《大唐西市》
	2. 海上丝路	《古船探秘》《海上航行》《陶瓷的诞生》《文明的交融》《郑和的远航》
	3. 一带一路	《5 分钟了解“一带一路》《一带一路”改变了什么?》《文汇敦煌　博览丝路》《了不起的中国高铁》

由于这一阶段旨在激发学生的想象、批判等创造性思维，教师在实施过程中便需要格外注意调动学生的思维能力，不仅要重视学生对课堂实施过程中任一环节的疑问，而且要对这些疑问进行积极的反馈，有系统地将此类疑问进行排序，筛选出其中的质疑，在教学实施过程中找到合适的契机将其公开在课堂中，让所有同学对此展开头脑风暴和集体讨论。这样不仅能够检验学生想象力的发挥程度与问题解决能力，还可以通过学生的反馈对自己的课程实施效果作出初步判断。若此时全部学生的思维活跃度被调动成功，并且有意识在课程学习过程中提出一些新想法或者问题，这说明此阶段的目的达成，可以进入下一阶段。

（三）行动：实践转化，操纵创意

行动阶段，是激发学生的创新实践动力，并在实际的行动中培养学生的创造力品质的阶段。课程进行到此阶段由准备和实施两大部分构成。准备过程主要任务是要求教师向学生准确表述学习任务，首先需要明确课堂任务的目标以及需要完成的时间。为了保证学习任务的完成和所需要的外在资源及环境，教师还应当思考在“创教育”综合课程实施过程中可能会遇到什么样的困难和问题，在保障好外部的环境支持和资源之外还能够在哪些方面得到帮助和支持。这一环节不仅考验教师的资源配置能力，还考验教学实施过程中思考的全面性。

准备环节后将进入实施阶段，此阶段往往伴随创造性成果的呈现。教师引导学生进行创造性实践的正式行动，此时学生在创造力实践活动中必将面临新的问题，学生在学习共同体中列出自己遇到的问题，这些问题需要教师引导学生通过合作学习、构建学习共同体的方式进行解决。借助于思维的可视化对于学生的创造力实践来说成为必然，因此教师需要要求学生将同伴互助过程中共同思考的解决问题的方案进行图像或是框架呈现，列举出问题解决方案和过程，列举的过程中伴随着解决问题思路的清晰呈现，问题的解决变得更加有可能，学生的创造性思维便容易得到启发，创造性成果也更容易产生。这对个体来说不仅是思维的激发，还是自信心的激励。对全体学生来说也不仅是榜样的树立，还是他者思维的呈现，让学生觉知问题解决并非想象中的那么困难，因此在创造力培养实践过程中潜移默化地培养了不畏困难、直面困难等创造性人格品质。

诚然，形成稳定又突出的创造性品质离不开教师在教学行动过程中的有效引领和指导。指向“创造力培养”的教学并非与“知识掌握”导向的课堂完全对立，需要我们站在辩证的立场将促进“创造力品质培养”的知识和思维整合糅于课堂教学中。一位曾经在美国任教的清华大学教授发现一个有关中国留学生的现象：“中国留学生往往在硕士和博士头两年的考试中领先全班，因为他们学得早、学得多、学得深。但是在此之后，当到达了知识前沿时，在需要自己探索新知识的时候，中国学生的通常优势就没有了。①”这或许从另一视角揭示了中国学生在创造力上的确存在诸多不足，而这些不足源自传统的以知识为导向的课堂教学方式，“知识就是力量”的倡议本身无误，但过于强调知识掌握的单一教学过程注定枯燥无味，无法引起学生在课程实施中的注意力与兴趣。然而跨学科的“创教育”综合课程实施则可以有效减弱这一负面效应，跨学科概念明晰的课程使学生在学习过程中综合运用所学知识，提升迁移能力。由此可见，依托跨学科综合课程进行的教学之于创造力培养扮演极为重要的角色。

在学科综合课程实施中激发学生的创造力可以通过开发相关学习工具的方式。首先是教师为学生提供较为抽象的概念工具进行引导。2011 年美国颁布的《K－12 科学教育框架：实践、跨学科概念与学科核心概念》（*A Framework for K－12 Science Education: Practices, Crosscutting Concepts, and Core Ideas*）首次提出了科学学习的三个维度：科学与工程实践（Science and Engineering Practices）、跨学科概念

---

① 钱颖一. 批判性思维与创造性思维教育：理念与实践［J］. 清华大学教育研究，2018，39（04）：1－16.

(Crosscutting Concepts)、学科核心概念(Disciplinary Core Ideas)①。以航海为主要特色的进才中学东校在设计特色综合课程时借助了上述三维度中的跨学科概念来进行课程的铺垫(如表4-2所示),进才中学东校集物理、数学、语言以及地理等学科为一体,详细列举了不同学科所涉及的跨学科专业性概念,例如物理学科所涉及的"大气、压强、密度以及重心"等;数学学科所涉及的"测量、比例、线段、角度、面积、勾股定理"等;又如地理学科所提到的"风向、风速"等,帮助学生在课程学习过程中循序渐进地了解相关概念和理论,以此来解决实际生活中所涉及的问题。因此,创造力评价专家组对进才中学东校进行创造力培养评估时给出了肯定评价:"课程实施中……学生在课程学习中切实地得到机会和引导,锻炼了提出问题和解决问题的能力,并且创造性思维的一些关键方面,如建立关联性、好奇和质疑,协作能力——给予和接收反馈,培养批判性思维和发展技能等。这是这门课程非常成功的地方。"

表4-2 进才中学东校教学中融合的学科和跨学科概念

所涉学科	概念
物理学科概念	大气、压强、密度、重心
数学学科概念	测量、比例、线段、角度、面积、勾股定理
语言学科概念	应用文写作、观点与论据、口头表达
历史学科概念	变迁
地理学科概念	风向、风速
艺术学概念	形态、形状
跨学科概念	平衡、建模、协调、结构与功能、变化与恒定

创造力品质的培养主要通过引导学生在想象阶段形成最优问题解决方案,并按照方案逐步落实。尽管在上述创造力实践中通过思维的可视化树立了自信心,但是我们不得不承认的是,一些问题仅仅通过同伴互助和学习共同体是无法解决的,同时也证明了发现学习中教师指导的重要性。教师需要为学生分析创造力实践活动中产生难解问题的原因所在,剖析原因时需注意三点:一是有意识地对课程实施主题进行明确,考

① National Research Council. A Framework for K-12 Science Education: Practices. Crosscutting Concepts and Core Ideas [M]. Washington, DC: The National Academies Press, 2012: 3.

察学生是否具备整体联系思维；二是引导学生自主总结实践活动中失败的做法并思考失败的原因，考察其批判性思维和反思能力；三是注意学生面对失败的态度，考察其创造性人格品质。理想结果表现为对待失败表现出坦然和接受并积极反思改进措施的行动倾向，若所有学生均有不怕困难和失败的倾向，那么此阶段在创造力实践中培养学生创造力品质的目标已经达成，可以顺利进入下一阶段。

（四）反思：评估结果，审视过程

反思阶段，主要是通过过程、态度、改进等方面的反思对上一阶段形成的方案进行进一步迭代优化，此阶段在课程实施中要求教师多关注学生批判性思维的培养，正如第二章理论铺设时所言：反思可以发生在创造过程的任何阶段，而不必局限于行动完结或创造性产物完成之后，在课堂实施中格外需要注意将学生的反思精神贯穿全局。反思在课堂实施中具体表现为有批判性思维和综合性考察意向，其通常被认为是精神的自我活动与内省的方法，实质上是具有反省性、探究性的批判性思维①。将这一过程对应到课堂实施的收尾阶段，教师带动学生回顾整个课程阶段，复盘在上课过程中遇到的问题以及问题解决方式，评价自己在探询、想象、行动等不同阶段中体现出来的创新性、可行性以及尚待改进的地方，反思在哪些环节可以通过怎样的方式加以改进。

具体而言，这一反思过程教师大致可以划分为三阶段进行：过程反思、态度反思和改进反思②。在过程反思阶段，主要由学生回顾自己的学习过程中有哪些方法是有成效的，哪些学习方式是有意义、有收获的，哪些解决问题的方法是存在一定不足的。这一阶段除了培养学生的反思能力之外，还能培养学生的元认知策略，检测自身的学习进度和学习效率，此类反思之于学生十分必要；态度反思阶段，顾名思义，是对学习态度和创造力品质的反思，教师引导学生在课堂中列举出哪些问题是通过独立思考解决的、哪些行动是在遇到失败后仍然表现出坚持探索的坚韧性的、哪些是通过寻求帮助合作获得突破的。这一阶段的反思可以助推学生在实践回顾中获得对自身学习态度的认知，从而在无形中强化自身坚韧、不畏困难的创造力品质；改进反思阶段，也就是为了达到更加理想化的创造性方案而对自己解决问题的方式进行反思，思考是否存在优化迭代的途径。“创教育”综合课程在这一阶段的实施尽管看似

---

① 吴秀娟，张浩，倪厂清. 基于反思的深度学习：内涵与过程［J］. 电化教育研究，2014，35（12）：23－28＋33.

② 项目顾问组. 基于“创中学”的《学习手册》编制［Z］. 内部资料，2022.

步骤简单，但是内涵丰富且作用显著，它无形中为学生的创造性思维提供了条件，通过不断反思、总结、评估学习成果，从那些基于证据的反思中汲取失败的经验，为创造性成果的生成和完善奠定基础，从而推进学生创造性态度和创造性品质实现从量的积累到质的提升之转变。因此，这是教师在课堂实施过程中格外需要重视的环节。

三、以激发创新创造为导向的教学目标

目标是一切行动的先导，"创教育"综合课程的实施同样离不开目标的指引。依据创造力教育所涵盖的维度（参见第二章"创教育"的多维领域），"创教育"综合课程的实施，旨在培养学生的创造性思维和创造性人格。此外，培养学生掌握领域性知识——它是生成相关领域的创造性成果所不可或缺的——也是必要的，尽管领域性知识本身不是构成创造力的特有维度。因此，"创教育"综合课程的教学目标应落在创造性思维和创造性人格的培养上，并兼顾到学生领域性知识的掌握。如此才能更好地激发学生的创新创造实践。当然，这里的创新创造对中小学生而言处于"小创"和"微创"层面，所指涉的新颖性和价值性更多是相对于学生个体而言的，而非相对于整个社会或人类而言（具体参见第二章"创造力'大小'之辨"）。其中，创造性思维包括发散思维、批判思维和元认知能力；创造性人格包括冒险精神、开放态度、探究精神和心理韧性。而所谓的领域性知识，从创造性成果的产出而言，通常又是综合的、跨学科的，甚至是跨领域的，正所谓创新创造通常发生在交叉的边缘。

"教育是在经验中的、由于经验以及为了经验的。"① 教育的目标是在循序渐进中为学生经验的生长与增长提供条件和契机。浦东新区项目学校在激发和培养学生创造力方面进行了积极探索，为学生创造力的生长与增长提供丰富多样的学习经验和机会，并反映在课程与教学目标的设定中。上海海事大学附属北蔡高级中学在"水下无人机"课程实施时遵循领域性知识的"进阶式"累积和"交叉性"综合，其"水下无人机"课程的实施综合了各个学段不同学科的知识和能力，具体而言：在初中的物理课中，学生已经了解了"力的平衡""浮力"等知识；高中阶段学生在信息技术课上学习了基本的编程语言；再者，由于学生在物理、化学以及劳技课上已经使用过一些传感器，因此具备了必要的跨学科开展项目研究的基本技能。北蔡高中此课程的教学目标（参见表 4－3），首先要求学生了解目前国家的深海运载技术前沿知识，明确目前学

---

① 约翰·杜威. 我们怎样思维·经验与教育［M］. 姜文闵，译. 北京：人民教育出版社，2005：250.

习到的深海运载技术对国家海底资源调查和科学研究的意义所在。在经过理论学习以及意义铺设之后，再学习必要的编程知识，学习控制水下无人机，熟悉传感器和电动机、驱动等元器件的原理，两层渐进的目标让学生更加深刻地体会到所学知识的实际意义所在，后续高层次的目标便更容易实现。前两个阶段的理论知识学习对于学生的创造力培养来说无疑是为其铺设领域性知识（即跨学科的综合知识）的教学，随后才将目标三设置为“通过动手制作，培养‘耐心、细心、恒心’的工匠精神”，将目标提升至创造性人格层面，最后是促进学生“工程思维与设计能力”等创造性思维的提升。北蔡高中综合课程的教学目标不仅涵盖跨学科知识（即领域性知识），还体现在课程实施中学生的能力目标进阶，在课程中体验到不同学段、学科知识的综合应用，并最终激发学生主动创作的内生动力。

表 4-3 北蔡高中在“水下无人机”课程中的教学目标

目标一	了解我国研制蛟龙号载人潜水器的发展及深海运载技术，对国家海底资源调查和科学研究的深远意义。
目标二	学习利用编程控制水下无人机，具备一定的编程能力，熟悉传感器和电动机、驱动等元器件。
目标三	通过动手制作，培养“耐心、细心、恒心”的工匠精神。
目标四	在设计、制作水下无人机的过程中，能够自主发现问题并根据现实问题需求，设计、制作、测试、改进、完善水下无人机，培养工程思维与设计能力。

确定教学目标之后，标志着课程实施正式开始（如下表 4-4 所示），课程实施中教师对学生学习任务的设置按照进阶式的方式展开。首先，对应上述目标一提出的“了解我国研制蛟龙号载人潜水器的发展”，课程在实际实施中将任务 1 设定为“整体设计水下无人机并完成框架制作”，共需要 4 个课时。经过无人机历史发展过程、应用介绍以及组成部分和功能的铺垫之后，学生有了更加全面的认知，教师开始对学生的操作进行安全教育。有了必要的前提之后，学生制作草图进行无人机的设计，这一阶段对应上述阶段中的“理解”，学生对教师教授的知识进行消化理解之后，用自己全新的视角对无人机进行框架设计和模型构造，经过一定的框架操作后再将自己的成果进行浮沉测试，各组间展示交流、评价反思，总结出框架在水中悬浮且稳定的方法，这涉及教学目标的“应用”阶段，学生已经具备将教师讲解的知识和自己头脑中的理解进行实际操作，并且对自己的创造性成果进行评价；任务 2 是对任务 1 的进阶，由于前面花费 4 个课时设计了水下无人机的框架，因此在此任务中就是根据框架“设计并制作水下无人机的动力系统”，同时需要 4 个课时，

在这一学习任务的完成过程中主要聚焦教学目标中的"应用""评价"和"创造"，学生在课堂上制作推进器应用了前期的知识与理论积累，通过动手制作出产品，并进行推进器控制电路的设计与连接，从而控制程序的编写，最后对推进器进行展示测试和故障检测。在故障检测过程中若出现问题，学生则会开始对自己的设计和制作过程展开反思和回顾，总结自己的不足，从而探索更好的方式解决这一类故障。

表 4-4 北蔡高中"水下无人机"课程实施任务及课时安排

单元名称	主要内容	教学/活动目标	课时数
任务 1 "整体设计水下无人机并完成框架制作"	引入—水下无人机概述	了解水下无人机的历史发展，水下无人机的应用介绍，了解组成水下无人机的各部分及其功能	任务 1 第一课时
	工具使用及安全须知	工具使用及安全教育	任务 1 第二课时
	水下无人机框架的设计制图	小组分工，设计方案，三维视图	任务 1 第三课时
	框架制作	框架制作及浮沉测试，各组展示交流、评价反思，框架在水中悬浮且稳定的方法总结	任务 1 第四课时
任务 2 "设计并制作水下无人机的动力系统"	推进器的布局，电动机原理	动力方式及推进器的布局，电动机原理	任务 2 第一课时
	推进器的制作	推进器的制作、防水、固定	任务 2 第二课时
	推进器的控制	电源、缆绳的选用，焊接和防水，推进器控制电路的设计与连接，控制程序的编写	任务 2 第三课时
	展示测试，故障检测	推进器功率和推力的测量，使用万用表检查电路和故障判断，各组展示交流、评价反思、改进	任务 2 第四课时
任务 3 "设计并完成水下无人机的功能模块"	温度传感器的使用	温度传感器的使用，模拟量换算实验	任务 3 第一课时
	抓手的制作	抓手的制作（液压原理或电动机带动）	任务 3 第二课时
	其他功能模块的制作	其他功能模块的制作（按学生需求选择）	任务 3 第三课时

最后，当水下无人机的动力系统解决后，教师此时带领学生进行无人机的功能完善，例如温度传感器的制作和无人机抓手的制作等等。当这些功能被完善起来后，无人机的雏形被完整呈现，此时学生会根据自己的实际情况对无人机进行再完善，这个完善的过程中体现出向“创造”的教学目标不断迈进的倾向。当学生们尝试用自己新的表达方式建构属于自己的创造性产品，且该创造性产品在不断改进中日益完善达到满意程度的时候，学生会对自己的创造性成果进行多维度审视，学生回顾自身学习和思考的过程，并和同伴就各个环节产生的影响和作用展开互相评价。这一阶段学生易接纳来自同伴的多元化观点，主动承认自己创造性成果的不足，从而积极面对挫折。由此可见，学生在此阶段不仅训练了创造性思维，还显露出符合创造性人格的特质。

四、以激活创造性思维为导向的教学策略

创造性思维的培养是“创教育”综合课程的核心要义之一。教育部颁布的《义务教育课程方案和课程标准（2022 年版）》中明确提出，教学改革要帮助学生“提高自主、合作和探究学习能力，形成良好的思维习惯”①。以激活思维为导向的教学策略切合教育的时代发展主题。

（一）“促进学生自主学习”策略安排

促进学生自主学习的教学策略，有助于学生创造力的培养。有学者认为，课程教学的三维目标之“过程与方法”指的是学生学习过程、方式和方法，且推崇自主、合作、探究的学习方式。② 还有学者指出，“唯有当儿童自主地、能动地、创造性地展开思考和活动的时候，才谈得上建构知识”③。此类观点均能体现如今的课堂将学生自主学习置于显著位置，且学生的自主学习与创造性学习相辅相成、如影随形。学生的自主学习需要一定的认知策略的调控，因为认知策略可以帮助学生直接处理他们正在学习的策略，正如布鲁纳所说，“鉴别新颖问题并将已知规则转化为能用于解决问题的形式代表了认知策略能力”④。

---

① 教育部. 义务教育课程方案（2022 年版）［EB/OL］.（2022－03－25）［2023－06－12］. http：//www. moe. gov. cn/srcsite/A26/s8001/202204/W020220420582343217634. pdf.

② 崔允漷，张紫红，郭洪瑞. 溯源与解读：学科实践即学习方式变革的新方向［J］. 教育研究，2021，42（12）：55－63.

③ 钟启泉. “课堂互动”：一场静悄悄的教学变革［J］. 新教育，2017（23）：1.

④ 邵瑞珍. 学与教的心理学［M］. 上海：华东师范大学出版社，1990：101.

唐镇中学在“古诗文里的小剧场”特色课程中，以学生自主表演一场完整剧目的方式激发学生的创造潜能，该课堂的学习目标规定：“学生在戏剧情景剧本创编和排演中，主动进行探究性学习，激发想象力和创造潜能。”从项目校的实践经验可以发现，“促进学生自主学习”的教学策略有助于学生创造力的培养。

（二）设置“无正确答案”的学习任务

创新创造在某种意义上就是超越和突破，它的显著特点是外向和开放。教育迫切需要改革自成一统、自我封闭的状态，以开放的模式培育开放式思维和开拓性人格①。如第三章所述，指向创造力培养的综合课程设计旨在养成学生在探究与想象、坚毅与审辨、合作与担当三大方面的创新素养，因而在课程实施过程中将这三大创新素养目标一以贯之。“思维是可以培养和教授，通过教育得以改善和提高的。”② 一般而言，富有创造力的学生具备敢于犯错误和标新立异的勇气，也就是创造性人格，而这种人格特质在传统的注入式、灌输式的课堂中的出现频率较低。这说明，设置开放、包容的课堂氛围，即创造性环境，具有重要意义。

“无正确答案”的学习任务指向学生的元认知策略。在宽松无标准答案的学习任务下，学生可以自主制定计划、评价和调控，包括规划自己决定做什么，不做什么，按什么顺序做等。教师在课堂教学过程中总是以学习任务为导向进行课堂节奏的推进与把握，在学习任务的设计过程中，只有将“无确切答案的问题”与“开放性的问题”巧妙结合，才能够突出课堂中创造思维的激荡，才有助于学生创造性思维的培养。浦东新区项目校以开放式的问题作为学习任务推进教学过程的做法颇多，“文·创”联盟学校上海戏剧学院附属新世界实验小学在“敦煌守望者”的综合课程中（见表 4－5），为学生设计了开放性的思考问题，如“作为壁画修复师招募者，你能否撰写全球壁画修复人才招募计划方案，并招募到壁画修复全球人才？作为壁画修复师候选人，你能否写一份简历并进行介绍，使你得到招募官的认同”？又如“作为文创产品品牌官，你能否为大家介绍你们的品牌及产品，既展示产品蕴含的敦煌文化价值，又能吸引消费者，凸显其商业价值”？对这一系列问题的回答没有标准答案，学生在畅所欲言中可以将自己的思维无限发散至各个领域，或是文旅相关，抑或是市场需求分析相关等等。当凝聚着学生自身智慧与创造力特质的回答出现在课堂中，教师和其他学生则会从他者视角审视这一问题并加以思考，进而推动更多学

① 姚燕平. 创新教育呼唤教育创新［J］. 教育研究，2000（03）：32－36.

② 王帅. 国外高阶思维及其教学方式［J］. 上海教育科研，2011，291（09）：31－34.

生创造力的提升。

表 4-5 新世界实验小学在“敦煌守望者”项目思路

项目思路	本课程将通过“敦煌守望者”志愿者派遣计划这一情景，让学生了解敦煌，保护并弘扬敦煌文化。此外，本课程还要求学生将敦煌元素融入文创产品的设计中，让文化价值和商业价值互相叠加。本课程共包含“小小预言家”“‘保护敦煌’倡议书”“全球壁画修复人才招募计划”“文创产品设计”等里程碑任务。
驱动问题	1. 作为“敦煌守望者”计划的宣传大使，你能否讲述敦煌故事，让更多的人了解敦煌的文化和历史？ 2. 作为壁画修复师招募者，你能否撰写全球壁画修复人才招募计划方案，并招募到壁画修复全球人才？作为壁画修复师候选人，你能否写一份简历并进行介绍，使你得到招募官的认同？ 3. 作为文创产品品牌官，你能否为大家介绍你们的品牌及产品，既展示产品蕴含的敦煌文化价值，又能吸引消费者，凸显其商业价值？

“科·创”联盟校上海市实验学校东校在“设计水净化器”课程实施过程中，提出“我们净化后的水要作何用处？如何评价水质是否符合标准？”等一系列问题。这类问题尝试在获取学生对前半段课程基础知识的学习情况之后，能够将学生从“净化”这一主题抽离出来，以更加多元和丰富的视角来激发学生思考，驱动学生进行发散思维，最终达到答案切合实际又能应用于实际问题解决的效果。

综上，从浦东各个盟校的案例中我们可以发现，设置“无正确答案”的学习任务不仅有助于激发学生的创造力，还能够为综合课程的高质量实施与学生高参与度提供契机。

（三）创设“失败也 OK”的课堂氛围

“失败也 OK”的课堂氛围指向自主学习者的组织策略。个体在组织中进行头脑风暴和合作学习均离不开一个允许头脑风暴的安全环境。创造性人格的成长与创新性思维的形成，更有赖于长期持续的创造性环境的陶养与熏染，而民主、自由、和谐、安全的精神环境，是创新素质增长不可或缺的养料与气候。① 开放包容的环境可以包容学习者的失败，为创造力的培养提供鼓励、支持与肯定；舒展愉悦的身心能为创造力的激发提供情感支持；而安全和谐的环境可以促使个体安心思考，主动谋求同伴间的合作。如果没有上述创造性环境的各要素作为前提，创造力的培养便会举步维艰。教师在创设课堂氛围的过程中首先做到师生关系的融洽。僵硬的、充满敬畏的师生关系钳

① 姚燕平. 创新教育呼唤教育创新［J］. 教育研究，2000（03）：32-36.

制课堂氛围的宽松化，在某种程度上也不利于学生生理与心理的舒展与放松，进而影响创造性思维和素养的形成。友好、理解和支持的课堂环境有助于学生产生安全感，对学生的学习动机、工作表现和成就会有积极的影响。因此，教师必须最大限度地理解和亲近学生，创造“没有错误”的宽松氛围。[①] 学生的回答无关对错，就算其回答与唯一的标准答案不一致，也应努力挖掘其中有价值的部分，而不是轻易否定或批评学生。

学者亚历克斯·卡特（Alex Carter）认为，“失败是创新实践中的一个重要部分，应该在任何时候都被积极正视”[②]。要改变学生在课堂上出于答错问题的恐惧而畏首畏尾的学习方式，为学生营造“失败也 OK，错了也没关系”的课堂氛围，学生才会在循序渐进中卸掉怕出错、怕被取笑的精神枷锁，勇于打破现有的思维习惯，尝试新事物。当精神得以放松，便能获得自由、轻松的学习心态。

以航空特色见长的进才中学东校在课程实施过程中对“失败也 OK”课堂氛围的营造进行了尝试：首先，项目校明确指出航海特色综合课程的实施是一种学生体验提出问题、调查、探究、设计、修改和展示的过程，并能解决所提出的问题以及进行创造性地制作和表达，培养学生创造的品质、潜质和能力；其次在项目校的课程科目纲要（如表 4－6）中明确课程的实施要求为“让学生明白享受制作过程的乐趣是较为重要的”，这一体验为主的课程要求决定了此课程在实施过程中能够让学生在较为宽松和愉悦的氛围中度过。意料之中的是，专家组后期在针对进才中学东校的创造性评估中对该校赞誉有加：“学生在课程学习中切实得到机会和引导，锻炼了提出问题和解决问题的能力，并且在创造性思维的一些关键方面，如建立关联性、好奇和质疑，协作能力——给予和接收反馈，培养批判性思维和发展技能等，都得到了有针对性的培养训练。”除此之外，项目校北蔡中学的“水下机器人”项目曾参与世界创造力教育峰会，在国际峰会的强大阵容下，项目校的学生曾言“我们不再担忧失败，因为失败恰恰是一种成功，我们通过失败排除了一种不可行的方案，又积攒了宝贵的经验，这代表着我们离成功又近了一步。”[③] 可见，浦东新区“创教育”综合课程的实践对于学生不惧失败的创造性人格培养成效显著。

---

① 王炎，程红艳. 全员参与式课堂探究——让每位学生成为课堂的贡献者［J］. 教育理论与实践，2017，37（28）：60－64.

② 项目顾问组. 教育创造力理论与实践［Z］. 内部资料，2022.

③ 赵玉成. 用综合课程点亮创新创造之光　浦东学校综合课程创造力项目四年之探［J］. 上海教育，2023（18）：18－23.

表 4－6　进才中学东校课程科目纲要节选

单元主题	课时	学习内容或活动	实施建议/要求
单元一：如何设计未来飞机？	4	学习飞机演变历史，认识飞机结构；展开头脑风暴列举飞机设计上可能存在的不足或缺点，并提出合理的解决方案，制作出未来飞行器。	前期准备过程中应当为学生准备好相应的读物供学生参考。在教学过程中应适当给予学生足够的想象发挥空间。
单元二：如何让纸飞机飞得更稳更远？	4	学习机翼样式的历史变迁，通过控制变量法探究机翼结构对纸飞机飞行状态的影响。尝试撰写机翼结构对飞机飞行状态影响的实验报告。	让学生明白享受制作过程的乐趣是较为重要的，在体验过程中掌握知识、学习实验方法。最终通过总结归纳完成实验探究报告。

（四）采用“内驱力最大化”的策略

学生只有对学习的内容抱有期待，对学习的事物抱有好奇心，才能更好地激发创新创造的潜能。学生是否对课程的学习抱有积极的期待，是否对学习产生积极的情绪状态，这不仅是在课堂教学目标设置时需要着重考虑的问题，还是教师采用教学策略时必须考虑的重要因素。学生对自己的学习抱有怎样的期待，自己能够学到哪些内容以及掌握哪些技能也不能仅依靠学生自身进行调节，还需要教师在教学策略中以促进学生“内驱力最大化”为目标加以努力。文创联盟校洋泾菊园实验学校在综合课程的实施过程中，着重探讨了学生学习主动性发挥的问题。学校的特色课程中下设的单元主题为“匠人精神与传播”，其实施要求中指出“课程实施中，充分发挥学生的自主性，以研学任务单以及问卷调查为切入点进行课程导入，引导学生有效开展团队合作，通过不断地思辨与创新，创造出有团队特色的展示作品”。在这一课程实施环节中，洋泾菊园实验学校主要让学生自主设计问卷调查，考察身边的同伴对于上海绒绣的了解程度，这一自主型驱动任务使学生成为学习之旅的东道主，在认清自己擅长什么以及缺少什么的情况下主动学习，体现出了自主学习的内驱力最大化。

除此之外，上海市香山中学（以下简称“香山中学”）的“宋元时期的都市与文化”特色课程也充分印证了上述论证中激发学生内驱力的课堂教学策略有助于课堂效果最大化这一观点（如表 4－7 所示）。在课程实施过程中，教师较好地做到了吸引学生的注意力和兴趣，例如在第一课时“北宋开封”的讲解中，教师采用了展示开封简图的形式培养学生的教材自学能力和识图能力，在展示开封地图的过程中呈现开封的地名让学生加以思考，提升学生的学习兴趣和文学素养；在展示宋代诗人所作诗词的过程中用带有丰富元素的图片进行引导，以“皇帝是怎么看到他们的诗词的”这一极具生活化的语言和提问方式询问学生，以培养他们的知识迁移能力，且本次特色课程的实施亮点在于在每个环节都采用多样的教学策略来提升学生的学习主动性。

在课程实施中，很好地呈现了文化与创新的交相融合，实现了学校课程创新和依托课程实施培养学生创造力的双重价值。教师将宋代的著名诗人与开封的经典地点进行穿插教学，这样使得学生不仅能够穿梭于历史的时光机中，看到历史文人在当时的处境下或是百折不挠、豁达乐观，或是悲天悯人、细腻风趣，还能够让学生爱上历史，深入了解宋朝这一年代的风俗文化和标志性地点。这一做法有力调动了学生主动学习的积极性，也较好地使用了指向"内驱力最大化"的教学策略。

表 4－7　香山中学"宋元时期的都市与文化"课程实施过程节选

教学过程			
教学环节	教师活动	学生活动	设计意图
一、宋元都市 （一）北宋开封	展示开封简图，引导学生思考：开封最繁华的地方在哪里？如果走陆路进城，要经过什么地方？	识图，找出目的地，划出由南薰门经御街到大相国寺的路线。	培养学生自学教材及识图的能力
1. 御街	展示宋祁和柳永的图片和诗词，讲述故事，引导学生思考：同样是吐槽，面对同一个皇帝，为何他们俩的结局不同？ （一个抱得美人归，一个考取了却被除名）	解读诗词内容，思考问题。	1. 提升学生的学习兴趣和文学素养。 2. 了解北宋相对宽松的文化环境，但同时认识到皇权专制的本质。
2. 樊楼	过渡：皇帝是怎么看到他们的诗词的？宋代文人如何发表自己的作品？题壁是途径之一（如《题西林壁》《题临安邸》）。 讲述：宋代文人最爱在酒楼畅饮作诗，酒店也会专门粉刷一面白墙供客人题壁，当时东京最豪华的酒楼就是樊楼。	1. 观察组图、结合语文课学过的诗词作品进行猜测、思考。 2. 对比《清明上河图》，找到樊楼。	1. 培养学生知识迁移能力和发散思维。 2. 引导学生了解宋代文人的生活。

续 表

教学环节	教 师 活 动	学生活动	设计意图
苏轼	  到樊楼点什么菜呢？不妨请教美食达人苏轼。 展示苏轼《猪肉颂》及与其相关的系列菜品。	解读苏轼的作品。	添加现代元素增强课堂的趣味性，通过四个风格不同的作品引导学生更全面地了解苏轼。
司马光	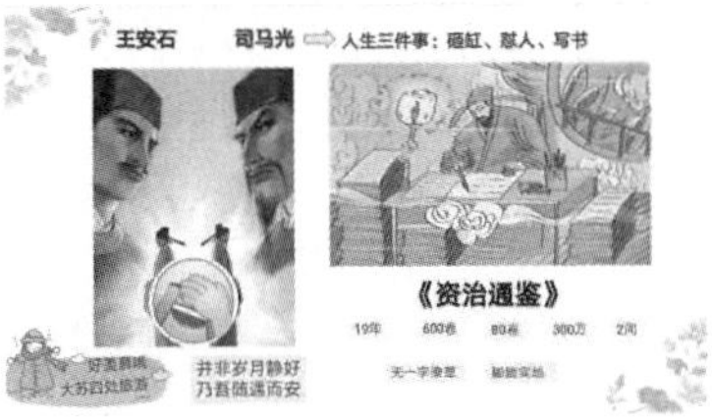 讲述：其实乐观豁达的苏轼一生多次被流放，这与当时的变法有关，他既不赞成新党的操之过急，也不支持旧党的全盘否定，因此总是“不合时宜”。 司马光因与王安石政见不同而去职，退居洛阳著书，此书耗时 19 年，数百万字，初稿竟无一字潦草。	回顾王安石变法和语文课学过的《资治通鉴》知识。	1. 引导学生感受到苏轼的百折不挠、豁达乐观的精神。 2. 了解王安石、司马光的君子之争，同时感受司马光心系国家、治学严谨的精神。

续　表

教学环节	教 师 活 动	学生活动	设计意图
桌子、火锅	 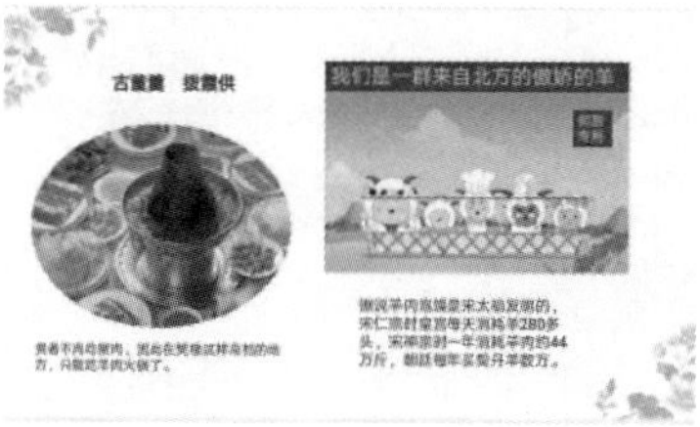 过渡：回到点菜的话题，现在很有名的东坡肉、东坡肘子有没有可能在当时的高档酒楼吃到呢？	观察图片、结合《猪肉颂》和“澶渊之盟”思考问题。	1. 引导学生了解宋代家具的变迁对生活方式的影响。 2. 培养学生的知识迁移能力。
3. 大相国寺	 饭后可以逛街消食，当时最繁华的地方在哪里？有什么娱乐项目？什么时间开放？宋代有哪些节日？	自主学习教材，归纳知识点，了解大相国寺的规模，功能，开放时间。	1. 培养学生自学能力。 2. 突出课标知识点，把大相国寺的作用与宋代的主要节假日结合起来。
4. 瓦子、勾栏	1. 大相国寺的开放有固定的时间，除此之外，人们平时还有其他娱乐场所可供休闲吗？ 2. 组图展示瓦子的繁荣景象。	观察图片，明确“瓦子”和“勾栏”的定义和区别。	1. 培养学生归纳能力。 2. 通过组图让学生了解宋代都市的商业、文娱情况。通过最后一幅古玩地摊图导出李清照。

续　表

教学环节	教 师 活 动	学生活动	设计意图
李清照	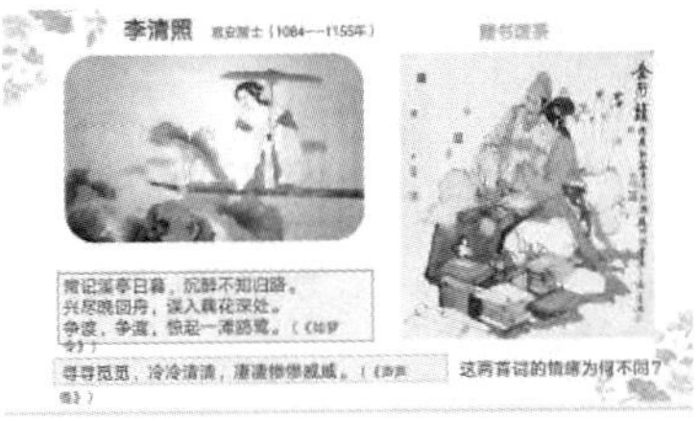 李清照和她的丈夫赵明诚共同撰写考古专著《金石录》，他们在文史上志趣相投，闲时“赌书泼茶”。但北宋的灭亡和丈夫的去世结束了幸福的生活。	观察图片，通过解读李清照的诗词来了解她的经历。	引导学生了解李清照生平。 从北宋过渡到南宋。
意犹未尽	1. 小结：梳理本课知识脉络。 2. 推荐课外阅读史料。		1. 明确课标要求。 2. 拓展阅读，引导学生分辨第一手史料和第二手史料。

（五）使用激发创造力的学习工具

学习工具，在课堂实施中表现为教师提供或制作的促进学生学习的工具，通常也称“教具”。但值得注意的是，“创教育”综合课程中使用的学习工具并不等同于简单的日常教具，而常常兼具探究性和趣味性，赋予抽象事物以具象化，或者相反，赋予具象化的事物以抽象性，不仅有助于学生对知识的理解，还能在生活化的场域中激发学生的想象力和发散思维等创造性思维。

在“创教育”综合课程实践探索中，浦东新区项目学校积极为学生提供适切的学习工具，以激发学生创造力的生长。浦东新区项目学校展示的“交通信号灯”和“奇思妙用”（如下图 4－2 所示），就是学习工具的典型例子。在“交通信号灯”的学习单设计中，将学生分成 A 组和 B 组两组，给每组学生一整套不同的信号灯牌，并要求学生选择一个主题进行描述，允许学生进行自由选择，联系所学知识进行演绎。此时信号灯牌就是教师提供的学习工具。A 组和 B 组的同学被分配不同的学习任务，A 组学生聆听 B 组的介绍，按规则进行举牌，这一课堂实施过程主要是提供学生日常生活中使用的交通信号灯，依据生活常识中交通信号灯的基本特征与自己所学知识进行联系和反思，如“具体的事件与不同颜色的信号灯有何种联系?”“又标志着什么?”这些简单的发问可以鼓励学生对事物进行质疑，并根据教师提供的学习工具作为实际的证据支持自己的观点。以“奇思妙用”为主题的课程实施最开始的时候是由教师向全班同学展示一个日常用品，这些日常用品是学生在日常生活中常见且常用的，此时教师采用分组教学的组织形式给学生预留 5 分钟的思考和讨论时间，对常见生活用品的其他用途进行讨论，在思考讨论过后，教师对比学生提出的想法有哪些颇具创意，可以选择几个有想法的学生上台为同学们分享自己的想法以及为何想到这个用途。在这个过程中学生的思维过程被可视化和可表达化，教师及时给予正向的反馈，这不仅对于有创造力的学生来说是一种鼓励，对于其他学生来说也是一种创造性思维的启发。

交通信号灯

1. **将学生分成两组，分别标记为A组和B组，给每组学生一套红色、黄色和绿色的交通灯牌。**
2. **选择一个主题：可以是学生们正在学习的一个主题，一个当前的新闻故事，或一个著名的历史人物等。**
3. **B组有四分钟的时间来谈论介绍这个主题，介绍的内容要包括一些事实，但允许用夸张的手法和自己的观点来加工美化。**
4. **A组仔细聆听B组的介绍，然后按一下规则进行举牌。**
   - 绿色：B组说的东西听起来是真的，而且有证据证明。
   - 黄色：B组说的东西可能不是真的
   - 红色：B组说的东西听起来是编造的或不准确的
5. **当A组举起一张牌时，B组暂停，听A组解释他们这样做的理由。时间到，两组互换角色**

反思：具备真实的事情有什么标志？如果你怀疑某人说法的真实性，你能做什么？为什么新闻会包括可能不准确的信息？

更进一步：看关于某一主题的一系列的真实新闻报道或历史资料，用红色、黄色和绿色在新闻内容上划线，并进行注释，说明他们为什么做出这些判断。

探究精神：挑战既有认知

这项活动鼓励学生对结论提出质疑，并寻找证据支持这种质疑。

奇思妙用

1. **向全班展示一个日常用品，可以是任何物品。**

   例如，回形针、小球、胡萝卜、遥控器、平底锅、钥匙圈、杯子、椅子等。

2. **分小组，学生有五分钟的时间，尽可能多地想出一个物品的其它用途，然后在同一张纸上写下他们的想法。**

   例如，平底锅也可以是凳子、花盆、帽子、灯罩等

3. **请所有小组分享他们最喜欢的三个想法，学生们可以在班上走看到彼此的想法清单。**

反思：同学们中间是否有人有类似想法？你认为哪个是最有创造力的，为什么？

更进一步：要求学生挑选他们自己的物品并再次尝试。试试“20个圆圈的挑战”，你有20个空白圆圈，可以用你喜欢的东西来“填充”。要求学生制作一个广告，针对他们最喜欢的想法，宣传想法中的优势内容。

图 4－2　学习工具展示①

① 项目顾问组. 基于区域特色的学校综合课程创造力培养教学指导手册（1.0）[Z]. 内部资料，2022.

五、以锤炼创造性人格为原则的学习导向

（一）以沉浸式体验为原则的学习

囿于传统的离身认知观念①，教学过程中容易脱离学生的真实生活情景，从而将学生的认知和亲身体验割裂开来。为了纾解离身认知的局限性，诸多学者提出要以具身理论为参照进行学习，从而保证学习过程的体验性和情境性。具身理论的中心含义是指身体在认知过程中发挥着关键作用，认知是通过身体的体验及其活动方式而形成的②。具身认知视域下的课程实施是一次具有生活性和生命力的动态教学，也凸显出学生在实践中体验的重要性。教师在教学活动中下放权力，给予学生更多的自主性和体验学习的机会，从而让学生在经历体验中感受所学知识的深层含义，自主建构对课程知识的理解，在沉浸式体验中学习知识，培养开放态度、探究精神等创造性人格。

上海市浦东新区金桥镇中心小学（以下简称“金桥镇中心小学”）“游·学上海”特色课程在学生体验式学习方式方面作出了特色：课程依托上海特色传统小吃以及上海的交通和建筑特色等，基于调研现状，让学生在亲身践行中了解建筑的设计理念，感受其中凝聚着的海派文化和人文温度，从现实世界上升到以地域特色为依托的精神特质和文化要素。除此之外，此课程不仅仅局限于学生的实践体验，而是在网络检索、查阅书籍、实地走访调研之后，通过口头表达、美术设计、导图设计等多元化方式在学生面前予以呈现。这有助于每个学生确定自己的想法和行动计划，对学生的思维精进和自我能力提升有很好的引导作用。在金桥镇中心小学特色课程“跳房子”的课程实施过程中（如下图4－3所示），将课程与游戏体验相结合，让学生用自己的身体进行亲身实践。课程实施环节设计为四个大部分，即激趣导学、诱导游戏、新授与拓展以及评价小结。设计环节之下有具体的学习任务，如导学环节中的资料交流以及片段赏析、游戏环节中的热身活动和自由学练、新授与拓展中学生的尝试学练、教师示范以及学生们的合作学练等，学生从体验游戏的快乐到教师示范过程中新知识的学习，再到学生与学生之间的合作演习，最后进行互评。这一完整的链式课程实施使游戏体验与新学旧知的呼应形成了完整的闭环，为学生创造力的激发提供了沉浸式的创造性环境，有助于培养学生尝试新鲜事物的主动性和强烈的求知欲。

---

① 赵丹妮，尹永彩. 具身认知视域下小学生生命教育体验式学习探析［J］. 教学与管理，2023（12）：16－20.

② 叶浩生. 具身认知：认知心理学的新取向［J］. 心理科学进展，2010，18（05）：705－710.

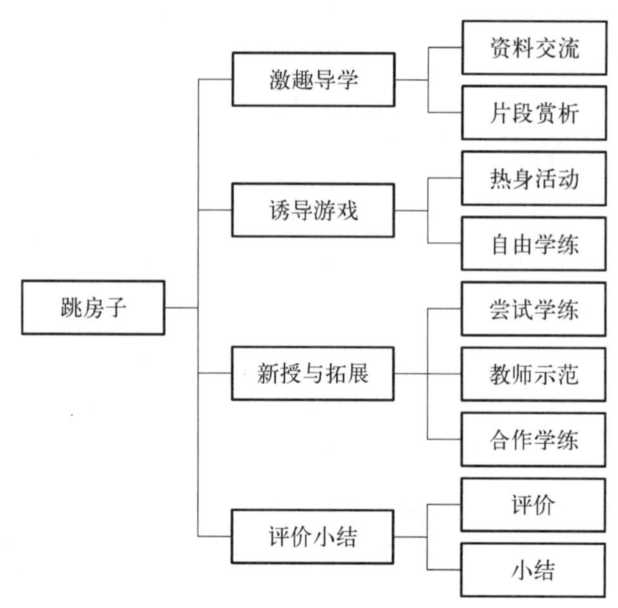

图 4－3　金桥镇中心小学"游·学上海"之跳房子体验课程实施环节[①]

除了金桥中心小学的游戏体验课程之外，其他项目校如进才中学东校组织的航空特色校本课程，在实施过程中以学生在制作过程中的乐趣作为重要目标，使学生在体验过程中掌握知识、学习实验方法。把课程重心放在学生的体验中不仅有助于营造上述宽松的课堂氛围，还有助于提升学生的体验感和收获度。又如香山中学推出的"宋'潮'自由行，再现品风雅"课程中，教师将已有的历史知识与语文教材相结合，搭建立体的知识框架引导学生从"吃""喝""玩""乐"及"品"五个维度自主学习宋朝的都市生活及文化。采用情景剧的形式（如表 4－8 所示），设置不同的场景，例如设置场景一学生们熟知的历史人物苏轼站在所在朝代的繁华街头，以苏轼生动形象的话语表达"乌台一案，使我流落黄州，又受丧子之痛。人生起起伏伏，如同一场春梦，让我不禁有世事沧桑的感叹啊！"，既有历史透视的真实感，又将苏轼经历的坎坷不平以及郁郁寡欢的情感体现得淋漓尽致；场景二切换至茶坊，呈现一种动态之感，"茶坊内，友人们陆续进入，等待苏轼到来"；场景三则接续茶馆里的谈笑与对话，"听说秦观师弟给你写了一封奇怪的信，我想要一睹为快。（苏轼微笑，掏出一封信）少游之才，俊逸精妙。请大家都来品一品吧"。动态的场景通过学生们的演绎带来不一样的体验，无论是对宋朝的文化习俗的了解，还是关于苏轼、秦观等诗人的经历与性格特征的感受，学生都会获得在书本知识中得不到的深刻体验。这种亲身体验将学生置于实践形态中，

① 项目顾问组. 基于区域特色的学校综合课程创造力培养教学指导手册（1.0）[Z]. 内部资料，2022.

仿佛呈现给学生一场穿梭时空的巧妙旅行，在沉浸式体验中感受宋朝的历史文雅、风土人情以及名人轶事。

表 4-8 "宋'潮'自由行，再现品风雅"情景剧片段节选

场景一：苏轼站在繁华的街头。	轼：没错，乌台一案，使我流落黄州，又受丧子之痛。人生起起伏伏，如同一场春梦，让我不禁有世事沧桑的感叹啊。但汴京那么繁华，我的朋友还是那么多（爽朗一笑），今天我就和朋友们于飘茗轩聚一聚吧！
场景二：茶坊内，友人们陆续进入，等待苏轼到来。	黄：今日大家相聚于此，特来迎接先生苏轼回京。大家先品茶，用点心。
场景三：茶坊里，苏轼和他的朋友们谈论诗词	黄：听说秦观师弟给你写了一封奇怪的信，我想要一睹为快。轼：（微笑，掏出一封信）少游之才，俊逸精妙。请大家都来品一品吧。（大家侧坐阅读诗）

（二）以项目探索为原则的学习

在传统的课程学习中，学生自身的观点和感受往往容易被忽略①。而项目化学习则在学生的主动探索和求知过程中有效降低学生自身观点被湮没的风险。项目化学习的源头来自著名教育学家杜威，他首次提出了实践项目学习。对项目化学习的定义众说纷纭，与创造力培养最契合的项目化学习方式应该是"从某一个学科切入，聚焦关键的学科知识与能力，用驱动性问题指向这些知识和能力，在解决问题的过程中进行学科与学科、学科与生活、学科与人际的联系与拓展，用项目成果呈现出知识创造性、运用和深度理解"②。于学生而言，项目化学习能够为其提供全新的综合化学习方式，积累跨学科的领域性知识，为学生头脑中零散的知识提供系统化的梳理。学者埃里克森（L. Erickson）也认为，学生学习的知识若太多太零散，则极容易陷入成千上万的零散知识和技能之中，从而不利于知识的深度理解和整合运用。③

例如，浦东项目学校澧溪中学推出的"未来航海家"项目课程在一定程度上为

---

① Konings, K. D., Brand-Gruwel, S., van Merriernboer, J. J. G. An Approach to Participatory Instructional Design in Secondary Education: An Exploration Study [J]. Educational Research, 2010 (1): 45-59.

② 夏雪梅. 在学科中进行项目化学习：学生视角 [J]. 全球教育展望，2019，48 (02)：83-94.

③ Erickson L. Concept-Based Curriculum and Instruction for the Thinking Classroom [M]. Thousand Oaks: Corwin Press, 2017: 33-34.

项目化学习展示了一种可借鉴的实践样态，如“博物馆+”课程“我有航海梦”、航创基础课程“我学航海课”、Marine杂志课程“我编航海志”、水下机器人课程“我用航海仪”、“一带一路”“我是‘航海家’”课程，通过不同的项目课程设立明确的负责人，将责任明确至个体。除此之外，在此类项目实施过程中跨学科知识的应用也非常明显，所有的子课程开展中，融合了语文、数学、英语、物理、美术、劳技、信息技术等学科，将不同学科的知识凝练于生动灵活的课堂教学过程中。澧溪中学在项目化学习中做得较好的地方在于资源利用的最大化。学校做到了多样化地开发课程资源，依托周浦镇、社区、大学、共建单位、学生家长等资源，开设讲座、课程，并通过“博物馆+”项目化学习，线上与线下相结合的模式用足用好社会实践基地；利用地理位置优势，充分利用周阳校区航创实验室、功能室等校内场地资源。由此可见，学校进行项目化学习推进过程时需要拓展思路，放足长远目光。

除澧溪中学之外，其他的项目盟校也针对在项目化学习中积累领域性知识展开了探索。例如文创联盟校上海戏剧学院附属新世界实验小学推出的“敦煌守望者”计划，主要采取项目化学习的方式，以语文、美术学科为主线，兼容历史、社会、信息技术等跨学科融合的项目体系，学习包罗万象的各领域知识，并且通过项目化的设计，鼓励学生保护并传承文化，勇于创新，并与他人合作完成项目。同时培养学生的表达与交流、探究及创造力、领导及合作等彰显创造性人格的开放态度。课程以“中国心”为原点（如下图4-4）向外辐射，例如一年级上册以“奇幻乐园”为主题探索浦东地区的地域特色，一年级下册则将主题定为“童话王国”进行文学领域的学习；视角随图片箭头右转就会看到二年级的项目主题，依旧选择贯彻一年级的思路，先从地理位置作为起点出发，以“万国掠影”作为学习主题探索整个上海范围内的掠影，然后到了二年级下册主题拓展至更加抽象化的自然主题，其具象化的主题为“地球家园”。以此类推，项目实施随着年级和年龄的增加而逐渐扩大和深入，符合循序渐进的成长规律。采用基于问题驱动的学习方式（Problem Based Learning, PBL），以跨学科、重实践、有评价的主题活动奠定领域性知识基础，系统性地呈现了许多与学生生活学习中产生的直接经验相关联的内容，为学生创造性成果的生成做准备。

（三）以同伴协作为原则的学习

集体是拥有教育力的。不过，所谓“集体的教育力”并不是作为集体形态本身自发地产生的，它需要集体的所有成员，在面向共同的目标而形成的互动过程之中才能

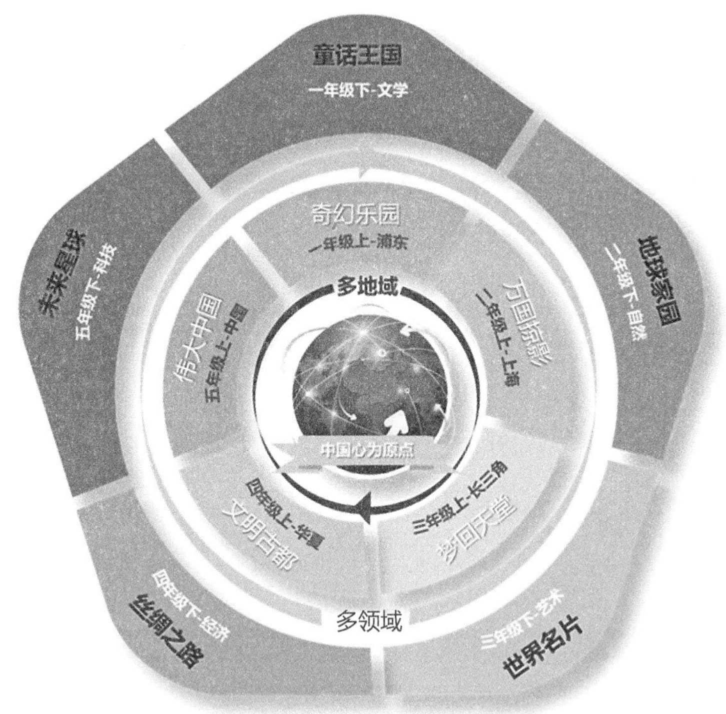

图 4－4　新世界实验小学“敦煌守望者”计划①

产生②。早在 2001 年《国务院关于基础教育改革与发展的决定》就已专门提及“鼓励合作学习，促进学生之间相互交流、共同发展，促进师生教学相长。各地要建立教育教学改革实验区和实验学校，探索、实验并推广新课程教材和先进的教学方法。”③ 集体的学习智慧对个人创造力的启发较大，学生在集体智慧的引领下进行深度思考更有助于激发创造力。同伴协作不仅可以使个体获取集体学习智慧，还能够在与同伴的互助、分工与合作中学会协作性的创造性人格特质。

极具团结协作特色的项目校华东师范大学附属东昌中学（以下简称“东昌中学”）设计的“学生公司”特色课程从经济学、管理学意义上彰显了团队协作的重要性。学生组建公司，实践运营，亲身体验企业成功运作的要素，在这一新奇的旅程中学生势必会与人交流、沟通以及协作。在公司组建过程中，学生需要了解的内容不仅包括公司运营管理的方法，还包含职能部门的组合与沟通互联、产品设计方案的可行性探讨等等，在分析讨论技术和商业价值以及产品的持续优化等内容的过程中提高学生的创

① “敦煌守望者”志愿者派遣计划纲要［Z］. 内部资料.

② 钟启泉.“课堂互动”研究：意蕴与课题［J］. 教育研究，2010，31（10）：73－80.

③ 国务院关于基础教育改革与发展的决定.［EB/OL］.（2001－05－27）［2023－06－12］. http：//www. moe. gov. cn/jyb _ xxgk/moe _ 1777/moe _ 1778/201412/t20141217 _ 181775. html.

新思维，发展学生的创造力。在课堂教学实践中，“学生公司”的课程目标紧紧围绕团队合作这一核心概念（如下表4－9所示），在第二周的课程实施中教师先进行理论铺垫和引入，随后就开始有意识地为学生建立团队合作概念。由于“学生公司”这一项目主题自身具备的团体色彩，教师便将“创业中的创新”确定为第三周的课程主题实施，在课程目标中可以看出教师开始进行企业家素养的培养以及融合金融类的相关知识，例如“掌握寻找市场机会点的‘创新甜点’方法”等。此时学生在教师的引导下对所在地域进行全面了解，结合浦东金融中心的地理优势与教师传授的金融基础知识，学生此时形成了对课程内容的基本了解和初步认知。在了解到基础的金融知识以及学生形成初步的团队协作观念之后，在第四周的课程实施中教师开始让学生在团队合作中形成竞争意识。显然，竞争能够促进更加紧密的合作，学生们在竞争中争相思考，呈现出不同于其他团队的出彩亮点，从而激发学生进行创造的自信心和进取心。在第四周的课程还加入了管理学的相关知识，例如在课程目标中展示的“学习会议管理的要素，练习会议实践，掌握高效会议技巧”。由此一一递进，在团队合作中沟通实践，并融入不同的学科要素，从而实现培养学生素养以及激发创造力的目的。

表4－9 “学生公司”课程实施计划与课时教案节选

单　元	周　次	目　标
第一单元（1～4周）走进创业	第2周（9月6日） 走进责任创业，走近企业家	激发创业兴趣，初步理解企业家精神； 了解创业模块与流程。
	第3周（9月13日） 创业中的创新	完成企业家素养测评表； 建立项目小组，初步形成团队合作概念； 掌握寻找市场机会点的“创新甜点”方法。
	第4周（9月20日） 市场调研＆会议管理	首次团队展示，建立良性竞争的学习氛围； 了解市场调研的意义和方法； 学会应用“创新甜点”和“产品原型草图”工具，分析创新方向； 学习会议管理的要素，练习会议实践，掌握高效会议技巧。

以学生剧目“创教育”综合课程为依托的唐镇中学也在某种程度上展现了团队合作。在教师的指导下，学生共同协作完成整部剧目的剧本编创，同时自主完成排练。在特色课程设计课时教案上明确表示“根据学生特点，引导学生在把握文本内容的基础上展开想象，提升团队凝聚力，共同营造积极、友好、宽松的团队氛围，为创造力

表达创造良好的环境”。在团队合作的开放态度中培养学生的创造性人格成为诸多学校的明确目标之一。

（四）以问题驱动为原则的学习

发现法、问题教学法、讨论法和提问法的运用，都是围绕着问题展开的，如何提出问题和解决问题，关系到能否创造性地运用这些方法为发展学生创造性思维服务。因此，抓住提出问题和解决问题这两个环节是培养创造力的关键。日常生活是创造性活动的基础性实践，也为创新活动提供了动机激发的条件。[①] 将日常生活性的问题加入课堂教学，会对学生的创造力培养产生巨大的引领作用，这在一定意义上将学生的经验与课堂知识联系起来，新学习的知识与学生头脑中的原有经验发生碰撞和融合，能为学生产生新的想法和创意奠定坚实的知识基础。

例如，在自主研学中确定研究的驱动性问题，引发学生深入思考和讨论学习。金桥镇中心小学的“游・学上海”课程实践体验，以上海不同领域的特色划分主题，立足主题提出驱动型问题，以期打破学科界限，培养学生的思辨思维、团队沟通与合作能力（如下表 4－10 所示）。在感受“上海速度”的专题中，课程实施过程中教师进行一系列的问题引入，例如，以“上海的发展日新月异，你乘坐过哪些交通工具?”“有什么感受?”两个问题先切入学生的生活实际，让学生联系日常接触过的交通工具，用自己实际的认知感受交通工具并描绘出自己的想法，紧接着教师提出“你知道这些交通工具之间的异同吗?”等问题，用比较的思维发问启发学生思考并探索交通工具的异同，让学生在求同存异中获得对问题的感知并思考解决这一问题的答案。然后，教师在教学过程中跳脱单一的交通工具，将问题提升至朴素的生活经验层面：“生活在上海的你们，从生活中的哪些方面，可以感受到上海的‘速度’呢?”这一问题提出之后，学生们开始回溯自身生活体验，在这一过程中学生不仅将生活经验与课堂教学知识联系起来，还能够有效对刚学过的理论知识进行一定的迁移。此类课程实施过程中的追问不仅体现了教师在教学过程中的深入思考，也有助于学生发散思维和迁移能力的培养。除此之外，在问题的驱动之下学生有目标地了解了上海日新月异的变化，比如在购物方式、教育方式、生活环境方面的改变，在不经意间拓宽了知识广度与眼界。由此可见，问题导向的学习方式在很大程度上为元认知、想象力和发散思维等学生创造性思维的培养提供了条件。

---

① 丁依文. 激发日常创造力：美国 K－12 设计教育的理论框架和实施路径［J］. 比较教育学报，2021（05）：41－57.

表 4－10　金桥镇中心小学“‘上海之行’游·学”课程

课程内容	课 程 简 介	学习内容或活动	供参考的教学主题
上海“速度”——日新月异的变化	上海的发展日新月异，交通四通八达，你乘坐过哪些交通工具，有什么感受？ 知道这些交通工具之间的异同吗？ 生活在上海的你们，从生活中的哪些方面，感受到上海的“速度”呢？	1. 借助网络、书籍等途径了解上海铁路博物馆，了解铁路生产力的变化、发展。 2. 通过走访、调查等途径了解上海日新月异的变化，购物方式、教育方式、生活环境的改变，尝试展现浦东30年变化历程。 3. 试着设计一种未来上海的交通工具，画下来并配上介绍文字。	1. 交通工具的变化 2. 购物方式的变化 3. 教育方式的变化 4. 生活环境的变化 ……

梅园小学将数学坐标与Scratch编程结合起来，帮助小朋友理解Scratch编程软件的使用；康城学校将课程分为普及课程和提高课程，主要落实普及课程，在提高课程中进一步积累和深化；北蔡中学围绕“航创”特色课程建设和全要素优化，打造以航海路线设计为主的课程群。上南中学南校目前开设汉服制作、汉服穿搭和三林刺绣等主要课程，学生对汉服制作有浓厚的兴趣。明珠临港小学开设的活动课程非常丰富，包括3D打印、图形编程、创新机器人、人工智能实验室、艺术统整剧场、茶艺、陶吧、戏剧社、啦啦操等多样化课程；大团高级中学目前已开设“机械仿生鱼的研究和制作”“近海常见海洋生物识别及其基础生物学研究”等课程，实施后深受喜欢，学生们热情高涨；张江高科实验小学的普及型中草药探究课程面向所有年级授课，让学生了解常见中草药的名称、形态特征、功效用途等知识，学生对此有极大的兴趣。可见，在特色课程中，打破传统讲授模式，更多采用探究式、合作式教育方式加以实施，将会激发学生投入的主动性和兴趣，会进一步提升校本课程实施质量，实现在课程结构、课程内容和配套资源的特色化与促进学生基于自身特点的学习发展之间的有机结合。

我们发现，在课程实施过程中，无论是学生的发现学习还是接受学习均能够培养学生的创造力。尽管如此，我们也正在朝向“全方位扭转‘以教为主’的传统课程教学模式”[①] 努力，因为我们在探索中发现：发现学习能在更大程度上激发学生自主学习

① 赵玉成. 用综合课程点亮创新创造之光　浦东学校综合课程创造力项目四年之探［J］. 上海教育，2023（18）：18－23.

能力与创新创造思维的形成。有发现的指导和有指导的发现学习能够在一定程度上中和两种基本学习方式的不足以保障学生创造力的激发。除此之外，教师在课程实施中按照“探询—想象—行动—反思”的创造力培养阶段进行教学目标的设计，通过使用合适的教学策略和积极让渡学习主动权等方式，有效激发学生的创造性思维和创造性人格的生成。

在浦东新区项目校的课程实施案例中我们可以看出，各类课堂都在有意识地积极探索创造力培养的教学方式，无论是以“航”促“创”的航创联盟，还是“采撷文化之花”“打开世界之窗”的文创联盟，均借助自身的地理位置、学校办学特色等资源优势进行创造力课程实施的大胆探索。在教学目标的拟定中，我们看到设置“无答案的问题”、营造“失败也 OK”的课堂氛围等一系列举措，积极创设了开放包容、愉悦舒展的创造性环境，进而为勇于挑战、积极面对困难的创造性人格的培养提供了良好的条件；让学生在课堂中从知识的“被动接受者”转变为“主动接受者”和“主动发现者”，积累了扎实且广博的知识基础；无论是项目化学习还是问题驱动为导向的学习均创造了一个让学生尽享主动性发挥的教学情境，识别学生自己的潜能和情感世界，真正促进学生积极大胆地表达自己的想法，发挥自己的想象，从而在创造性思维的不断发散和聚合中产生创造性成果。让他们不仅仅着眼于课堂里书本上的知识范围，而是更加关注社会的整体发展态势和人类生存现状，从整体与局部的思维切换中开阔格局和眼界，进而在一个宽松、安全的环境与氛围中积极创造，积极成长为社会发展所需要的勤于批判思考，善于反思总结的创新型人才。

总的来说，创造力教育本质上是一种有指导的发现学习过程，“创教育”综合课程的实施围绕教学目标、教学策略、学习导向三个方面展开，遵循探询、想象、行动和反思等四个阶段所构成的螺旋式循环递进模式。我们期待高质量且具有针对性的课程实施过程能够最大程度地发挥“创教育”综合课程的效果，更好地培养学生的创新创造素养。

第五章
“创教育”综合课程的评价

评价是教育的风向标，始终引领着一线的教育实践。2020 年，中共中央、国务院发布《深化新时代教育评价改革总体方案》，提出教育评价事关教育发展方向，要着力破除“五唯”痼疾，纠正教育评价“单向度”偏差，改进结果评价、强化过程评价、探索增值评价、健全综合评价，建立科学的、符合时代要求的教育评价制度和机制。① 如何建立科学的评价体系，一直是世界各国教育改革关注的话题。在经合组织（OECD）发起的国际学生评估项目（PISA）中，上海学生曾连续两次在阅读、数学和科学三大基础学科领域的测试中位列榜首，彰显出上海基础教育体制发展的优势和成就。但与此同时，测试也显示上海学生的“可迁移的跨学科素养（Transversal Competencies）”较为薄弱，这从侧面反映出我国中小学在素养教育方面教学与评价体系的欠缺。② 随着创新素养逐渐成为人才培养的重要指标，亟需深化对创造力教学与评价的讨论和研究，探索科学适切的创造力评价机制。基于此，本章就浦东新区“创教育”综合课程评价的理论与实践展开介绍，并梳理呈现“创教育”综合课程评价的具体内容和方法，为创造力教育的开展提供实践指南。

一、综合课程如何评价以指向创造力教育?

（一）理念：以评价促进学习

评价具有诊断、改进、发展和激励等功能，适切的教育评价是保障教育教学质量乃至促进课程建设的重要组成部分。长期以来，我国教育系统以重竞争性、选拔性、等级性的结果评价为主，但研究指出，日益狭隘的教育方法和评价方式可能是扼杀当

---

① 中华人民共和国中央人民政府. 中共中央 国务院印发《深化新时代教育评价改革总体方案》[EB/OL].（2022 - 10 - 13） [2023 - 06 - 08]. https：//www. gov. cn/gongbao/content/2020/content _ 5554488. htm.

② 张民选. 国际测评为教育科学评价带来什么启示 [EB/OL].（2021 - 01 - 07） [2023 - 07 - 21]. https：//mp. weixin. qq. com/s/qwSAdGkcq1Ycm-8lFNAYEA.

今年轻人创造力的根源[1]，强调“统一”“标准答案”的教育环境不利于具有创造潜力的学生表达和探索，并会减弱创造性思维和行为生发的“可能性”。[2] 在此背景下，需要一种能够持续改善与支持学生学习的评价机制作为创造力教育的保障或导航，“促进学习的评价”（Assessment for Learning，AFL）即这样一种理念。该理念源于 20 世纪 90 年代，英国学者保罗·布莱克（Paul Black）和迪伦·威廉姆（Dylan William）在系统总结形成性评价（formative evaluation）的效用后，认为评价应是一种信息反馈活动，其目的在于消除学习差距、促进学习改进。剑桥大学与英国评价改革小组（Assessment Reform Group，ARG）对该理念进行了系统探究，并对 AFL 的内涵作出了界定，即：收集和解释学习证据的过程，被学习者和教师用来确定学习者的现有学习水平和期望达到的水平以及如何达到是最有效的。[3]

“促进学习的评价”是相对于“对于学习的评价”（Assessment of Learning，AOL）而言的，体现了基础教育领域教学评价观念的发展与变化。“对于学习的评价”是一种结果性评价的经典模式，强调从结果出发进行学习诊断，衡量每个学生在掌握概念、技能和态度方面所付出的努力和成就，通常在一轮课程结束时进行，能够有效地反映学生学习目标的实现情况。“促进学习的评价”是一种非评判性的反馈，具有明显的过程导向，其目的并不在于根据特定的成功尺度对学习者的表现进行分级定性，而是让学习者有机会反思他们的进步、有待改善的地方以及改善的方法。综合而言，“促进学习的评价”具有三项特征：评价指向学生发展、评价关注学习过程、评价基于信息反馈。

其一，“促进学习的评价”是一种以学生发展为本的评价。从目的上看，AFL 并不在于赋予学生学业表现一个等级或分数，而是旨在以评价为学习者提供改进学习的有效信息，从而增强学习者的自主性，为可持续性学习提供可能。不仅如此，AFL 还强调学习者的中心地位和充分参与性，鼓励学生进行自我评价和同伴评价，让学习者共同制定目标、交换资源、分享经验，成为紧密的学习共同体。此外，AFL 关注学习者在学习过程中的情感体验与内在动机，主张通过认可学习者的进步和成就来实现激励的目的，并充分考虑学习者的个体差异与学习需要，让学生从相同的任务中获得不同

---

① OECD. PISA 2021 Creative Thinking Framework：Third Draft［R］. Paris：OECD Publishing，2019：16.

② 柯政，梁灿. 论应试教育与学生创造力培养之间的关系［J］. 华东师范大学学报（教育科学版），2023，41（04）：72－82.

③ Assessment Reform Group. Assessment for Learning：10 principles［R］. University of Cambridge，UK：Assessment Reform Group，2002：2－3.

的鼓励和指导。可见，为了实现以评促学，不仅要关注学生的认知发展，还要关注学生的情感认知；不仅要关注学生的个人发展，还要关注学生集体的共同成长；不仅要关注学生的学习过程，还要关注学生的个性发展。

其二，“促进学习的评价”渗透于整个学与教的过程之中。英国评价改革小组在其研究报告中指出，AFL旨在缩小学习者当前学习水平与学习目标间的差距，即帮助学习者确定要去哪里（明确学习目标）、处于哪里（检查学习进度）以及如何最好地到达哪里（进行学习反馈）。[①] 可见，评价不代表对过去学习的彻底“清算”，而是作为一种对学习过程的阶段性反馈，用以帮助学生跨越现有学习水平与预期学习目标之间的差距。AFL以了解学生学习水平为起点，以实现学习目标为导向，因此教师的教学计划中应包含有关评价的策略，确保学习者能够理解学习目标和相应的评价标准，使其能够自主地监控和追踪学习进程，在学习效果不理想时采取恰当的方法做出调整和改进。可见，基于AFL理念开展评价，应倡导教学与评价相融合，注重在课堂教学活动的全过程中融入非正式的过程性评价，尤其关注学生学习方法以及学习能力等方面的发展。

其三，“促进学习的评价”凸显了基于证据的决策和改进。AFL强调综合获取学生学习的信息，通过分析和解释学生有效学习的证据，客观、深入地了解学生的学习情况，提供及时的反馈，从而促进教与学的过程。在学习过程中，评价者可以通过观察、提问、讨论、测验等正式或非正式手段，及时收集、分析、解释和使用信息，对学生的学习情况进行全面的掌握，确定学生所处的学习阶段、发现学生的学习优势、揭示学生的学习短板，为缩小当前学习状况与目标学习水平间差距提供针对性的、具体的建议，从而促进学生的有意义学习。鉴于此，基于AFL开展创造学习评价，需要注重收集学生的学习信息，记录学生思维发展与个性成长的过程性要素，基于学习过程的证据为学生提供追踪、反思与分享的机会，通过信息反馈帮助学生发现自己的优势及不足，改进学习的策略，进而提升学习质量。

需要指出的是，尽管“创教育”综合课程强调以评价促进学习，但并不否认“对于学习的评价”在现实中的需要和功能，换言之，适切的创造力评价需要兼顾过程性评价和结果性评价的不同效用。在“创教育”综合课程中，过程性评价能够及时记录学生习惯、态度和其他非智力因素的发展状况，呈现学生创造素养的发展过程，有助于教学改进和学习调整；而结果性评价紧扣创造力培养目标，能够对学生课程终期的

---

① Cbrighter Thinking. What is assessment for learning and what are the benefits? [EB/OL].(2019-02-07)[2023-04-24]. https://www.cambridge.org/gb/education/blog/2019/07/02/what-assessment-learning-and-what-are-benefits/.

学习成果进行综合评判，衡量创造性学习的总体成效。过程性评价的结果是一个过程性的反馈，不具有终极评价的作用，往往难以全面地反映学生的学习水平和能力，也不便进行量化的比较，仅对学生进行过程性评价，其评估结果具有一定的局限性。因此，在“创教育”综合课程中，应将过程性评价与结果性评价相结合，以全面客观地评估学生创造力学习的效果，使评价在创造力教育中发挥正确的育人导向。

（二）特征：可见性、驱动性与一致性

基于“促进学习的评价”理念的内涵和要求，浦东新区“创教育”综合课程的评价模式具有可见性、驱动性及一致性等基本特征。

1. 可见性

创造力教育的评价是一种基于证据推理的“可见的评价”（Visible Evaluation）。澳大利亚学者约翰·哈蒂（John Hattie）通过比较和分析大量教育研究数据，提出了“可见的学习理论”（Visible Learning Theory）。该理论认为，当学习过程和学习成果在教师和学生之间处于一种可见、可感知、可评估的状态时，学生的学习效果就能实现最大化。“可见的评价”是对“可见的学习”理论的再思考，即倡导在一切评价活动中提供面向学生的自我管理证据、提供面向教师的学生发展证据、提供面向家长的学生成长证据，运用量规工具进行基于证据的推理，让学生发展进程显性化、实体化。①

为了使评价更加透明、客观、易于理解，“创教育”综合课程注重借助量规工具，帮助评估者更准确地了解学生在创造力各个维度的发展水平，并提供可操作的反馈和指导。量规提供了一套对创造力及其子维度的规范性描述，不仅可以作评价之用，还能充当元认知工具，让学生明确学习目标，明白“什么是重要的”，思考“应如何改进学习”，从而规划、调整、改进自身的学习进程。可见，量规能够有效避免传统纸笔测验的单一性弊端，更深入地指向学生成长和发展的过程。需要注意的是，创造力具有主观性和复杂性，单一的评价工具可能无法完全捕捉到创造力的全部特征和表现。尽管评价量规对学习具有导向和推动的作用，但量规测评不应该成为创造力评价的唯一途径，评估创造力时应综合考虑多种评估方法和工具，使得评价既能突出质性评价的特点，又能兼顾标准化评估的优势，从而对学生创造力的内在能力倾向或行为表现进行全面客观的测量。

① 李刚，吕立杰. 可见的评价：基于量规的核心素养评价单编制及应用［J］. 教育理论与实践，2018，38（29）：12－15.

2. 驱动性

创造力教学是"以问题为主轴"的探究性教学，创造力评价是基于问题式学习的驱动性评价。"问题"是创新创造中的关键要素，也是连接"教师的教"与"学生的学"的桥梁。问题式学习的价值在于把教学的中心从学科知识转向现实问题，由教师主体转向学生主体，能够有序激发学习者的学习动机与兴趣，促进学习者把课堂教学中获得的知识运用于现实世界，培养学习者的创造性思维能力和行动能力。

"创教育"综合课程中的"问题学习"具有三层含义：其一，源于问题的学习，创造力学习的主题来自真实社会中的"非常规问题"，以问题为主线，学习者进行对话、合作、实践和探究；其二，在问题中进行学习，创造力课堂始终以问题驱动学习者开展发散思维，进行创意表达，有效培养学习者的问题意识、批判性思维的技巧以及问题解决的实践能力；其三，指向问题解决的学习，创造力教育的成果以问题解决方案或计划呈现，强调学习者形成开放的、创新的方案。问题自身的真实性、开放性、多元性、情境性等复杂属性决定了问题式学习并不在于要求学习者背诵外在于自身的"答案"，而是鼓励学习者以自身的意志来决定并承担起自己的思考与讨论，在自身内部生成对于课题的"应答"。① 因此，指向创造力培养的课程评价更加关注学生的问题探究过程，记录学生成长经历中的灵感闪现与情感体悟；以开放性问题驱动学生发散思考，肯定学生的每一个发现、想象和创意；协助并支援学生拟定问题解决方案或制作相关产品，重视对助力产出创造性解决方案或产品成果的过程和方法开展发展性评价，持续支持学生创造力表现的改进。

3. 一致性

创造力教育注重"教—学—评"的衔接贯通，其评价任务镶嵌在教与学的全过程中，具有动态一致性。围绕"探询—想象—行动—反思"的导学设计，"创教育"综合课程构建了完整适切的评价体系。在"探询"阶段，学生的主要学习活动为获取新知，评价则重点关注学生的学习兴趣与知识掌握程度；在"想象"阶段，学生对已形成观点进行批判与创新，评价则主要关注学生的思维方法运用；在"行动"阶段，学生开展创造实践，评价则围绕学生的创造力品质与合作行动展开；在"反思"阶段，学生对创造实践的问题解决方案进一步进行迭代优化，评价内容则涵盖创造力学习过程的真实性、完整性、严谨性及积极性等多个方面。评价活动贯穿"学"与"教"的全过

① 钟启泉. 问题学习：新世纪的学习方式［J］. 中国教育学刊，2016，No. 281（09）：31 - 35.

程，为检测教学目标服务，评价内容与学生创造力培养阶段和主要学习任务相匹配，教师通过过程性评价与表现性评价等多种评价方式为学生提供阶段性学习反馈，以发现学生学习中的问题，并提供及时的帮助和指导，当学生达到本阶段创造力培养的基本要求后，方可进入下一阶段的学习。

二、基于创造力目标的“可见性评价”

创造力培养目标是“创教育”课程设计与实施的逻辑起点，也是创造力评价的指导方针。浦东新区“创教育”综合课程的主要目标在于发展学生的创造性潜能，激发学生的“微创造（Mini Creativity）”和“小创造（Little Creativity）”。具体而言，“创教育”的评价实施注重设计导向一致的评价量规，基于证据展开学习评价；强调多元主体的综合考察，开展学生自评、同伴互评、教师评价等多元评价方式；突出发展性的评价导向，持续支持学生创造力学习的改进。

（一）评价以学习证据为中心

以证据为中心的评价设计（Evidence Centered Design，ECD）强调基于学习者在被评价过程中表现出来的学习行为证据推论学习者的知识与能力水平或其他心理品质。该评价理论认为，任何目的下的评价终归有一个评价指向，即学生素养的“结构”，而不同的任务选择及相应的评分方法都是由期望评价的素养结构决定的。① 换言之，收集关于学生创造力发展证据并展开推理和评价，其前提在于提供一套完整的学生创新素养的框架结构，明确应以什么标准看待学生创造过程的行为表现或创造作品的质量。

以张江高科实验小学的“科·创”课程为例，为建立学生评价的“证据模式”，为教师以及学生提供及时的、有价值的学习信息，该课程结合“中草药探究”学习主题的内容性质，围绕创造力的核心素养与必备能力，制定了“创教育”综合课程的评价量表（见表5－1）。量表以创新人格、创新思维与创新实践作为创造力评价的一级指标，其中创新人格是与创造力相关的非智力因素，包括自信心、好奇心等特质；创新思维作为创造力发展的本质要素，是发散思维、聚合思维和批判思维等多种思维形式高度结合的结果；创新实践是创新人格和创新思维在特定任务情境下的

① 冯翠典.“以证据为中心”的教育评价设计模式简介［J］. 上海教育科研，2012，No.302（08）：12－16.

综合表达，在该课程中包括预测假设、方案设计、动手操作、团队合作等多个方面。创新人格、创新思维与创新实践共同构成了创新素养的三个侧面，每一侧面的水平越高，它们所构成的创新素养的最终水平就越高。量表还将学生的表现水平分为优秀、良好与一般三个递进层次，详细描述了与各个层次相对应的判断标准。以该量表为基础，评价者能够基于证据分解学生创造力的具体评价要求与评价标准，构建评价数据收集的方式和具体任务，并在实际情境中逐步细化、校正、调整可实施有效的课程评价。

表 5－1　张江高科实验小学“中草药探究”课程学生评价量表

一级指标	二级指标	表现水平标准	表现描述
创新人格	自信心	优秀	敢于面向众人，面向师长表达自己的独特想法或做法；敢于挑战有困难的任务，相信自己有能力做好。
		良好	有自己的独特想法或做法，但不愿和他人表达交流；面对有困难的任务愿意尝试，但不确定是否能做好。
		一般	发现自己的想法或做法和别人不同，就有紧张、犯错的感觉；认为自己一无是处，什么任务都难以完成。
	好奇心	优秀	对周边事物和自然现象有敏锐的观察力，在生活和学习中能主动发现问题，提出问题。
		良好	在老师引导下能观察周边事物和自然现象，较少主动发现和提出问题。
		一般	很少观察周围的事物和自然，难以主动发现和提出问题。
创新思维	发散思维	优秀	经常能在短时间内探索出许多可能的解决方案，常有创造性想法。
		良好	能对一个问题提出不同的解决方案，在老师引导下有一些创造性的想法。
		一般	做事以模仿为主，很少有创造性的想法。
	聚合思维	优秀	能围绕问题，迅速整合相关的学科知识、实践技能，找到解决问题的方法。
		良好	能意识到解决某些问题需要结合多方面的知识技能，在老师指导下能从不同角度、不同层次寻找解决问题的方案。
		一般	遇到问题只能进行单一角度的思考。

续 表

一级指标	二级指标	表现水平标准	表 现 描 述
创新思维	批判思维	优秀	对已有的信息不盲从，通过对事实的识别、辨析、研判，作出理性的，基于证据的判断或质疑。
		良好	对不同的意见能够持宽容态度，不轻易下对错判断，并能在老师指导下进行辨析，找到值得商榷和反思之处。
		一般	喜欢对事物的对错下简单定义，不愿意反思和辨析。
实践能力	预测假设	优秀	能围绕问题，提出自己合理的想法和猜测，并能做初步的判断。
		良好	能围绕问题，提出自己的想法和猜测，并做初步判断。
		一般	基本能围绕问题提出自己的想法和猜测。
	设计方案	优秀	能自主设计简单的研究方法、研究步骤，形成简单的研究方案，方案中能体现出控制变量的意识。
		良好	在指导下能设计简单的研究方法、研究步骤，形成简单的研究方案，建立一定的控制变量意识。
		一般	基本能设计出简单的研究方法和步骤，形成基本的研究方案，缺乏控制变量意识。
	动手操作	优秀	能初步掌握简单的科学操作方法，并付诸实践，进行规范的实践操作。
		良好	能初步学会简单的科学操作方法，并在指导下付诸实践，进行较为规范的实践操作。
		一般	基本能初步学会简单的科学操作方法，实践操作缺乏基本规范。
	团队合作	优秀	能与团队成员和睦相处，在指导下合理分工，认真做好自己的工作，与同伴协作完成任务，有较强的互助意识。
		良好	能在指导下做好团队分配的工作，与同伴协作完成任务，具有一定的互助意识。
		一般	基本能完成团队分配的工作，与同伴共同协作完成任务，初步具备互助意识。

尽管该课程评价量表并不一定适用于所有类型的创造力课程，但通过制定评价量规，创造力能够被分解成为一系列具体化、可操作化的明确指标，有助于观察和记录

学习者“可观察的外显表现”①，从而建构以证据规则为核心的评价模式，帮助教师与学生更有效地改进创造力的教与学。

（二）评价倡导多元主体参与

浦东新区“创教育”综合课程的评价倡导教师与学习者共同参与评价过程，开展学生自评、同伴互评、教师评价等多元评价，各类评价结果相互佐证，可以在一定程度上校正评价中的偏见问题，提高学习与评价的有效性。

以“航·创”课程为例，多个项目学校的课程推进方案中均提及基于多元主体开展课程评价（见表 5－2）。在教师评价的基础上，将教师评价、专家评价、学生自评与学生互评有机地结合起来，既使学生的主体地位得到突显，又可避免单一主体评价的片面性，评价结果更加客观、全面、有效。

表 5－2　“航·创”项目学校的课程推进方案中与评价主体相关的阐述

学　校	课　程	评　价　主　体
大团高级中学	STEM 水下机器人课程	俄亥俄州立大学中美教育研究与交流中心科学课程项目组、上海海洋大学彩虹鱼深海科普基地的课程专家对学生进行现场指导，并对学生的作品进行评价。
进才实验小学	“海洋天地”系列课程	由合作学习小组进行组内自评；由班内各学习小组进行互评；由教师对各学习小组的学习作客观点评。
临港第一中学	“海洋文化”特色课程	采取个人评价、小组互评、教师评价等方式。

在同伴互评中，学习者担任评价者与被评价者的双重角色，这有助于提高其学习主动性和课程参与度。互评中的评价者需要深刻理解学习任务与评价指标，这对于课程目标技能的培养与高阶思维能力的发展具有促进作用；被评价者能够获取来自他人的广泛意见和观点，从而进行更深层次的反思，改善自己的学习活动。

在自主评价中，学习者更加能够认识到他们对自我学习所承担的责任，进而具有更加充分的内驱力进行自觉反思。结合外部反馈和内部反馈，学习者能够对自己的期望表现和实际表现做出相对公正的评价性判断，从而有机会去进行自我完善和改进工作，充分利用同伴互评活动产生的有效见解，采取行动缩小期望和实际表现之间的差距，形成“反思—行动”循环。

① 杨向东. 核心素养测评的十大要点［J］. 人民教育，2017（Z1）：41－46.

在多元主体参与评价的过程中，教师可以对整个评价过程进行组织、监控和调节，并干预不合理的评价结果，有效地补充自评与互评的结果。当自评和互评出现差异时，教师可以帮助学生调整自己的判断，提供较为公平客观的评估和反馈。不同来源的反馈可以促进学习者进行更为客观的自我反思，指引学习的进程和方向。

可见，“创教育”综合课程的评价主张师生共享评价责任，潜移默化地培养个体对学习进行自我反思和自我管理的意识和能力，致力于将学生塑造成为自我反省者、独立学习者、批判思考者，这对于创造力的生成具有基础性的作用。基于多元主体开展创造力评价，还能够提升评价的综合性与全面性，为学生的学习信息反馈提供更加真实可靠的证据。

（三）评价持续服务学习改进

指向学生创造力培养的综合课程评价突出“发展导向”，评价目的并不在于对学生的创造力表现和水平进行分等定级，而在于持续支持学生创造力表现的改进，通过过程性、个性化的实时反馈，帮助学生设定学习目标，促进学生创造力的发展。

以张江高科实验小学“牵牛花造型秀”探究课程为例，该课程以“如何让牵牛花恢复生机，健康生长?”为驱动性问题，通过项目化学习的方式，引导学生们展开对牵牛花造型设计的研究，为植物创设更适合生长的环境。其课程评价涉及团队和个人的整体评价、作品评价、交流展示评价等内容，并通过“活动表现评价表”“作品评价表”“交流展示评价表”等可视化评价工具为各项评估内容提供依据。其中，“作品评价表”与“交流展示评价表”适用于学生创造性产品的评价与展示环节，更加注重结果性评价，而“活动表现评价表”则更加注重记录学习者在各项学习活动中的个人或集体表现，具有明显的过程性与阶段性特征，能够有效支持促进学生的成长与发展。

“活动表现评价表”分为“评价内容”“团队评价”与“个人表现”三部分（见表5－3)。“评价内容”的组织按教学活动过程排序，围绕制定计划、调查资料、实地考察、设计方案、搭建结构、阶段交流、优化完善、展示评价、团队合作等连续的教学环节制定评价标准，将评价融入每一个教育现场，为学生提供阶段性学习的反馈与指导，实现评价的过程诊断功能。“团队评价”以“星级”代替“等级”，根据累计“☆”的颗数，每学年评选出“问题小明星”“探究小明星”“实践小明星”“合作小明星”等荣誉称号，为学生提供自我表现的平台，鼓励学生充分展示自己的努力和成就，从而提升学生的自信心与成就动机，充分发挥评价的激励功能。“个人表现”能够较为全面地反映学生在各项课程活动中的实践、体验与感悟，通过记录学生课程学习中特别突出的或亟待改进的要点，多角度、多侧面地“发现”学习者在学习过程中所展现的优势与困难，实现评价的调节功能。

表 5－3　张江高科实验小学“牵牛花造型秀”探究课程“活动表现评价表”

活动表现评价表			
序号	评　价　内　容	团队评价	个人表现
1	制定项目计划：能对整个项目开展有初步规划，形成具有团队特色的小组名和团队标志，能根据小组成员特点合理分工。	☆☆☆	
2	调查资料：能独立通过多种渠道收集关于攀援植物的生长特点和攀爬方式的信息，并进行熟练的整理和筛选。	☆☆☆	
3	实地考察：对校园和小区中的攀援植物产生强烈的观察兴趣和好奇心，能仔细观察攀援植物的攀爬方式和攀爬架的结构，并能耐心细致地将观察到的现象记录下来。	☆☆☆	
4	设计方案：能产生富有创意的设计想法，绘制清晰明了的造型设计图，并有序罗列所需的材料和工具。	☆☆☆	
5	搭建结构：在搭建攀爬架的过程中能自主掌握一定的科学操作方法，开展规范的实践操作。能主动解决搭建过程中遇到的问题。	☆☆☆	
6	阶段交流：能勇于提出阶段过程中遇到的新问题，分享实践经验。	☆☆☆	
7	优化完善：能根据牵牛花的攀爬情况及同学们的建议，对牵牛花造型做优化处理。	☆☆☆	
8	展示评价：能借助不同形式全面展现自己的牵牛花造型，并能公平公正地对其他小组的牵牛花造型进行评价。	☆☆☆	
9	团队合作：能与团队成员和睦相处，在指导下合理分工，认真做好自己的工作，与同伴协作完成任务、有较强的互助意识。	☆☆☆	

“活动表现评价表”既可作为教师评价的工具，也适用于学生自评与同伴互评的过程，评价关注的重心不是结果本身的正确性，而是评价对象对评价的认同和最大程度地受益。学生能够根据评价标准进行自我诊断，并确定下一阶段需要改进的目标，

实施自我调控策略，教师可以根据学生各阶段的评价反馈，及时调整、确定新的评价要求。在各主体的沟通与协商中，评价的目的和作用从“鉴别”转向“发展”，以评价促使每个个体最大可能地实现自身的潜能和价值。

综上所述，浦东新区“创教育”综合课程的评价以创造力培养目标为指引，将创造力评估要素融入可视化的评价量规之中，为评价的开展提供了证据支持；注重多主体投入评价过程，以多元开放的评价方式强化评价过程的生机和活力；强调评价的发展增殖导向，以平等、欣赏和发展的眼光对待被评价者，支持学生创造性学习的改进与创造性潜能的激发。

三、基于问题式学习的“驱动性评价”

创新始于“问题”，问题是创新的源泉，“问题解决”之于学生的创造性举足轻重。在评价上，浦东“创教育”综合课程充分关照评价的情境性、过程性与激励性，旨在通过评价驱动学生坚持不懈地实践探究，在循环往复的思考、行动与试错中发现问题、解决问题。

（一）评价基于真实问题情境

知识镶嵌于情境之中，只有在情境中获得知识，才能丰富认知结构，生成真正的经验。[①] 浦东新区“创教育”综合课程将问题作为教与学的主线，从日常生活、学术科研、国家发展乃至人类社会所面临的各种问题中选取相关素材作为课程内容，让学生在真实的或接近真实的情境中通过调用已学知识与技能进行问题解决与任务达成，其课程的评价亦重视设置问题情境，通过学习者在不同情境中的表现来判断学习者的创造力水平。

以上海戏剧学院附属新世界实验小学的“文·创”课程为例，为了让学生了解敦煌、保护并弘扬敦煌文化，该项目学校以“‘敦煌守望者’志愿者派遣计划”为载体，为学生创设了体验与传播敦煌文化的真实情境。课程活动围绕三个驱动性问题展开，即：（1）作为“敦煌守望者”计划的宣传大使，你能否讲述敦煌故事，让更多的人了解敦煌的文化和历史？（2）作为壁画修复师招募者，你能否撰写全球壁画修复人才招募计划方案，并招募到壁画修复全球人才？（3）作为壁画修复师候选人，你能否写一份简历

① 胡军哲. 问题情境：学业水平考试命题的重要特征——基于对2020年高考历史试题的分析［J］. 基础教育课程，2020（19）：74－80.

并进行介绍，使你得到招募官的认同？（4）作为文创产品品牌馆主理人，你能否为大家介绍你们的品牌及产品，既展示产品蕴含的敦煌文化价值，又能吸引消费者，凸显其商业价值？

围绕上述驱动型问题，课程的评估内容包含：（1）策划一个以"敦煌在多久后会消失"为主题的访谈节目；（2）撰写"保护敦煌"倡议书；（3）撰写全球壁画修复人才招募计划方案；（4）为"一带一路"青年遗产与创意论坛设计一款蕴含敦煌文化特色的纪念品。由此可见，指向创造力培养的综合课程评价并不在于考察学生的学科知识掌握程度，而在于通过复制或模拟人们在现实生活中的任务情境，让学生真实体验任务执行的过程，观察并及时记录学生在问题解决中所体现的探究力、推断力与思考力。

情境为学生呈现了一个复杂性世界，其中掺杂着各类现象与规律，对于学生分析问题与解决问题的能力有了更高要求。相较于其他评价方式，基于情境的创造力评价更加贴近生活，使学生所学更加关联所用，一方面能促使学生发现问题并解决问题、掌握规律并发展创造力思维，另一方面能促使学生理论联系实际，关心社会需要与国家需要，引导学生开放式、多角度思考，最终真正促进学生创新素养的发展。

（二）评价关注问题思考过程

在"创教育"综合课程之中，驱动性问题是各个课程活动环节的"链接"。为使问题能够激发学生的好奇心、想象力，启发学生多维度、多样化的思考，"创教育"综合课程中的驱动性问题往往具有开放性、深刻性、审辨性等特征。也就是说，创造力课堂中的问题往往不存在确定的标准答案，问题深度随着学习任务的延续而层层递进，问题的回答涉及理解、综合、评价、创造等高阶认知能力的参与，问题的解决需要经过反复迭代以形成最优方案。

以上海海事大学附属北蔡高级中学的"水下无人机"主题课程为例，该课程的首个单元任务即为"整体设计水下无人机并完成框架制作"，具体包含"框架设计、制作实验、展示交流"三个活动环节（见表5-4），每个活动环节均设定了相应的驱动性问题，作为引导学生探究和学习的支架，让创造性思维变成"看得见"的问题假设。

在"框架设计"活动环节，学生需要思考"要做具有何种功能的水下无人机？""水下无人机的动力如何实现？""如何对水下无人机进行动作控制？""可以选取哪些材料制作水下无人机？"等问题，了解水下无人机的功能所在，对自己所要制作的水下无人机形成基本认识，初步设计无人机制作的框架与步骤。该环节的评估关注学生是否能够发现识别关键问题和限制条件，并围绕关键问题和限制条件寻找解决方案，展现出问题界定能力与丰富的想象力。

表 5-4 北蔡高级中学“水下无人机”课程单元任务活动框架

单元任务 1：整体设计水下无人机并完成框架制作	
活动环节	驱 动 性 问 题
1. 水下无人机的框架设计	1. 要做一个具有何种功能的水下无人机？它有哪些部分？ 2. 水下无人机的动力如何实现？ 3. 如何控制水下无人机，使其能够完成前进、后退、转向、上浮、下潜、悬浮等动作？ 4. 可以选用哪些材料来制作水下无人机的框架？需要防水吗？需要密闭吗？应该怎样连接？
2. 水下无人机的制作与实验	经过测试，调整浮力材料在框架上的位置，你发现了什么？浮力材料在框架上的位置怎样安装比较好？
3. 水下无人机的展示与交流	1. 整体设计水下无人机时需要考虑哪些因素？考虑了哪些不同的方案？不同方案之间如何取舍？ 2. 设计水下无人机框架时，要考虑到哪些最基本的影响因素？ 3. 本组所选择的提供浮力的方式是否可行？你认为哪种提供浮力的方式较好？“需要多少材料提供浮力”这一问题，根据物理学原理计算的结果与实际结果是否吻合？如果不吻合的话，计算中可能是哪里出了问题？

在“制作实验”的活动环节，学生需要将先前制定的设计框架付诸实践，以个人或集体合作的形式制作出能投入使用的水下无人机实物产品。学生需要思考如何选定合适的材料或采取科学的组装方式以保证产品运行的效果，开展一系列的浮潜实验测试产品的性能，在总结影响产品使用的因素的基础上，通过不断调试和迭代，最后形成功能完整、性能优异的创造性产品。在该环节中，评估更加关注学生在产品实验与迭代的过程中是否能够对先前的学习实践进行深入分析和全面总结、是否能以坚持不懈的探究精神持续进行反思与改进。

在“展示交流”环节，学生通过团队展示与经验交流，思考无人机方案设计的最优解，提炼解决问题的一般路径，为进一步提升打好理论和实验的基础。该环节的评估重点关注学生的归纳能力、合作能力与表达能力，而并非将产品本身的性能或材质作为创造力评价的唯一标准。

由此可见，基于问题学习的“创教育”综合课程将评价的重点放在对学习者问题思考过程的观察、倾听、理解和记录上，评价者需要有等待创造力显现的耐心，聆听学生在问题解决中的“思考力”，而非对答案本身作是非判断。

（三）评价鼓励学生敢于试错

“创新”体现在知识与真理的探究上，探究的过程充满着不确定性，“不怕失败”

是"创新"唯一确定的前提。① 在创造力学习中，失败的经验往往比成功的经历更具有学习价值，恰如"世界互联网教父"凯文·凯利（Kevin Kelly）所述："创新的本质是要从低效和失败中汲取经验。"② 因此，创造力教育的评价需要鼓励学生勇于尝试和探索，容忍和接受学生的错误和失败。

在"创教育"课堂中，学生的学习活动是一种复杂多元的高阶能力习得过程，学生的个性化、多样化特征显著，这也决定了创造力评价结果尚不存在绝对的"正确"或"错误"之分。创造力课堂不主张碎片化知识的简单记忆，而是需要学习者运用跨学科知识和工具进行合乎情理的推理构思，提出独特、巧妙的问题解决方法。创造力成果也因此指向学习者在有约束的条件下产生新颖且满足特定功能需求的方案、产品或模型，而非呈现为学科知识的背诵或封闭问题的回答等狭隘片面的学习结果。学习者富有想象力的语言、文字和视觉表达均是其创造性潜能的直接体现，不同的想法和做法都可能具有创造价值，从该意义上而言，创造力学习不存在既定的学习轨道，创造力评价应允许、包容、理解学习者的任何偏离常规的探索、创想与批判。

"创教育"应引导学生辩证地看待学习评价结果的参照性价值，鼓励学习者感悟"失败"的教育意义。一方面，"正确"与"错误"、"成功"与"失败"的评判仅仅是对学生的学习结果给出的参照，这种符号性的评价结果未必能够实现评价的终极效用，其本身的教育价值、所蕴含的意义都必须借助符号之外的事务才能实现③。因此相较于被动接受学习评价的外显结果，学习者更应辩证地看待学习评价结果的参照性价值，从评价中获取支持与改进自身学习的信息和证据，将外显的评价结果转化为学习的内源动力。另一方面，学习是个体心智模式对环境的反馈所作的适应性调整的过程，也是个体反复思考分析错误缘由而逐渐消除错误的过程，同时还是一个反复"试错"的过程。④"失败"并不是创造的终点，而是创造的一个重要过程，失败的体验能够帮助学习者建立毅力和耐力，激发他们在问题解决过程中的再思考与再创造，从而磨炼创新品质，启发创新思维。鉴于此，创造力的评价应超越对知识技能掌握正确性的关注，重视"失败"及其引申的价值，给可能的"失败"留出空间，营造允许"试错"的安

① 刘云杉. 拔尖与创新：精英成长的张力［J］. 清华大学教育研究，2018，39（06）：10－27＋116.

② ［美］凯文·凯利. 5 000 天后的世界［M］. 北京：中信出版社，2023：216.

③ 李鹏. 评价如何促进学习？——从泰勒到厄尔的探索与反思［J］. 外国教育研究，2020，47（01）：31－44.

④ 李鹏. 评价如何促进学习？——从泰勒到厄尔的探索与反思［J］. 外国教育研究，2020，47（01）：31－44.

全氛围，让学生在“失败的学习”中积累经验、纠正错误，在失败的体验中实现创造力的循环发展。

综上所述，浦东新区“创教育”综合课程的评价是一种基于问题式学习的驱动性评价：问题式学习注重联系生活实际，评价则基于生活化情境驱动学习者发现真问题、解决真问题；问题式学习以问题为课堂探究的支架，评价则关注学习者在思考各类问题时的思维过程；问题式学习要求学习者生成方案、产品、模型，评价则鼓励多元、容忍失败。

四、基于教学评一体的“一致性评价”

浦东新区“创教育”综合课程秉承“以学习者为中心”的设计理念，强调将学生创造力发展融入教师与学生的导学互动之中，构建“教—学—评”一体的评价模式。以上海市洋泾菊园实验学校“非遗之韵”主题课程为例，该课程旨在引导学生学习非遗绒绣的历史，掌握绒绣作品的绣制步骤与基本针法，在非遗文化体验活动中观察、探索、创造，从而发展劳动意识、孕育匠人精神、培养创新素养。围绕“探询—想象—行动—反思”的一般过程，该课程的评价设计与每个学习阶段的功能定位、学习任务与学习目标相匹配，帮助学生启动创新探索的内在机制，促进学生创造力学习的动态发展。

（一）探询阶段

“探询”是创造力学习的“启动阶段”，其目的在于激发学生学习兴趣，帮助学生获取新知。在该阶段，学生围绕学习主题与驱动性问题，构建问题链和问题图谱。在此基础上，教师对创造力学习将获得哪些新认知、哪些新想法、实现怎样的目标和创造力表现等向学生进行说明，引导学生建立学习目标，踊跃提出问题。

在“非遗之韵”课程的探询阶段，教师以“如何让我们的绒绣作品脱颖而出成为学校正式的文创纪念礼物?”这一富有挑战性的问题激发学生的探索欲，引导学生提问质疑、获取新知。首先，学生将初步思考所想到的问题填写在表单内，表单设置“青铜”“白银”“黄金”“王者”等不同段位鼓励学生尽可能广泛地提出问题，问题越多，段位越高。问题提出的数量在一定程度上反映出学生在创造性学习中的动机与兴趣，亦能够展现其知识的广度与思维的发散程度。评价者需对问题的质量加以辨别，一些浅层次、模仿性的问题无法体现学生的高阶思维能力，则不宜将其纳入学生创造性学习的证据。

准备阶段

围绕挑战性问题！尽可能多地列出你能想到的各种各样的问题！看看你提出的问题数量能够达到什么段位？		
1		
2		青铜（能列出3个问题）
3		
4		
5		白银（能列出6个问题）
6		
7		
8		黄金（能列出9个问题）
9		
10		
11		王者（能列出12个问题）
12		
我还有问题		

图5-1 "非遗之韵"课程探询阶段的问题表单①

其次，学生就初步列出的问题与小组成员展开讨论，筛选出自己最感兴趣的、最有创意的、最重要的以及尚未想到的问题，并对上述问题进行二次归纳，形成由"是什么""为什么""怎么做"三类问题共同构成的"问题集"。学习小组围绕"问题集"展开交流，梳理各类问题之间的关联，列举信息获取的途径。该环节的评估重点在于学习者是否能通过广泛的途径获取信息，将碎片化的信息加以组织、重构，形成指向任务解决的知识类目。

最后，小组交流已获得的知识信息，在三个问题分类的基础上，尝试再次提出与众不同的问题，填写"问题补充单"。在该阶段，学生对学习主题已经具有一定的了解，并能够学会通过不同的知识渠道收集信息。因此，评估关注学习者是否具备看待问题的新视角，能够提出新颖的、有价值的创意设想。

综上所述，在探询阶段，评估重点关注以下三个方面：一是学习者是否基于学习主题和驱动性问题，展现出强烈学习兴趣与学习动机；二是学习者学习新知识的程度、广度、深度是否达到了基本的学习要求；三是学习者提出问题的创新性、思辨性如何，是否能用新的视角来提出问题。对学生在上述三个问题上的表现性评价和过程性评价，决定其是否已具备进入下一阶段的学习基础。

① 基于区域特色的学校综合课程创造力研究与实践项目组.《非遗之韵，绒绣之美》创中学学习手册[Z]. 内部资料，2023.

和你的小组成员交流各自列出的问题！围绕如何让 "绒绣作品” 脱颖而出！填写并讨论 $

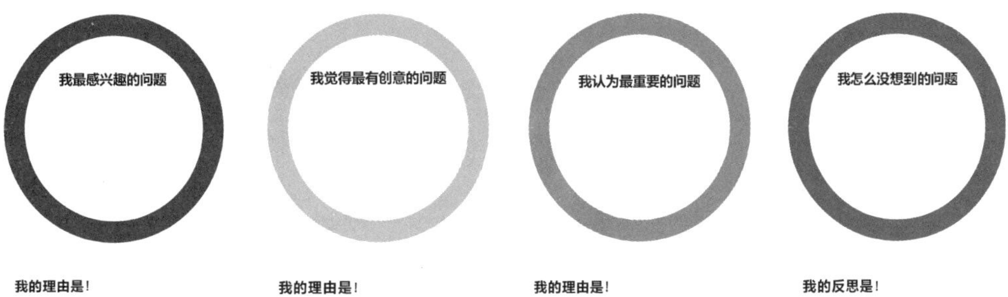

现在！试试和小组同学一起把你们提出的所有问题进行归类！形成问题集

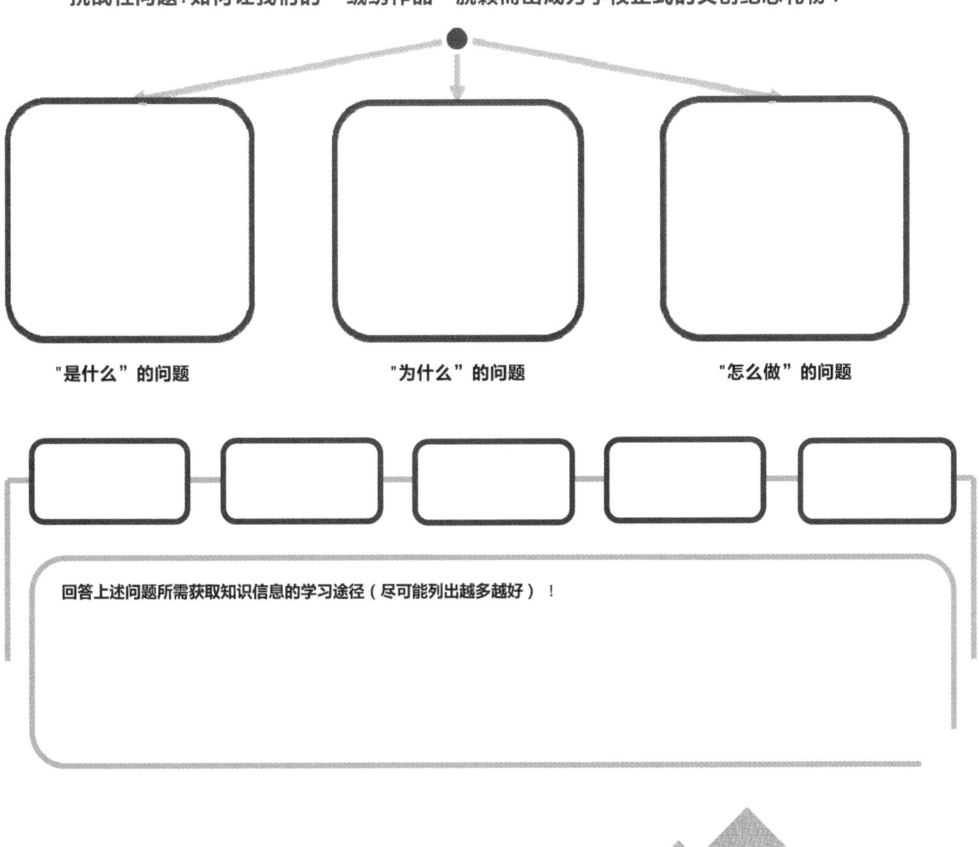

图 5－2 “非遗之韵”课程探询阶段问题集[①]

① 基于区域特色的学校综合课程创造力研究与实践项目组.《非遗之韵，绒绣之美》创中学学习手册[Z]. 内部资料，2023.

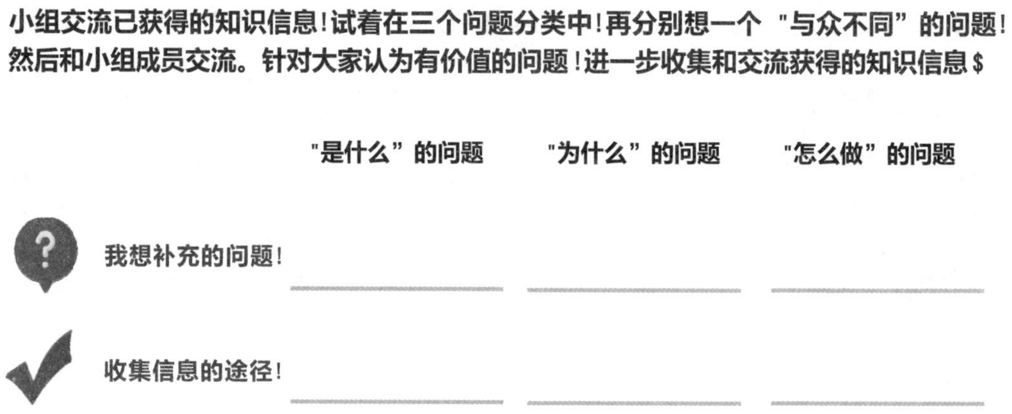

小组交流已获得的知识信息!试着在三个问题分类中!再分别想一个"与众不同"的问题!然后和小组成员交流。针对大家认为有价值的问题!进一步收集和交流获得的知识信息$

	"是什么"的问题	"为什么"的问题	"怎么做"的问题
我想补充的问题!			
收集信息的途径!			

图5-3 "非遗之韵"课程探询阶段问题补充单①

(二)想象阶段

想象阶段主要承担激活学生批判性思维、可能性思维和创新性思维的功能。在该阶段，教师为学生提供进行发散思维和聚合思维的学习合作机会，引导学生通过对已形成观点的批判与创新，拓展思维的深刻性，实现思维迭代。在"非遗之韵"课程的想象阶段，学习者通过设想、论证、协商、改进、分享与反思等协作学习过程，对项目任务涉及的问题和观点进行改进、迭代和创新，形成具有可操作性的行动方案。

想象阶段的首要学习任务即设想各种问题解决方案的限定条件，学习者需要想象并讨论绒绣作品可能的赠予对象或不同对象可能的需求，从制作绒绣作品的目的意义、使用场景、产品样态、材料使用、制作成本等多个角度展开思考，借助直觉思维、头脑风暴、类比联想等想象策略，明确产品的市场需求与用户痛点。评价者需要重点关注学习者是否在该学习环节运用了多样化的思维方法，尽可能多地列举能够让绒绣作品脱颖而出的关键要点。例如，学习者是否能采取系统性思考，关注问题背后的底层逻辑；通过换位思考，基于不同的立场和多元的视角提出有价值的设想；进行逆向思考，从事物的反面出发避免可能遇到的困难或陷阱；实现想法迁移，针对表面不同但本质相似的问题匹配相应的处理解决方法。

明晰问题解决的限定条件后，学习者需要将先前所建构的核心想法与概念迁移到具体的问题情境中去，初步形成问题解决方案。其后，小组成员就各自的方案展开交流，从不同的角度思考每个方案的亮点、问题与改进之处，最终确定组内成员一致认

① 基于区域特色的学校综合课程创造力研究与实践项目组.《非遗之韵，绒绣之美》创中学学习手册[Z]. 内部资料，2023.

可的最佳方案，进行成果分享与展示。在成果交流会上，各小组对本组的方案展开介绍，记录其他小组方案中值得借鉴的特色和亮点，通过组别之间的互学互鉴，学习小组进行持续反思，再次讨论原方案的进一步改进之处。在方案形成、展示与改进的过程中，评价不仅要关注问题解决方案本身的新颖性、价值性与独特性，还需要着眼于学生在形成方案的过程中所体现的创造性思维特质与人格特质。例如，学生能否定期反思自己的学习过程，当最初的设想无法应用于实际问题的解决时，及时改变思考方向并修改行动策略；能否从错误中吸取教训，把失败视作实现目标路上的挑战；是否善于倾听他人的想法或意见，批判地接受不同的立场和观点；能否以“不确定性”的形式表达自己的想法，创造性地展示和分享自己的作品。

综上所述，在想象阶段，评估重点关注以下方面：一是学生是否有多样化、多类型的思维方法应用，初步形成了发散、聚合、批判、创新等思维习惯；二是学生的想象力和创造性思维是否转化形成了多个问题解决的办法或方案，这些方案是否具有较强的新颖性和独创性；三是对学生在当前学习过程中表现出的分析、诊断、筛选等能力进行综合评价。当学生在上述三个方面的表现性评价和过程性评价达到创造力学习的基本要求即可进入下一阶段的学习。

（三）行动阶段

行动阶段的主要功能是激发创造实践，通过实际启动学生在想象阶段形成的最优问题解决方案，按照具体实施步骤开展创造实践的准备与行动。在“非遗之韵”课程的行动阶段，学习者在“描述—计划—分工—设计—保障—行动—坚持—完成—检验—宣传—推介”等实践过程中，开展创造性实践，形成创造力品质。

在该阶段，学习者首先基于已有方案，对所要生产的绒绣纪念产品进行详细的介绍，从形态、功能、材质、工艺、成本、价值等多角度对其进行具体细节的描述和界定。其后，确定产品生产的时间计划和任务目标，明确组内成员的具体分工，赋予各成员不同的角色与职责。在此基础上，学习者正式开展绒绣作品的原型设计，绘制纹样图案与立体视图，并列出原型制作所需的材料清单和资源保障。经过必要的技能训练和练习，学习者开始实际制作绒绣文创纪念礼物的原型，以“行动日记”的形式记录制作过程中的体验与感悟，尤其注重记录问题改进的方法，展现坚持不懈的精神。完成绒绣文创纪念礼物原型的制作后，对产品的外观、工艺、功能、细节、成本进行检验测试，关注仍需改进之处并不断迭代创造。最后，学习者需要根据绒绣文创纪念礼物的卖点设计广告语，完成产品的推广工作。

在行动阶段，过程性评价与结果性评价同时进行。一方面，学生行动实践的各个环节均有相应的过程记录，如绒绣纪念产品的“介绍书”、小组合作行动的“计划书”、绒绣作品原型的“设计书”、绒绣产品制作的“行动日记”等，为过程性评价的开展提供了大量素材。记录单本身的精美度与完整度并不作为对学生创造力评判的标准，评价者需要以尊重差异、相信成长、理解变化的眼光关注学生的活动体验，及时发现学习者的反应和行为表现，重视对交流能力、批判能力、领导能力和团队合作能力等“软技能”培养与评估。另一方面，学生在该阶段已经能够生成实体化的创造性产品，有必要对学生创造性学习的物化成果进行评价，衡量学生的创造力学习成效，为后续的反思与改进提供指引。学生可以自主报名前往低年级进行绒绣作品展示，评委由学校领导、校外专家、中外籍教师、家长、其他年级的学生等不同成员构成，其评价视角各异，评价结果相互补充。评价不仅围绕作品创意、功能价值、外观效果与制作难度等方面展开，还关注学生在展示过程中的仪表面容、应变能力、汇报形式，重视学生的创造性表达能力，让学生在实践中修正和提高。

综上所述，在行动阶段，评估重点关注以下方面：一是学生及学习共同体的行动实践记录是否完整且真实、实施过程中面对失败时的态度和行为是否体现了坚持不懈、拥抱不确定等创造力品质；二是学生是否能够与学习共同体中的他人开展适切的交流合作，是否在寻求合作中获得成长和创造实践的行动成效。教师可以根据这两方面的评价情况，确定学生可否进入下一学习阶段的总结反思。

（四）反思阶段

反思旨在对学习的过程、态度和结果进行反向思考，对学习结果的可信度、学习过程的合理性、学习方法的有效性等作出检查和判断，并相应地对其进行调节，以达成学习的既定目标。反思是学生对自己的思维过程、思维结果进行再认识的检验过程，它不是对学习活动简单的回顾和重复，而是对探究活动全过程所发生的分散的、碎片的思维活动及其成果的集中归纳、抽象概括、总结提升。①

创造性学习是有意识的深度学习活动，经由反思评价来计划、检验、反馈、调整和改进“创中学”的过程。教师可以利用反思工具引导学生围绕创造力学习的探询、想象、行动等过程开展自评和互评，在批判反思中进一步优化创造性成果并开启新一轮创造力学习。

在“非遗之韵”课程中，教师结合具体的课程情境和课程活动，设计了包含创造反思、学习反思与改进反思三个方面的反思清单，引导学生对“如何让我们的绒绣作

---

① 冯毅. 在科学探究活动中引导学生反思评价［J］. 中国教育学刊，2021，No. 341（09）：81－84＋97.

品脱颖而出成为学校正式的文创纪念礼物?”这一问题进行持续的思考与探究。反思清单包括如下内容：(1) 系统性地回顾与反省自己在问题解决过程中所采纳的创新创造方法，列举其中最有效的、最有意义的做法，以及存在的不足和问题；(2) 总结在课程学习中掌握了哪些新知识和新技能，通过独立思考解决了哪些问题，哪些行动发挥了团队合作的作用以及遇到困难是如何坚持下来的；(3) 对学习成果进行再思考与再创造，在成果展示与交流中记录行动方案或实物产品尚待改进的要素，对初步生成的创造性产品进行迭代和优化。

评价者可以根据学习者回应反思清单的情况，从多个角度考查其创造力学习的表现与效果。其一，考查学生是否具备“回头看”的纵向视野，能够将探究活动的前后思考关联起来，从中寻找事物发展的内在联系与本质规律，由此提出问题、改进问题；其二，考查学生是否具备“左右看”的横向视野，能够基于学习共同体展开同伴互助与合作交流，在解释、回应、澄清、修正自身观点的同时批判地思考他人所持有的观点，在智慧共享中进行批评与自我批评；其三，考查学生是否具备“整体看”的全局视野，尝试从整体上回顾所经历的探究学习过程，重点感知其中的思路、思维方法以及思维过程。

反思的结果不仅呈现在对创造性问题解决方案的再次迭代上，也体现在所形成的反思是否能够进一步开启新的创造力学习，并对原有的完整学习过程进行循环递进。从该意义上而言，反思评价既是一次创造学习的收尾，又可能是下一次创造活动的开端。

综上所述，浦东“创教育”综合课程将评价运用于学生的学习过程，通过评价帮助学生的改善学习方法、完善学习途径、发展其元认知能力；在教学中开展评价，将评价贯穿于各个教学活动，通过评价辅助教师调整教学策略、优化教学方式。创造力评价既是辅助创造力学习的手段，又是创造力教学活动的重要组成部分，评价的过程环环相扣、动态发展，使学习、教学与评价三者成为一个相互协调统一的整体。

五、“创教育”评价的内容与方法

评价对于衡量教育效果尤为重要，识别和培养创造性人才在很大程度上依赖于创造力的测量与评估。本部分内容旨在梳理呈现浦东“创教育”综合课程的内容和方法，为开展创造力培养的评价设计提供指导。

（一）评价内容

由于创造力现象的复杂性和多维性，学界尚未对创造力概念形成“理论统一”，创造力评价的内容也因此各有侧重。本书在第二章“创教育”的理论基础部分，综合阐述了学界对于创造力成分、创造力要素的各类界定，并结合浦东新区“创教育”综合课程的实践探索，将“创教育”的内容架构划分为五个部分—创造性思维、创造性人格、领域性知识、创造性成果与创造性环境。其中，领域性知识旨在为创造过程积累必要的知识和技能，其本身并不是构成创造力的特有维度；创造性环境更多地指向课堂氛围和教学资源等创造力培养的外部条件，难以凸显学生个体所展现出的创造性潜能。因此，浦东新区“创教育”综合课程主要围绕创造性思维、创造性人格与创造性成果展开对学生创造力培养的过程性与结果性评价。

1. 创造性思维

创造性思维是一种复杂、高级的认知活动，属于创新创造的核心内容。浦东“创教育”综合课程的创造力思维评估涉及发散思维、批判思维、元认知等要素（见表 5－5）。

表 5－5　创造性思维评估要素

维度	要素	描　　述	评 估 要 点
创造性思维	发散思维	能够沿着不同的方向进行思考，充分发挥想象力，从多个角度寻求解决问题的途径，生成各类不同的观点、想法与见解。	1. 从多个角度思考解决问题的途径； 2. 搜集不同来源的信息或资源； 3. 提出各类不同的观点和想法。
	批判思维	对各类主题、内容或问题进行客观分析与批判质疑，基于推理和论证给出新的解释和判断。	1. 找出关键的问题和困难所在，并清晰、准确地表达出这些问题； 2. 敢于对各种观点、思路和产品等进行批评和质疑； 3. 能够用事实和证据支撑自己的观点。
	元认知	知道何时、为何、如何进行创造，能够形成符合自己特点的学习方式和策略，适时地对创造力学习的过程进行反思与调节。	1. 能够意识到自己的创造性，发现自己的兴趣和才能； 2. 能够及时发现并纠正自己的错误，适时进行自我评价和自我调整； 3. 能够理解并掌握何时、为何、如何进行创造。

（1）发散思维指向生成不同观点的能力，主要评估学生是否能从多个角度寻求解决问题的途径、是否能搜集不同来源的信息或资源并提出不同的观点和想法。如上海海事大学附属北蔡高级中学“水下无人机”课程创造力评价细则中，“评价模块 1”的“良好”等级中所提到的“透过不同的角度（如：伦理、文化、社会、政治、经济、系统思考，或不同利益相关者的观点等），或从多个立场，确定问题或挑战”即体现出对

发散思维的考察（见表 5－6）。

（2）批判思维要求学生能够对于问题的客观分析和评估之后再形成一个判断，其评估标准包括找出关键的问题和困难所在，并且能够清晰、准确地表达出这些问题；敢于对各种观点、思路和产品等进行判断和质疑；能够用事实和证据支撑自己的观点。例如，"水下无人机"课程的"评价模块 2"中提到描述、研究、评估"其他人的想法、解决问题的方法、和/或面对挑战的方法"，并进一步"提出关于其他问题或方法的复杂的、开放式的问题，进而产生原创的想法"，即体现了批判思维的特征（见表 5－6）。

（3）元认知要求学生理解并掌握关于创造性的知识、关于创造性自我的知识以及关于创造的情境性知识，能够形成符合自己特点的学习方式和策略，适时地对创造力学习的过程进行反思与调节。其评估内容关注学习者是否能够意识到自己的创造性，发现自己的兴趣和才能；是否能够及时发现并纠正自己的错误，适时进行自我评价和自我调整；是否能够理解并掌握何时、为何、如何进行创造。

表 5－6 上海海事大学附属北蔡高级中学"水下无人机"课程评价细则（节选）

	待发展	合格	良好	优秀
评价模块1	辨别需要创造性解决方案的问题或挑战。	描述问题或挑战的各个方面（如：情境、特征、类型、界限等）。辨别解决问题或迎接挑战所需的信息（如：什么是已知的、什么是未知的、具体要求等）。	辨别问题或挑战的范围，包括结构、约束和限制。透过不同的角度（如：伦理、文化、社会、政治、经济、系统思考，或不同利益相关者的观点等），或从多个立场，确定问题或挑战。	重新定义问题或挑战，使用比喻或类比，就如何完成任务提出一个明确的方向（如："个人音乐播放器就是珠宝首饰"的比喻激发了创意产生阶段的创造力，从而导致了 iPod 的诞生）。重新定义问题或挑战的范围或界限。
评价模块2	描述他人的想法、解决问题的方法、和/或面对挑战的方法。	研究其他人的想法、解决问题的方法、和/或面对挑战的方法。	研究先例以评估新想法的可行性。	提出关于其他问题或方法的复杂的、开放式的问题，进而产生原创的想法。

2. 创造性人格

创造性人格是个体在创造活动中常见的、稳定的个性心理特点和行为模式的总和，与创造力相关的个人特征主要表现在人格、动机、兴趣与态度及行为等方面。浦东"创教育"综合课程将冒险精神、开放态度、探究精神、心理韧性等维度作为创造力评估的主要内容（见表 5－7）。

表5－7　创造性人格评估要素

维度	要素	描　　述	评估要点
创造性人格	冒险精神	勇于打破现有的习惯模式，不断尝试新鲜事物，承担风险和不确定性。	1. 敢于分享没有把握的观点； 2. 不断尝试学习新事物； 3. 具备风险承受能力，能够接受困难与失败。
	开放态度	容纳多元的观点和见解，积极与他人合作。	1. 倾听、理解和接纳各种观点、想法和事物，积极与他人展开合作； 2. 在接受他人想法和意见的基础上，认识到自身的不足并积极改进。
	探究精神	对事物怀有浓厚的好奇心和兴趣，具有强烈的探索欲和求知欲，对所从事的创造性活动表现出内在的或自主的动机。	1. 对所要从事的创造性活动表现出浓厚的兴趣和热情； 2. 对所从事的创造性活动表现出内在的或自主的动机。
	心理韧性	勇于挑战、坚持不懈，面对批评、挫折有韧性。	1. 将挑战看成一种机会，敢于应对一切困难； 2. 具有清晰的目标，专注于完成任务； 3. 积极地面对挫折、批评，将负性事件所带来的消极影响转化为进步的动力。

（1）冒险精神是一种勇于打破习惯，尝试新事物，并容忍不确定性的精神特质。评估关注学生是否敢于分享没有把握的观点，不断尝试学习新事物，并具备风险承受能力，能够接受困难与失败。例如，在江镇中心小学"创意书法与中国端午节"课程评价细则中，"参与课程研究学习的态度"一栏的二级指标"主动提出学习设想、建议"即是冒险精神的初步体现（见表5－8）。

（2）开放态度指对不同的观点、态度、经验等持开放和接纳的心态。评估考察学生是否能够倾听、理解和接纳各种观点、想法和事物，与他人展开合作，并在接受他人想法和意见的基础上能够认识到自身的不足，积极加以改进。例如，"创意书法与中国端午节"课程评价二级指标中提及的"学会交流和分享信息、创意及成果，尊重、欣赏他人"即在一定程度上要求学生以开放包容的心态广泛接纳各类观点（见表5－8）。

（3）探究精神指学习者对事物怀有浓厚的好奇心和兴趣，具有强烈的探索欲和求知欲，并对所从事的创造性活动表现出内在的或自主的动机从事创造性活动的内部驱动力。其评估要点分为两项：一是考察学习者是否在创造性活动中表现出浓厚的兴趣和热情；二是考察学习者是否对所从事的创造性活动表现出内在的或自主的动机。由于兴趣、动机是个体心理的一种主观状态，难以通过直观的方式进行测量，因此在考察学习者的探究精神时，可以从态度、求知欲等较容易观察的指标进行评估。例如，“创意书法与中国端午节”课程评价二级指标中“认真参加每一次活动”“乐于传承中国传统文化”“求知的好奇心，探索、创新的欲望”等内容，能够从侧面表现出学习者的探究精神（见表5－8）。

（4）心理韧性是指学习者勇于挑战、坚持不懈，面对批评、挫折有韧性。评估关注学习者能否将挑战看成一种机会，敢于应对一切困难；是否具有清晰的目标，专注于完成任务；能否积极地面对挫折、批评，将负面事件所带来的消极影响转化为进步的动力。例如，“创意书法与中国端午节”课程要求对学生“不怕吃苦，勇于克服困难”的“意志品质”进行考察，这种“意志品质”在一定程度上能够体现出学习者的心理韧性（见表5－8）。

表5－8　江镇中心小学“创意书法与中国端午节”课程评价细则

一级指标	二　级　指　标
参与课程研究学习的态度	1. 认真参加每一次活动
	2. 努力完成自己承担的任务
	3. 做好资料查找、分析、处理工作
	4. 主动提出学习设想、建议
	5. 乐于合作，学会交流和分享信息、创意及成果，尊重、欣赏他人
在学习活动中获得体验的情况	6. 善于思考、乐于探究
	7. 了解端午传统文化相关知识
	8. 乐于传承中国传统文化
	9. 学习活动各阶段善于反思
	10. 科学态度：认真、严谨、实事求是，尊重他人想法与成果
	11. 意志品质：不怕吃苦，勇于克服困难
学习与研究方法的掌握情况	12. 多种途径获取信息，整理与归纳信息，判断和识别信息的价值，恰当利用信息
	13. 综合运用已有知识、技能和经验分析、解决问题的水平
	14. 各项活动中现代技术的应用能力

续 表

一级指标	二 级 指 标
创新意识和实践能力的发展情况	15. 求知的好奇心，探索、创新的欲望
	16. 独立思考，自主学习，敏锐地发现问题，主动地提出问题，积极地寻求解决问题的方法
	17. 积极实践，发挥个性特长，施展才能
研究性学习的成果	18. 预期成果的完成度
	19. 成果的实际水平
	20. 成果陈述、展示水平
	21. 特别收获

3. 创造性成果

创造性成果是由创造性活动衍生的具有新颖性和价值性的产品或结果，基于创造性成果进行测评的基本假设是，高创造性的人应当能够生产具有创造性的成果，通过分析相关创造性产品，可以对人的创造性水平进行评估。浦东“创教育”综合课程的学习成果既可以表现为一系列初步的想法和创意，也包含由创意转化而成的新方案、新认知和新作品。对于创造性成果的评估也围绕上述几个方面展开（见表5－9）。

表5－9 创造性成果评估要素

<table>
<tr><th>维度</th><th colspan="2">要 素</th><th>描 述</th><th>评估要点</th></tr>
<tr><td rowspan="3">创造性成果</td><td colspan="2">创意生成</td><td>提出多样化的新构想，关注构想的数量和质量，包括多样性、范围、新颖程度、目标适切性、详尽性等。</td><td>1. 提出各种新的想法和创意；
2. 提出的想法和创意兼具新颖性、适切性等特征。</td></tr>
<tr><td rowspan="2">创意操作</td><td>新方案</td><td>独立或者在模拟的合作情境中解决开放性问题或解决任务的方案。</td><td>1. 对某个社会问题或科学问题提供多样的、适切的、原创的解决方案；
2. 能够对已形成的问题解决方案作出解释，并评估和改进。</td></tr>
<tr><td>新认知</td><td>创意经论证或实证后转变为确定性的知识，生成新的知识。</td><td>1. 对已有的知识进行系统回顾和重新组合；
2. 突破已有的知识结构，提出新的假设或理论。</td></tr>
</table>

续　表

维度	要　素		描　　述	评 估 要 点
创造性成果	创意操作	新作品	依创意设计并创造出新颖且有价值的作品，如文艺作品、技术产品、戏剧表演等。	1. 生成具有新颖且实用的创意作品； 2. 能够以合适、新颖的方式表达、诠释已有的创意作品； 3. 能够对已有的创意作品进行评估和改进。

(1) 创意的萌芽是创造性活动的起点。创造力在最初总是体现为一系列想法和创意，经过个体的创造性实践，创意可以进一步发展和完善，并最终转化为实际的创造性成果。对学习者的创意进行评估，主要关注其提出构想的数量和质量，例如考察学习者是否在创造性学习中提出了多样化的想法，并衡量这些想法的新颖性和适切性。

(2) 创意可以转化为不同形式的成果，包括新方案、新认知或新作品。新方案即指学习者用以解决开放性问题或任务的方案，评估关注学习者是否能对某个社会问题或科学问题提供多样的、适切的、原创的解决方案，并对已形成的问题解决方案作出解释、评估和改进。新认知即创意经论证或实证后转变为的确定性知识，评估侧重两方面的内容：一是学习者是否能够对已有的知识进行系统回顾和重新组合；二是学习者是否能够突破已有的知识结构，提出新的假设或理论。新作品即学习者依创意设计并创造出的新颖且有价值的作品（如文艺作品、技术产品、戏剧表演等），评估关注创意作品本身的新颖性与实用性、创意作品的表现方式、创意作品的改进迭代等方面。

以上海市唐镇中学“古诗文里的小剧场”课程为例，该课程借助戏剧教育的方式，引导学生通过戏剧表演、剧本创编等形式，在沉浸式体验中创造性地学习古诗文，下表呈现了该课程针对学生创造力的评价细则（见表 5 - 10）。评价包含“文言文字词”“寓言文体特点”“寓言内容与主旨”“文章结构”“剧本编创”“表演表达”6 项内容，根据学生知识和技能的掌握水平和运用程度，评价表将各项评价内容划分为“知道”“应用”与“创造”3 个不同的层级，并详细描述了各个层级的行为表现。从评价内容的纵向维度上看，“文言文字词”“寓言文体特点”“寓言内容与主旨”“文章结构”4 项内容侧重于考察学生对文言文知识的理解，其评价结果在一定程度上能够反映学生“新认知”的生成情况。例如，“文言文字词”的“创造”水平要求学习者能够“在剧本创作、寓言新编和表演中，结合已有的古诗文知识，运用文言文进行故事和观点的写作表达”，在这一过程中，学习者需要回忆、组织、重构已经学过的古诗文知识，提出新的观点、编写新的故事，从而不断地丰富已有知识体系，这正是一个完整的知识建构的过程。“剧本编创”“表演表达”两项评价内容则侧重于衡量学习者“新作品”的创造性水平。从评价表可以看出，该课程在考察学生创作的“剧本”时，不仅注重评价剧本本身的独特性、逻辑性和趣味性，还强调对学生在呈现剧本时采用的表达技巧、形式和效果进行评价。

表 5－10　上海市唐镇中学“古诗文里的小剧场”课程评价细则

评价内容	评价细项与评价方法		
	知　道	应　用	创　造
文言文字词	重点字词的含义、 同一虚词的多种用法。	在剧本创作中运用文言文字词。	在剧本创作、寓言新编和表演中，结合已有的古诗文知识，运用文言文进行故事和观点的写作表达。
寓言文体特点	寓言的文体特点。		采用寓言文体，以当代社会生活中的事件为内容，创作寓言故事。
寓言内容与主旨	《穿井得一人》的寓言故事内容和主旨大意。	将寓言故事的主旨与当代社会生活背景中的事例进行结合阐述。	以《穿井得一人》的故事主旨为基础，结合当代社会生活中的事例，创作寓言故事和情境表演。
文章结构	《穿井得一人》的写作结构。		在寓言故事创编中，能够灵活运用文章的写作结构。
剧本编创	学生能够说明冰山全貌6W剧本编创法。	小组合作，运用剧本编创的方法进行分场景的剧本写作，将寓言故事改写成剧本。	能够在剧本创作中展开具有独特创意，并符合事理逻辑的情境想象，写作采用生动、趣味性的语言。
表演表达	声音表达的技巧、 舞台空间与调度知识。	学生能够在剧本朗读、剧本排练和展示中，运用表演表达的知识和技巧。	学生能综合运用音乐、美术等知识，让故事的舞台呈现更加生动、有趣，小组合作完成剧本排练，面向班级其他小组展示。

在上述“古诗文里的小剧场”课程案例中，戏剧表演、剧本创编为学生的核心学习任务，因此其创造力评估更多地集中于“新认知”与“新作品”两个方面，有关“新方案”的评价内容相对较少。因此，此处例举上海海事大学附属北蔡高级中学“水下无人机”的课程案例，介绍创造性问题解决方案的评价要素。

“水下无人机”课程立足培养学生的工程素养和问题解决能力，要求学生在设计、制作水下无人机的过程中，能够自主发现问题并根据现实问题需求，设计、制作、测试、改进、完善水下无人机。为了呈现学生的问题解决过程，并以更加直观的形式评估其问题解决水平，该课程设计了一系列评价素材收集的模版，为创造力的评价提供了证据支持。在课程中，学生需要预设水下无人机设计和制作过程中可能出现的问题，并思考可能解决问题的思路和想法，将这些想法尽可能完整地记录下来。学生被要求一一列举与这些想法相关的文献、案例或其他文字及影像资料，从中提取能够支持自己观点、想法和思路的信息和证据。不仅如此，学生需要对自己的想法作出合乎逻辑的判断，并解释说明作出判断的原因。根据学生记录的一系列与“可能解决问题的想法”有关的问题回答，其思维的发散性和严谨性得到外显化，评价者能够直观地针对其问题解决方法的多样性、科学性和可行性展开评估。

“水下无人机”课程评价素材收集模版

1. 请记录可能解决问题的想法或思路

____

2. 请列举你所研究过的和此想法相关的例子（例子可能来自文献、成功案例的图或者视频等）

____

3. 请说明例子中的什么信息帮助你判断想法的可行性

____

4. 请你判断该想法可行性

高□　　　　中□　　　　低□

5. 请对你的判断进行解释

____

需要指出的是，尽管这一评价素材收集模版简洁、直观，但难以记录学生对已有的问题解决方案作出改进的过程，如欲更充分地发挥评价对学习的支持与改进作用，可在模版中增设与成果改进相应的问题，例如“请与其他同学展开交流，记录你认为他人提出的更有效的问题解决方法”“请完善你所提出的问题解决想法”等。同时，需要注意任何一种评价工具都有其局限性，在参考和借鉴上述评价框架的基础上需要结合实际教育情境对评估的具体类目作出适应性调整，以不断提升创造力评估工具的性能，发挥评价的正向激励作用。

（二）评价方法

厘清创造力评估的主要领域，回答的是创造力教育“评什么”的问题，欲知创造力教育“如何评”，则需探索创造力评估中可以采纳的具体手段和方法。浦东新区“创教育”综合课程紧扣创造力培养的方向和内容，关注学生成长过程与课程内容差异，强调以多元多样、新颖独特的方式展开评价。本部分内容介绍“创教育”综合课程中较为常用的评价方法，为创造力评估的具体方法提供参照。

1. 量规测评

“量规测评”是指利用量化的方法和工具对某个特定领域进行评估和测量。这种评估方式可以通过建立评价指标体系和评估标准，对目标对象的性能、质量、价值等方面进行定量化的描述和评价。利用量规开展评价，其优势在于评估结果具有客观性、可比性和可重复性，可以为决策提供科学依据和数据支持，同时也可以为改进和优化目标对象提供指导。以金桥中心小学“‘上海之行’游·学课程”课堂评价表为例，表格的第一列是评价维度，表格的第一行是评价等级，两者交汇栏中的内容是评价标准（见表5-11）。以表格方式呈现评价的维度、等级和标准，即形成了评价量规表。量规是成文的准则，对所有的评分点都做了说明和规定，往往能体现出教师公认的课堂评价的实质，而且能对合格表现的组成要素提供很好的建议。教师可以在课程开始之初为学生提供评价量规，阐释评价标准的内容含义，让学生清晰了解课程的教学目标和评价标准以及教师的期望，从而使其更主动地调整自己的学习，减少学习的盲目性。

表5-11 金桥中心小学“‘上海之行’游·学”课程课堂评价表

	☆☆☆	☆☆	☆
学习态度	能积极主动参与活动	基本能参与各项活动	在教师提醒下，能参与各项活动
学习习惯	能时刻认真观察，聆听教师的讲解	能观察，聆听教师的讲解	在教师提醒下，做到观察，聆听讲解
	能自主合作并交流动作的方法	在教师指导下，能互助合作，交流动作方法	在教师提醒下，学着互相合作，交流动作方法
	能主动给同伴正确的评价和鼓励	在教师的引导下，能给予同伴简单的评价和鼓励	在教师提醒下，尝试给予同伴评价和鼓励
	能遵守规则，乐于和同伴一起活动	基本遵守相关规则，和同伴开展活动	在教师提醒下，学着按照规则进行活动
学习成果	能正确说出本节课的游戏方法	能基本说出本节课的游戏方法	在教师提示下，能基本说出本节课的游戏方法

续　表

	☆☆☆	☆☆	☆
学习成果	动作正确，能按游戏规则，进行有序活动	动作正确，能基本按游戏规则，进行有序活动	在教师提醒下，动作正确，能按游戏规则进行有序活动
	与同伴创编出有 3 种以上有创意的新玩法	与同伴创编出有 1～3 种有创意的新玩法	在老师引导下，能与同伴创编出有创意的新玩法

2. 课堂提问

提问是有效课堂中的“关键行为”①，基于师生间的对话互动，教师能够了解学生知识掌握情况、发现学生学习困难、分析学生思维方式，实现提问启发、提示和诊断的教学价值。例如，上海市唐镇中学“古诗文里的小剧场”课程的评价维度包含“文言文字词”“寓言文体特点”“寓言内容与主旨”“文章结构”“剧本编创”“表演表达”等内容，评价等级分为“知道”“应用”“创造”三个层次（见表 5 - 11）。在“知道”水平，学生需要掌握字词含义、字词用法、文体特点、文章理解等知识性的内容，如欲判断学生的学习情况是否达到了该学习水平所规定的要求，“口头提问”即是一种较为便捷有效的方式。而对学生提出一些开放性的问题，则更能够帮助教师获取学生思维发展的证据。如在北蔡高级中学“水下无人机”课程中，教师引导学生思考如下问题：整体设计水下无人机时需要考虑哪些因素？无人机设计的不同方案之间如何取舍？本组所选择的提供浮力的方式是否可行？你认为哪种提供浮力的方式较好？基于学生的回答，教师可以分析学生思维的多样性、独创性和批判性，以此作为创造力评估的依据。

3. 成长记录

创造活动是个体行动与反思循环往复的过程，创造力学习也需要学习者在课程活动中进行持续性的调整与改进。“创教育”综合课程注重学生的“成长记录”，汇集学生发展的全过程中的点滴感悟、代表作品或关键事件，形成学生的“成长记录手册”或“成长记录袋”，为教师、学生、家长提供学生学习和发展的原始证据。例如，浦东新区进才实验小学“海洋天地”课程推进方案中明确提出要建立学生的“成长记录袋”，即“由教师或学生收集学生探究性学习的过程资料和成果作品，如观察日记、小制作、海洋小报告、海洋场馆日活动记录等，由此把握学生学习与发展的轨迹”。在收

① 陈玉. 有效课堂的“关键行为”[J]. 教育理论与实践，2008，28（06）：36.

集学生成长记录时，需注意以下要点：其一，记录的内容应是多元化的、符合学科性质的，如学习反思、活动记录、学习日志、科学调查报告、社会实验报告、各类创意产品等，既包含学习的过程性素材，也包括最终学习成果；其二，行动的意图、目标往往不是预先给定的，而是在过程中逐步明晰、在事后被“思考出来的”[①]，因此成长记录主要由学生自己完成，教师仅进行适当的指引和辅助；其三，教师需在“只言片语”中把握学生成长的“意义脉络”，善于在片段式的成长记录中发现学生的亮点与不足，为学生的持续性发展赋能。

4. 成果展示

成果展示既是学生创造力学习的活动环节，也是创造力评估的重要方法。成果展示设于课程中期，可以作为学生阶段性学习的期中总结，成为过程性评价的载体；设于课程期末，可以考察课程学习的总体成效，发挥结果性评价的导向与调节作用。例如，进才中学东校开展的航空科技特色课程共设“如何设计未来飞行器”“如何让纸飞机飞的更稳更远”“如何为飞行员提供可靠的天气预报”“如何评估飞行器的飞行状态”4 个学习单元，总计 16 个课时，其第四个课时即开展以“分组合作，艺术创想”为主题的成果展示活动。在该环节，学生分小组介绍各组的飞行器绘画作品，从外形特点、结构特点、功能描述及构思想法等方面展示自己的飞行器，并基于评价量规开展自评与互评。通过中期成果展示，学生能够分享和修正自己的飞行器设计构想，为后续的实操环节积累经验。

在浦东“创教育”综合课程的实践案例中，更多项目校更加注重在课程末开展学生作品展示活动，该阶段学生的创造力成果的形式和内容更加丰富，往往能更充分地反映其创造力学习的效果。成果展示的形式不一，依据课程的性质和内容而定，如唐镇中学“文・创”课程——“古诗文里的小剧场”是文学与戏剧的联结，课程期末要求学生根据课程学习中编撰的剧本，展示一场完整的剧目；东昌中学“融・创”课程——“学生公司”以培育学生的金融创新素养为目标，让学生沉浸式体验公司运营的完整过程，其课程成果展示则要求学生呈现包含商业运营、营销表现、团队合作、责任创业等内容的“公司报告”；北蔡高中“航・创”课程——“水下无人机”重点强调水下无人机设计与制作，其成果展示交流环节则主要对学生的技术产品进行测试和展览；张江高科实验小学“科・创”课程——“中草药探究”注重学习成果的转化，鼓励学生参与创新大赛、机器人大赛、植物识别比赛等活动，以评比选拔活动展开创造力成果的汇报与展示。

---

① 柳夕浪. 学生成长记录：如何解释与分析 [J]. 人民教育，2015，No. 717（07）：52－55.

基于成果展示展开创造力评估，一方面关注学生的创造性“成果”，另一方面关注学生的创造性“展示”。依据上文所述的创造力评价的主要领域，对学生创造性“成果”的评价围绕问题解决、新知生成、新品创作 3 个方面展开，考察问题解决方案、创意作品或知识获得的多样性、价值性与新颖性。对学生创造性“展示”的评价要点包含合作（能小组合作进行方案及作品的展示与分享）、表达（能清晰、流畅、自信地进行交流与展示）、聆听（能认真倾听其他小组的发言）、质疑（能对其他小组的方案及成果大胆提出质疑）等内容，主要考察学生能否在展示与表达的过程中展现出与创造力思维及人格的关联要素。

第六章
“创教育”——浦东智慧

2018年，上海市教委启动“基于区域特色的学校综合课程创造力研究与实践”项目，发起改革创新试验，旨在从区域特色出发、依托项目学校综合课程，推动创造力培养的学、教、评一体化实施。在四年的探索与实践过程中，浦东新区全面开展了区域层面的综合课程顶层设计，着重凸显浦东基础教育人文性、科创性、个性化、国际化的特点，立足于航运中心、金融中心、科创中心、人文底蕴和个性化融合的区域特征，聚焦学生创造力的培养，构建了以“融·创”“航·创”“科·创”“文·创”为核心的“创教育”浦东综合课程体系，通过四大特色课程联动小学、初中和高中，力求实现12年贯通设计。与此同时，浦东新区还充分发挥学校在学生创造力培养中的主导作用，参与项目实践的31所学校结合“学校特色”“创造力培养”“综合课程”等核心要素，研发校本化、主题式、项目式的综合课程方案，形成了扎根本校文化特色、符合区域实际、体现时代精神、选择丰富多样、有助于创造力培养的综合课程体系，推动了学生创造力培养，形成了独具特色且行之有效的浦东模式，探索具有更加丰富、更高水平的系统性、可复制的浦东经验，为其他地区推进综合课程建设和开展创造力教育提供了可供参考的浦东智慧。

一、建构了区域创“思”、学校创“行”、智力创“能”的完整行动研究体系

浦东新区“创教育”项目的推进整体可分为两个阶段：2019年至2020年为区域特色综合课程建设阶段，主要任务是完成区域课程建设和课程的资源配置；2021年至2023年为区域特色综合课程实施阶段，主要任务是根据区域已完成的课程建设和资源配置，实施课程教学和评价，对影响学生创造力的关键要素进行研究和实践，并进行区域特色综合课程建设到实施的项目改进和评估验收。在自上而下的推进实施过程中，浦东新区形成了一套切实可行、能为其他地区所借鉴的项目推进策略。

（一）顶层设计：立足目标，前瞻规划

“创教育”项目建设始终紧扣创造力培养这一总目标，探索以校长、教师、学生“三位一体”为课程开发主体，研发过程中外融通、培训交流网络互动、实验载体主题创意、资源供给区域特色的学校主题式创新创意综合课程体系。立足于培养学生创造力这一总体目标，浦东新区充分发挥了区教委在项目中的统筹协调与引领作用，有效地实现了优质资源的整合与合理配置，为“创教育”项目的推进提供政策保障、理论指导与资源支持。

首先，浦东新区不断深化区域特色综合课程创造力的内涵界定与理论基础研究，为项目提供可行性论证。通过开展区域特色综合课程创造力的理论研究，浦东新区进一步深化并厘清了区域课程创造力、基于区域特色学校综合课程等概念的内涵界定，紧扣区域推动基础教育课程改革深化的基本指向，广泛收集和考察国内外区域课程创造力提升的典型做法和实践案例，构建深化区域特色综合课程创造力的理论基础。作为两个先行试点区域之一，浦东新区围绕试点区域自身的区位特色和实际，立足改革开放 40 周年背景下的“科创改革，前沿探索”区位发展优势，将提升区域特色综合课程创造力统领到服务上海“四个中心”建设和具有全球影响力的科技创新中心建设及培养具有创新精神、实践能力、国际视野的新时代德智体美劳全面发展的社会主义合格建设者和可靠接班人的基础教育区域课程改革目标上来，不断深化区域特色综合课程创造力建设与区域整体经济社会发展之间的融合，完善区域提升综合课程创造力的理论指导。

其次，统筹资源使顶层设计走向落地实施真正变为可能。立足四大板块培育区域特色综合课程创造力，浦东新区建立了校长—教师—学生“三位一体”的区域课程创造力提升实施架构与配套机制。通过区域特色综合课程理念、课程建设、课程实施和课程评价的创造力四大板块的实施架构设计和各板块主要任务的有序推进，以机制建设为重心，在区域教育系统内部，着重建立区域内校长、教师、学生“三位一体”的区域特色综合课程创新主体，形成以学生发展为本，教师培训、学校发展、区域特色教育资源统整相结合的区域特色综合课程创造力提升推进机制，与试点区域共同组建包括校长、学科骨干教师、教发院教科研专家、全国知名专家和学生同时参与的区域特色综合课程创造力建设核心团队，实现区域特色综合课程从课程理念到课程建设、从课程实施到教学评价的整体推进。在区域教育系统外部，着力拓展区域与社会专业机构、区域与海外教育组织的交流合作机制，充分发挥区域内科研院所、公共场馆、企事业单位等社会教育资源对区域课程建设与实施的积极作用，持续深化与国外教育

机构和社会组织的专业合作，[①] 为区域特色综合课程创造力提升建立完备的机制保障、专业保障和资源保障。

（二）专业推进：组建团队，创新培育

“创教育”项目从区域层面的顶层设计真正落实到每一所学校切实的行动之中使每一名学生切实从中受益，离不开在项目学校选择、专家指导、境内外培训等方面的精心部署与实施。

1. 组建特色课程建设团队

2023 年中共中央办公厅印发的《关于在全党大兴调查研究的工作方案》指出，要将在全党大兴调查研究，作为在全党开展的主题教育的重要内容，推动全面建设社会主义现代化国家开好局起好步。[②] 习近平总书记也指出“调查研究是谋事之基、成事之道”。在“创教育”项目的推进过程中，主动调研，改创并举是一项重要的经验与法宝。自 2019 年项目设计启动伊始，浦东新区便先后开展了两次项目遴选与长期多轮的学校实地探访，基于每次的调研结果，科学研判各个学校在推进项目过程中的优势与不足，从而合理地设置下一阶段的任务目标。

2019 年初，经高中教育指导中心和初中教育指导中心分别推荐，项目组开展了第一批项目学校的遴选。2020 年 5 月，为更有效地推进学校综合课程创造力研究和实践项目，建立覆盖全学段的学校综合课程创造力项目研究团队，项目组又启动第二轮遴选。[③] 基于遴选结果与学校特色，浦东新区进一步组建了“融・创”“航・创”“科・创”“文・创”四大联盟，其中，“融・创”联盟由华东师范大学附属东昌中学、上海市立信会计金融学院附属学校、上海市澧溪中学、上海市浦东新区高桥镇小学四所具有金融素养培育特色或基础的学校组成；“航・创”联盟由上海海事大学附属北蔡高级中学作为牵头校，联合上海市浦东新区进才实验小学、上海市临港第一中学、上海市澧溪中学、上海市北蔡中学、上海市育民中学、上海海洋大学附属大团高级中学，通过共商、共建、共享、共创一同推进“航・创”综合课程的开发和实施；“科・创”联盟由华东师范大学附属周浦中学、周浦小学、祝桥小学、梅园小学、进才中学东校等 9

---

① 赵玉成. 用综合课程点亮创新创造之光　浦东学校综合课程创造力项目四年之探［J］. 上海教育，2023，No. 1235（18）：18－23.

② 新华社. 中共中央办公厅印发《关于在全党大兴调查研究的工作方案》https：//www. gov. cn/zhengce/2023-03/19/content _ 5747463. htm.

③ 项目顾问组.《基于区域特色的学校综合课程创造力研究和实践》浦东新区实验区进度报告（2019—2020）［Z］. 内部资料，2022.

所组成，始终聚焦科技创新教育的实践与探究；而“文·创”联盟由上海市香山中学牵头，联合区域内小学、初中、高中共 14 所学校开展课程研究。

在确定项目试点学校的基础上，为全面了解各个项目学校的基础情况，项目组组织相关课程专家对项目学校校本课程建设、创新实验室建设和特色校本课程建设等基本情况和已有实践成果进行调研，根据不同主题领域，对浦东新区已有学校课程及配套资源进行梳理，为进一步开发区域综合特色课程提供基础支持。从调研内容上来看，调研的重点在于学校特色校本课程建设的总体情况；学校特色校本课程的配套资源与保障系统建设情况；以及学校对当前特色校本课程进一步拓展为区域特色综合课程相应模块课程内容及发挥各类课程建设主体创造力的思考与设想。2019 年 4 月，根据项目组统一计划安排，组建了专家组对各个项目学校展开了第一次专题调研。此后 2020 年、2021 年均展开项目调研工作，并呈现出专家资历深、调查持续时间长、项目学校全面覆盖等特点。① 在项目的推进过程中，基于专家组的实地调研与个性化定制的指导与建议，所有 31 所项目学校的“创教育”综合课程设计均实现了对原有项目计划的提升与超越。

2. 创新教师培训，革新课程形态

教师是落实课程建设的最后一环也是决定“创教育”建设成败的关键。因此，在项目推进过程中，浦东新区极其注重每一位教师的专业化发展，自项目启动起，每年均通过包括短期集训、暑期研修、学期研修等多种形式，以全体教师为对象，组织开展多轮次的教师培训活动，为“创教育”项目建设奠定了扎实根基。

例如，2019 年 8 月 25 日至 27 日，在项目组的组织下，对所有试点学校进行了为期 3 天，面向不同层次、不同类型的教育实践者，包括校长、高层管理、中层管理、新进教师的集中学习，从而满足教师职业发展、中小学教育质量提升、教学创新、教育领导力等不同领域的培训需求。此次教师境内培训主要涵盖了教育创新与领导力课程教授、远程客座教学、学校实地考察、教育工作坊四部分内容。课程集合了英国顶尖私立学校、公立学校、高等教育学府等优质资源，在为期 3 天的短期实地研修过程中，由英国教育部授权教师培训学校（奥德赛教育培训中心）校长和私立学校资深管理者一同，从英国教育实践角度出发，重点围绕学校创新课程大纲设计、学生创造力与学习技能培养、教学与学习方法、课程与产业发展结合等议题，带领学员深入学习前沿教育理念与创新实践。

---

① 项目顾问组.《基于区域特色的学校综合课程创造力研究和实践》项目浦东实验区阶段进展报告［Z］. 内部资料，2022.

与此同时，项目组也通过积极组织校长、教师参加境外研修、召开国际论坛、学生研学访学等中外合作交流项目，有效地提升了区域特色综合课程核心团队在课程理念和课程建设上的创造力，把握区域主题式创新创意综合课程的价值引领和育人导向，构建科学合理的区域特色综合课程课程目标、课程方案、课程标准和课程实施指南。其中境外研修主要涵盖英国私立学校考察、公立学校考察、课程研讨、现场教学观摩和模拟、前沿高等教育考察等内容，集合英国顶尖私立学校、公立学校、高等教育学府等优质资源，在实地研修过程中，从中小学教育中的教育理论和教学法、课程大纲、教师培训、学生发展和教育管理实践等国内教育发展过程中的核心关注点出发，带领学员向英国顶级名校的校长和骨干教师、教育管理者、教育政策制定者学习宝贵经验，深入英国多所学校实地参访、观摩和学习，重点围绕课堂创造力激发、教师教学创新、教师领导力、学校管理创新与运营和英国学校的创新实践等议题，深入教育创造力和领导力领域的学习。①

此外，项目组也积极利用信息技术手段，打破教师日常教研与教学研修的时空局限，通过网络互动提升区域特色综合课程创造力核心团队培训交流的实效性，积极将当前国际课程教学领域涌现的主题探究式学习、情境学习、问题式学习、项目化学习、游戏化学习、“做中学”、研究性学习、基于信息技术和人工智能的学习、STEAM 跨学科学习等学与教方式，有机融入区域特色综合课程实施的教学推进过程。通过体验参与式教学研修、基于课堂观察的教学改进、组建教师学习共同体和国际课程教学观摩与研讨等多元教师专业培训方式，在区域特色综合课程的实施上，发挥核心团队创造力，建立区域特色综合课程网络在线学习平台、慕课平台和网络研修平台，重点以实验为载体突出主题课程的创新创造，加强指向学生核心素养和学科素养培育、注重与真实生活情境联系、问题解决和应用迁移的课堂教学设计，全方位扭转“以教为主”的传统课程教学模式，重点落实从教师的“教”向学生的“学”的课程教学模式转变，使区域特色综合课程的教学实施更加符合学生的认知规律和身心发展规律、更加符合信息时代人的学习特点，切实提升区域特色综合课程的创造力和教学质量。

（三）及时反思：凝练提升，区域推广

在“创教育”项目落地推进的过程中，项目组不仅致力于推动项目的顺利实

---

① 项目顾问组. 基于区域特色的学校综合课程创造力研究和实践——浦东新区项目学校代表赴英国交流研修报告［Z］. 内部资料，2022.

施，还积极引领各校做好资料梳理整理与经验总结工作。一方面，通过对项目的目标、计划、实施情况进行评估和分析，找出存在的问题和不足之处，制定改进措施并及时调整项目的方向和策略，从而更好地掌握项目的进展情况，保证项目的顺利实施。另一方面，通过项目成果交流会、展示会等发挥区域辐射作用，既面向学生家长，宣传浦东教育的发展进程、讲好浦东故事，又面向区域教育领域，分享基于区域特色的学校综合课程培养创造力的浦东智慧、发出浦东声音。

从区域层面来看，自“创教育”项目启动以来，浦东新区就十分重视阶段性的归纳梳理与反思。例如，在项目启动后一年的 2020 年 6 月 19 日，浦东新区教育局组织了《创思・创行・创能——基于区域特色的学校综合课程创造力研究和实践项目》浦东实验区推进交流会并被媒体公开报道。交流会从“创思”“创行”“创能”三方面总结回顾了项目的推进：一是区域创“思”—浦东新区在区域层面加强顶层设计，创设四大课程主题联盟并建立完善的实施建构与配套机制；二是学校创“行”—浦东在推进“创造力培养项目”过程中，突出项目学校作为课程实施主体地位，各项目学校创新校本课程实践方式和方法，结合自身特点着手研发校本化、主题式的综合课程方案，在课程环境创新、课堂教学创新和课程资源创新等方面体现了创造性行动；三是智力创“能”—浦东着力拓展区域与社会专业机构、区域与海外教育组织的交流合作机制，充分发挥区域内高校、科研院所、公共场馆、企业等社会教育资源对区域课程建设与实施的积极作用，持续为“创造力培养项目”赋能。[①] 基于会议中的成果交流与讨论，进一步认清了当下存在的问题，并规划下一阶段的提升方向。

此外，四个特色综合课程联盟学校也积极地开展成果展示与经验研讨活动。以“航・创”联盟为例，作为“航・创”联盟的联盟学校，上海市进才中学东校曾组织举行区级“综合课程创造力研究与实践”展示活动，从课程概述、课程设置、课程内容、课程评价 4 个板块同外区专家、“科・创”联盟同仁分享交流经验，并在此基础上形成了进一步的提升计划。相类似的，2022 年 9 月 29 日，在上海市澧溪中学举办了“勇立潮头‘航创’未来”浦东新区“航・创”联盟项目展示活动，在教学观摩及项目研讨以外还邀请上海市澧溪中学校长、上海海事大学附属北蔡高级中学教师、上海市浦东新

① 东方网教育频道.(图文及视频专题) 创思・创行・创能《基于区域特色的学校综合课程创造力研究和实践》浦东实验区推进交流会顺利举行 http：//edu. eastday. com/node2/jypd/n5/20200622/u1ai32140. html.

区进才实验小学学生分别作主题分享，受到了外界的广泛关注并造成强烈反响。[①] 另一方面，四个特色综合课程联盟内部的校际交流，研修讨论也非常密切与频繁。以“融·创”联盟为例，各联盟校之间每年均举办多次实地项目交流与工作研讨活动，两次活动时间间隔最短的仅一月有余。从内容上来看，每次联盟校的内部交流均以课堂展示、经验分享、交流讨论为核心内容，经过深入的讨论，不仅主办校能够明确下一阶段具体的改进方向，其他联盟学校也能够在此过程中汲取对本校校本课程开发的有益经验。

二、形成了浦东特色的综合课程创造力培养模式

创造力不同于知识技能，其更接近于一种核心素养，这也决定了培养创造力的课程模式必然不是传统模式化的课程设计，而是走向以“学”为中心的课程设计。浦东新区重点围绕经济社会发展的区域特色，紧扣金融、航运、科创、人文四大特色，基于“创教育”核心理念，聚焦学生创新能力培养，建构了独具特色的“创教育”模式，通过实践探索取得合乎预期的可推广的成果，具有更加丰富、更高水平的系统性和可复制性。

（一）坚持创造力培养旨向的综合课程目标

培养创新人才是21世纪社会经济发展的必然要求。当前教育发展理念强调创造力不是少数人才有的天赋或特质，人人都具有创新创造的潜能，因此教育需要面向全体学生，以创造力的培养为目标，以开放的思想及新的教育理念为指引，以培养更多创新人才。[②]

学生创造力培养是新时代赋予上海教育人的重要使命，是基础教育课程改革建设的内在要求。浦东新区“创教育”基于区域、校本特色，紧扣创造力等关键要素，探索培养和发展学生创造力基本范式并将其贯彻课程的全过程。始终坚持以创造力培养为导向，强调“创教育”综合课程设计与真实世界相联系，为学生设置有挑战的问题，引导学生积极、深入、持续、创造性地探索；始终坚持以创造力培养为导向，优化传

① 浦东发布.“航创”未来，为学生孕育一个航海梦！浦东这个教育联盟的特色课程实现中小学贯通[EB/OL].（2023－8－7）［2022－10－1］. https：//baijiahao. baidu. com/s？ id＝1745469478246323380&wfr＝spider&for＝pc.

② 赵勇. 国际拔尖创新人才培养的新理念与新趋势［J］. 华东师范大学学报（教育科学版），2023，41（05）：1－15.

统课程实施模式，将“学生的学”和“教师的教”相互匹配，推动创造力培养的学、教、评一体化实施；始终坚持以创造力培养为导向，凸显学生创造力发展评价，突破“学而即得”的单向学习路径，实现学生创造力发展的完整闭环。

（二）依托综合课程载体的创造力培养路径

批判性思维的培养可以通过单一学科进行，但更多的是在各个跨学科之间产生，① 跨学科的学习对于培养学生的创造力也至关重要。② 因此，创造力课程的设计往往以跨学科（Interdisciplinary）为原则。③

综合课程意味着将两种或两种以上的学科课程要素以某种方式与一个主题、问题或源于真实世界的情景相联系，④ 被认为是发展学生创造力的重要途径。浦东新区对学生创造力的培养是以综合课程为载体，倡导鼓励学生从区域特色综合课程中发现自己感兴趣的学习内容或项目，推动学、教、评一体化实施，进而实现学生创新能力、教师创造力培养能力、学校创新文化建设的协调发展。浦东新区“创教育”项目以综合课程为载体，服务于培养学生创造力的核心目标，具有一定的科学性和适切性：其一，“创教育”综合课程的设计基于真实问题和情境需要，打破学科和行业边界，贴合学生的年龄段特点设计跨学科、超学科、实践性的学习任务，符合学生创造力发展的规律；其二，“创教育”综合课程的设计难度梯次设计合理，由简单走向复杂，由线性平面向立体纵深推进，有利于学生形成并逐步提升对自然、社会和自我之间内在联系的综合认识；其三，“创教育”综合课程的设计能够引导学生合理运用科学的思维方法，有效整合运用学科和跨学科相关知识和能力，创造性地认识问题、分析问题和解决问题，综合发展探究与想象、坚毅与审辨、合作与担当等创造力核心要素。

（三）践行“学为中心”原则的综合课程设计

课程内容的选择和建构是创造力培养的重要环节，离开课程载体，创造力的培养就会成为无水之源、无本之木。浦东新区“创教育”的设计始终坚持以培养学生创造

---

① West RE. Breaking Down Walls to Creativity Through Interdisciplinary Design ［J］. Educational Technology. 2016；56（6）：47－52.

② 柯政，梁灿. 论应试教育与学生创造力培养之间的关系［J］. 华东师范大学学报（教育科版），2023，41（04）：72－82.

③ BILL LUCAS. Creative thinking in schools across the world A snapshot of progress in 2022 ［R］. London：Global Institute of Creative Thinking，2022：31.

④ 张华. 关于综合课程的若干理论问题［J］. 教育理论与实践，2001（06）：35－40.

力目标为导向，追求以"学"为中心的课程设计理念，突破传统以内容传递为主的设计模式，强调"过程取向"和"活动取向"的课程设计思路。在创造力教育项目推进的过程中，重点强调探究与想象、坚毅与审辨、合作与担当等方面的创造力要素，立足学校实际和区域特色挖掘主题，以主题统整资源、凝练特色，指向知识、能力、素养、价值观的综合发展，并结合创造力学习阶段、问题驱动、典型创新思维过程类型和导学关系等维度，构建了以"可视化""探究性""情境性""互动性"为特征的创造力教育课程。总的来说，浦东新区"创教育"项目的设计体现了以创造力学习阶段为依据进行的可视化设计，课程的设计大致遵循创造力培养的"探询—想象—行动—反思"四阶段，在不同阶段侧重培养学生创造力思维技能的不同方面，四阶段虽侧重培养学生创造力的不同关键要素，但也会涉及其他要素，且四阶段也并非严格按顺序呈现，整体呈现螺旋式循环上升；"创教育"项目的设计体现了以驱动问题建构为主线进行的探究性设计，且注重驱动性问题设计的真实性、挑战性及问题情境的多样性等特点，课程内容选择与真实世界相联系，课程内容建构以驱动性问题一以贯之，整体课程活动围绕问题展开，以培养学生的问题思维及创造性问题解决的能力；"创教育"综合课程的设计体现了以创新思维类型为基础的情景化设计，以思维场景建构"创教育"综合课程，基于不同课程领域"问题"解决思维方式进行场景设计，引导学生在真实场景中像真实的行业专家一样，使用工程思维、设计思维或社会设计等方法，亲历创造性"问题"解决的过程，在问题的解决过程中实现对学生创新素养的培养；"创教育"综合课程的设计体现了以师生导学关系为主链的互动性设计，始终关注"学生的学"和"教师的教"双向互动，始终将"学生的学"和"教师的教"贯穿创造力教育的全过程。

（四）基于"有指导的发现"的综合课程实施

课程实施即把课程计划付诸实践的过程，是达到预期课程目标的基本途径，① 是将课程理念转变为现实、课程内容转化为学生内在知识结构的过程。浦东新区"创教育"综合课程的实施是以"双螺旋"课程设计模型为基础，始终坚持"有指导的发现"式学习过程，力求在实施过程中促进学生创造力的发展。

总的来说，浦东新区"创教育"综合课程的实施以"有指导的发现"学习为基础，进行探究式教学，发现是接受的基础，而接受的过程也将衍生发现的行为，在探究式的教学过程中培养学生的创新素养；"创教育"综合课程的实施依旧遵循课程设计中的

---

① 施良方. 课程理论——课程的基础、原理与问题［M］. 北京：教育科学出版社，1996：128.

“探询、想象、行动和反思”四个创造力培养的阶段理论，探询阶段强调在新问题中激发学生兴趣，想象阶段在新想法中激活学生思维，行动阶段在创造实践中培养学生品质，反思阶段在新改进中迭代优化；“创教育”综合课程的实施坚持树立以激发兴趣为导向的教学目标，遵从进阶式的水平划分转向学生内生的自主学习目标的设定。“创教育”综合课程的实施采用以激活思维为导向的教学策略，注重营造安全、宽松的学习氛围，在开放的问题提问环境和可容错的课堂氛围中培养学生的认知策略和非元认知策略，培养学生的发散思维和聚合思维。“创教育”综合课程的实施坚持以创造力品质培养为主旨的学习导向，支持沉浸式体验、项目化学习、问题中心等多种学习导向，兼容并包，以促进学生创造力培养最大化的旨归为原则，最大程度上推动学生的创造力思维和创造力品质的发展。

（五）形成“为了学习”模式的可见性、驱动性与动态性的创造力评价模式

浦东新区“创教育”项目聚焦学生创造潜能的发现和发展，贯彻“为了学习的评价”理念，坚持评价指向学生发展、评价关注过程成长、评价基于信息反馈，实现“以评促学”的最终旨归。基于此，浦东“创教育”项目在实践探索中生成了具有可见性、驱动性与动态性的创造力评价模式。

“创教育”的评价紧扣创造力培养的基本目标，围绕创造性人格、创造性思维与创造性成果等创造力结构的核心要素构建评价内容体系，注重运用量规工具进行基于证据的推理，让学生创造力发展的内在过程外显化，在一切评价活动中提供面向学生的自我管理证据、提供面向教师的学生发展证据、提供面向家长的学生成长证据，突出评价的“可见性”；“创教育”的评价遵循问题式学习的一般规律，力求以“驱动性”评价激活学习者持续性的思考与探索，在行动与反思循环往复的探究过程中实现问题解决、新知生成和新品创作。评价务求贴近生活，以情境化问题考察学习者的视野综合性与学用结合能力；评价关注思维过程，以开放性问题促进学习者的高阶思维发展；评价不论“成败”“正误”，鼓励学生勇于尝试和探索，并从低效和失败中汲取经验；“创教育”的评价着眼于“探询—想象—行动—反思”的创造力学习过程，筑建“学—教—评”一体化的联动机制，将评价贯穿于学习活动的可持续发展过程，强调评价嵌入教学、评价改进学习，实现学习、教学与评价活动的动态一致性。

（六）凸显了中外融通与数字转型的时代特色

一方面，浦东新区“创教育”项目在推进过程中始终保持国际视野，将中外融通

贯穿在项目设计、实施推进以及交流辐射等各环节。在项目起步阶段，浦东新区“创教育”项目组积极吸收与借鉴当前国际前沿的课程教学研究成果和实践经验，同国外专家组保持着密切联系。依托英国优质专业资源，组织开展教师海外研修、研学访学等，将当前全球范围内最先进的课程理念、课程内容、课堂教学模式引入到当前深化基础教育课程改革的进程中，服务并推进区域特色综合课程建设与实施的质量和有效性。[①] 在“引进来”的同时，浦东新区也十分注重“走出去”，在国际论坛上讲好中国故事、浦东故事。2022 年 10 月 17 日、18 日，在由经济合作组织教育研究与创新中心和创造力培养全球研究院联合举办、于经合组织法国巴黎总部国际会议中心、英国伦敦大英图书馆举行的世界创造力教育峰会上，上海海事大学附属北蔡高级中学代表浦东新区进行了交流发言。在直播连线分享中，北蔡中学薛晟老师展示的“水下无人机”特色课程获得了来自全球的创造力教育专家和相关学者的好评，他们一致认为：“中国案例令人着迷!”[②]

另一方面，浦东新区“创教育”项目也积极运用信息技术提升课程开发、教学、评价以及教研的质量，推动教育数字化转型。浦东充分利用信息时代和人工智能时代借助信息化手段开展课程教学、评价、教研的开放性优势，打破传统课程建设与实施的时空局限，构建学生和教师在课程建设、实施与研修改进过程中时时可学、处处能学的教师培训研修与学生学习模式，融合教师和学生的线上网络学习互动与线下现场学习交流，全方位提升信息技术与区域特色综合课程的深度融合。[③]

三、实现了浦东教育品质与内涵新的提升

浦东新区“创教育”项目在推进过程中做到了五个“到位”：一是顶层设计到位；二是项目学校选择到位；三是专家指导到位；四是教师培训到位；五是归纳整理与总结提炼到位。这些都成为护航“创教育”成功的宝贵经验，有力促进了浦东教育品质内涵的新提升。

---

① 赵玉成.“创造力培养”的浦东实践 专访上海市浦东新区教育局副局长张伟［J］. 上海教育，2023，No. 1235（18）：24－25.

② 浦东发布.“这一中国案例令人着迷!”浦东特色高中的综合课程亮相 2022 年世界创造力教育峰会［EB/OL］.（2023－8－10）［2022－10－22］https：//baijiahao. baidu. com/s? id＝1747334809669093386&wfr＝spider&for＝pc.

③ 赵玉成.“创造力培养”的浦东实践 专访上海市浦东新区教育局副局长张伟［J］. 上海教育，2023，No. 1235（18）：24－25.

（一）学生创新创造素养得到新提升

“创教育”以培养学生创造力为根本着眼点，经过4年的项目推进，31所项目学校的在校学生受益颇丰，学生创造力水平普遍得到提升。在探究与想象方面，学生不迷信权威，敢于挑战传统认知，大胆假设，并努力开展探询调查，小心求证；在坚毅与审辨方面，学生能够容忍解决问题过程中出现的各种不确定性，直面困难，不轻言放弃，通过质疑批判、分析论证、综合生成和反思评估，不断精进自己的创新想法，探索形成一套适合自己的分析、发现、创造的技术；在合作与担当方面，学生在积极参与团队建设，形成共同的愿景目标，平等参与对话的同时，也进一步认识到创新创造对于个体、学校、家庭、社会和自然的意义与价值，形成了致力于通过创新创造改变自身、学校、家庭、社区和自然生活的愿景和使命。从创造性成果角度来看，项目学校学生的制成品、文艺演出以及嘉年华等物化成果取得傲人的成绩，学生作品丰富，部分优秀作品参与了各级各类展评活动，并在国家级、世界级的比赛中斩获颇丰。

（二）教师课程创新力实现新发展

“创教育”的扎实推进使得参与项目的教师普遍从中受益，教师专业水平在项目推进过程中不断发展，各项目学校均形成了一批极具“战斗力”的专业化师资队伍。具体而言，教师在课程设计方面，能够设计出对学生有成长意义且有挑战性的真实任务，设定可评估的目标并制定衡量创造力进步和挑战达成的标准，遵循项目学习的活动路径，将教学过程拆解为可操作的程序性步骤。在课程实施方面，教师教学方式方法多样，凸显了体验式学习、基于问题的学习、探究式学习等特点，建立重视合作且安全积极的氛围，以帮助学生接纳创新创造中的不确定性；能够运用与创造力培养目标相匹配的教学策略或思维工具，成为学生创造力发展的促进者、组织者和指导者。在课程评价方面，围绕学生创造力发展作品档案袋，能够综合运用学生自我评价、同伴互评、教师评价；在项目进行的过程中，能够提出对学生具有建设性的反馈意见；在项目结束后，基于学习证据，对学生的创造学习进行适切评价。教师在“创教育”的实践过程中，改变了传统知识教学模式，强调学生的亲身体验、动手实践，保证了学生在教学中的参与率与投入度。

（三）学校课程领导力迈向新阶梯

“创教育”项目的推进为项目校优质化发展提供了抓手和契机。学校在参与项目的过程中，教育理念得到了更新，制度体系日益完备，逐渐走向高质量发展。

从学校内部课程管理体系来看，参与"创教育"项目的各校都组建了管理结构合理、配套措施与制度完善的管理团队，建立健全教师激励系统，将教师成果纳入学校及以上各级部门组织的基础教育教学成果评选范围，鼓励跨学校、多课程形态的教学成果交流，对优秀成果予以奖励，发挥优秀成果的示范引领作用。项目学校管理团队与教师之间，资深教师与新手之间创建并营造了相互尊重、民主平等、对话协商的建设性伙伴关系。从年龄构成上来看，各学校项目组新老配比合理并呈现年轻化趋势，使得项目在实施过程中更具有活力，教师间的沟通交流与互助密切且有效，在提升课程管理效率的同时，也进一步促进了各校教师队伍的培养，形成了坚实有力的教师梯队，在服务于"创教育"项目的同时，更为学校进一步自主发展提供了坚实支撑。

在课程评价体系上，项目学校积极落实《深化新时代教育评价改革总体方案》中"改进结果评价、强化过程评价、探索增值评价、健全综合评价"① 的要求，形成了一套行之有效的课程评价体系。具体而言，"创教育"项目的评价设计凸显了学生的主体性和评价的过程性，在评价过程中促进学生的反思和改进，项目学校普遍建立了学生自评、学生互评、教师评价等多样化的创造力教育评价方式，多种评价方法综合运用，协同一致、逻辑贯通。"创教育"项目评价内容针对性强，同课程目标、课题主题、创造力之间的关联紧密，评价标准清晰明确，评价指标呈现出可被观察的特征。同时，"创教育"课程评价根据不同年龄段学生的特点，进行了梯度设计，设置多种评价抓手，采用不同任务的评价方式，对学生进行多角度评价，让不同学生在评价任务里脱颖而出。

（四）区域综合课程资源得以更优质

"创教育"的设计紧扣区域发展特色，根据浦东新区经济社会改革发展重点战略和区域文化底蕴的人文、科创、金融、航运四个主题，全体项目学校进行集群分组，形成了若干项目学校对应一个主题的主题集群综合课程开发格局。从整体来看，经过 4 年的实践探索，浦东教育建构起能够体现浦东四大特色的"创教育"综合课程体系，创设了"融・创""航・创""科・创""文・创"四大课程主题联盟，通过四大特色课程联动小学、中学，实现 12 年贯通设计，形成了完整的课程生态链条。② 各项目校"创教育"综合课程建设总体内容丰富、涉及领域广，各项目校都提炼开发了立足区域

① 中共中央国务院. 深化新时代教育评价改革总体方案 [EB/OL].（2023－8－7） [2020－10－13] https：//www. gov. cn/gongbao/content/2020/content _ 5554488. htm.

② 赵玉成."创造力培养"的浦东实践 专访上海市浦东新区教育局副局长张伟 [J]. 上海教育，2023（18）：24－25.

特色、指向创造力培养的综合课程体系，规划和实施以校长、教师、学生“三位一体”为课程开发主体，研发过程中外融通、培训交流网络互动、实验载体主题创意、资源供给区域特色的学校主题式创新创意综合课程体系。从课程质量看，创造力综合课程群的设计紧扣国家课程改革的方向、紧扣上海的要求，结合区域特色和学校办学特色，指向创造力培养。“创教育”综合课程目标紧密围绕创造力的培养，构建有层级递进的目标体系，以课程目标为导向推进学生创新创造素养的培育。

图书在版编目(CIP)数据

"创教育":浦东新区基于区域特色的学校综合课程创造力培养理论与实践 / 李军,董赟,张晓峰著. —上海:学林出版社,2023
ISBN 978-7-5486-1963-5

Ⅰ. ①创… Ⅱ. ①李… ②董… ③张… Ⅲ. ①中小学-课程建设-研究-浦东新区 Ⅳ. ①G632.3

中国国家版本馆 CIP 数据核字(2023)第 187599 号

责任编辑 王思媛
封面设计 周剑峰

"创教育"
——浦东新区基于区域特色的学校综合课程创造力培养理论与实践
李 军 董 赟 张晓峰 著

出　　版 学林出版社
(201101 上海市闵行区号景路 159 弄 C 座)
发　　行 上海人民出版社发行中心
(201101 上海市闵行区号景路 159 弄 C 座)
印　　刷 上海商务联西印刷有限公司
开　　本 787×1092 1/16
印　　张 12.5
字　　数 26 万
版　　次 2023 年 10 月第 1 版
印　　次 2023 年 10 月第 1 次印刷
ISBN 978-7-5486-1963-5/G·754
定　　价 78.00 元